༄༅། །དམ་པའི་ཆོས་ཀྱི་བྱུང་བ་བརྗོད་པ་གཟུར་གནས་
མཁས་པའི་དགོངས་རྒྱན་ཞེས་བྱ་བ་བཞུགས་སོ། །

西藏宗教发展源流

夏玉·平措次仁　著
多吉平措　译

西藏藏文古籍出版社

前 言

早在上万年之前,雪域高原上的人们,与恶劣的大自然进行残酷的斗争中创造了独特而璀璨的藏族远古文明。漫长的历史演变中藏族文化不断发展变化,已经成为了中华文明的重要组成部分。如今,世界各地对独特的藏族文化已是赞叹不绝,藏族的宗教文化乃是藏族文化的根本,尤其是远古本教文化是世界各地的学者和研究者进行学习或研究整个藏族文化的重要内容之一。藏族宗教文化内容博大精深、浩如烟海。因此,我们以历史唯物主义的研究方法去学习和研究藏族文化或藏族宗教文化。

本人在查阅大量的历代学者撰写的第一手资料,对其取精弃糟而撰写了《西藏宗教发展源流》,目的在于欲引年轻学者学习和研究西藏宗教文化领域,以完整、正确和条理性的研究西藏宗教史提供便捷。

在西藏建设经济、文化特别是建设和谐西藏不仅要学习先进的科学文化知识,也要掌握藏族传统文化的学习、继承和发扬现在看来是不容忽视的大事。

本书在编写过程中得到了广大师生和同仁的热心的鼓舞和大力支持,加上自己长期以来认真的收集、整理有关资料而完成。由于,本人自身的历史文化、宗教文化等有关专业知识有限,难免存在错、漏之处,望能广大读者不吝赐教。

作者:夏玉·平措次仁

作者简介

西藏著名的学者夏玉·平措次仁于1936年出生，七岁时入拉萨甲巴康萨（西藏一所私立学校）攻读藏文和算法。在擦珠·阿旺洛桑身前学习了藏文语法三十颂和音势论。后来又到门孜康（西藏藏医历算学校），跟随著名学者钦绕洛布、图登伦珠、历算大师益西群培和图登朗杰等处学习《正字学》、《藏文语法三十颂和音势论》、《诗学》、《菩提道炬论》、《算法》和《医药学》。后又拜著名学者达瓦桑布学习藏文语言学。1956年到中央团校学习汉语和中国革命史等。毕业后曾于西藏公学、西藏民族学院、西藏档案管理局等从事教学和研究工作。

随后担任西藏师范学院、西藏大学藏族历史研究室主任、马列教研室主任、学校党委宣传部副部长和政史系主任，西藏自治区编译局党组成员和副局长、西藏自治区政协副秘书长和政协办公厅党组副书记，西藏社科院党委副书记和院长、西藏自治区党校教授、中国历史研究学会理事、中国西南民族学会会长、《西藏佛教》主编。2010年获得中国翻译家协会颁发的资深翻译家荣誉称号。现任西藏社科院特邀研究员，西藏大学硕士生导师和中国西藏文化保护学会理事等，享受国务院特殊津贴。

他先后赴日本、挪威、澳大利亚、德国、法国、美国、荷兰、英国、西班牙和墨西哥等国和台湾、香港等地区进行文化交流活动。1998年被选为国际藏学理事。已出版《藏史明镜》、

《西藏各本教寺院的历史和现状》、《西藏宗教发展源流》、《西藏历史大事年表》、《藏族文化概论》、《西藏近代史略》和译著《唐诗三百首》。合著《西藏概况》、《西藏通史·松石宝串》。国内外刊物上已发表《试论近代西藏历史上的分裂与反分裂》、《论本教的兴衰》、《论藏文的来源》、《浅谈“ཕྱག་གཟིག”一词含义》、《“བོད”名称的由来》、《浅谈西藏民俗中的哈达》、《简述拉萨城四大经柱》等论文。他的著作和论文内容丰富、资料翔实、叙事条理清晰、文字简洁通俗、实用性强等特点。深受广大读者，特别是年轻一代读者的喜爱。

目 录

附表：

第一章　人类的起源及远古藏族社会

第一节　人类的起源

地球诞生到如今已经过十几亿年的漫长时间，地球上出现人类到今天也有上百万年的时间，关于人类起源也有几种不同的说法：

一、西方的上帝造人说。据说上帝用泥土创造了夏娃和亚当，两人结合而诞生了人类。

二、古希腊鱼类变人说。古希腊人认为鱼类到陆地后逐渐退去原貌变成了人类。

三、古中华的女娲造人说。古时有一个叫女娲神，用黄色泥土捏造出几个泥偶，然后变法为泥偶赋予生命，泥偶之间相互交配而产生了人类。

四、雪域高原有两种人类起源之说：1、《朗氏家族史》（རླངས་ཀྱི་པོ་ཏི་བསེ་རུ）中载："庶民世系。五大之精华形成一枚大卵，卵的外壳生成天界的白色石崖，卵中的蛋青旋转变为白海螺，卵液产生六道有情。卵液又凝结成十八份，即十八枚卵，其中品者系色如海螺的白卵，从中一跃而出一个有希求之心的圆肉团，它虽无识，却有思维之心，认为应有能观察之眼，遂出现慧眼；思虑到应有能识别香臭之鼻，遂鼓起嗅香味之鼻；想到应具备能闻声之耳，遂耸起听授声音之耳；思忖到应具有牙齿，遂出现断除五毒之齿；认为应具备尝味之舌，遂生出品味之舌；他欲望有手，遂长出安定大地之手；他希求有脚，遂出现神变行路之脚。总之,一有希求遂立即实现。他给自己取名,由于原先就具有希求之心,故叫做门米·桑巴,隆隆朗朗。"《果洛宗谱》(ཧྲས་མཛོད་མི་ཏོག་སྐྱིད་ཚལ)中载:"本之意原始门布隆隆与玉曲之子为恰、穆、祖,又生桂直到原始主格藤。"上述乃本教特有的人类起源之说。虽然上述各说充满神话色彩,但细想也不难看出人类发展的缓慢轨迹。2、《玛尼宝训》、《国王遗教》等传统的藏族史料中,由父慈猴与扎森姆(罗刹女བྲག་སྲིན་མོ)相结合而诞生了藏族的祖先。佛教传入藏地后为此说法添加宗教的神秘色彩,把神猴喻为观世音的化身,扎森姆(罗刹女)则当成是空行母的化身,也有人把扎森姆(罗刹女)当成是妖女的形象,在各种寺院的墙壁上绘画其狰狞的面容。实际上并非如此,我们把生活在水中的一种动物称为曲森(鳄鱼ཆུ་སྲིན),腹行的则称为布森(虫类འབུ་སྲིན),那么生活在岩石当中的一种雌性动物理所当然的称其为扎森姆(岩魔女)。因此,藏族祖源的这一说法是对人类起源史的一种较早的,科学解释。

五、物种起源论的诞生。达尔文(འདར་ཝིན)于1809年2月12日诞生在英国的一个小城镇。十六岁在爱丁堡大学学习神学,后来他以博物学家的身份,参加了英国派遣的环球航行,做了五年的科学考察。在动植物和地质方面进行了大量的观察和采集后,经过综合探讨,提出了生物进化的理论。在1859年出版了震动当时学术界的《物种起源》一书。书中用大量资料证明了形形色色的生物都不是上帝创造的,而是在遗传、变异、生存斗争以及自然选择中,由简单到复杂、从低级到高级,不断发展变化的,提出了生物进化论学说,从而摧毁了各种唯心的神造论和物种不变论又一说据《殊胜赞》(ཁྱད

པར་འཕགས་བསྟོད་）中载：“古印度的布嘉王廷发生内乱，小王子乌巴底带着随从翻越茫茫雪山来到了藏地，成为藏民的祖先。”汉文一些史料中又称：远古西羌迁徙为藏民之祖。《白史》中也有记载：西羌族为西北地区的古部族。正与汉文史料相吻合。“羌”字故名为游牧部族，是对西北部游牧民族的统称，而非一族之名。正如古代居住在北方的统称为“胡”，居住在南方的则统称为“戎”。羌人称自己为“尔玛”而不是“羌”。总之，藏民祖源南来之说是佛教传入藏地后的一种流行的说法而并非事实，当然藏民祖源的西羌说也不成定论，在汉地史籍中，西羌部族迁移一事发生在汉朝时期，不符合历史事实，因此实属牵强之说。

如今从申扎、聂拉木、定日、昌都、墨脱、林芝和拉萨等地出土的众多石器时代的遗物及化石能充分说明，早在4000年到5000年之前雪域高原就有原始人类频繁活动的迹象，他们进行耕地、游牧、修建简单房屋、制造陶器等原始人类的基木活动，从中可以清晰地看到藏族祖先并非外来人种的后代。

第二节　远古社会概说

雪域高原的远古面貌在藏文典籍中有记载。如《贤者喜宴》中载：“沸腾之海冷却，平静下来，工布曲拉地方裂开，充满四茹之水全部流出去，它处之水亦渗出去，西藏面貌才全显露。阿里三围为麋鹿野兽区，中部四茹为虎豹猛兽区，下部六岗为飞禽鸟类区。”如今一些地质学家和天文学家在青藏高原进行多次研究和论证后，得出了青藏高原在上万年前是一片汪洋大海，随着地壳运动海底逐渐凸起，海水慢慢将流向四方，青藏高原逐渐形成，随之出现各种各样的飞禽走兽，在一些地方出土的海洋生物化石验证了此说法。

汪洋大海逐渐变成陆地后，给藏民祖先提供了栖居的良好条件。《贤者喜宴》中载："众猴因食用果实而变成人，采集树叶当衣衫，如同野兽居森林，好像珞、门之人遍西藏。"当时的猴群因不会劳动而食果实，用树叶蔽体，生活与野兽无异。如今的山南泽当就是传说中众猴子玩耍的地方。

如今人类学家把人类的发展过程分成三个阶段，即猿人、古人和新人。(1)猿人，未能完全退去猿的外表特征，而故名。北京人、陕西蓝田人及印度尼西亚的爪哇直立人等属于该时期的原始人种，距今约有五十万年。(2)古人，基本上退去了猿的特征，能够制造简单的工具，能够进行狩猎等活动。有广东马坝人、湖北长阳人及德国的尼安德特人，距今约有二十万年。(3)新人，基本上已经退去猿的特征，身高、体型与现代人非常接近，能够制造弓箭、火药，还能建造房屋，可以进行基本的原始活动，包括广西鲁江人，四川资阳人及法国的克拉玛逢人。距今约有四万年。

第吾智者(མཁས་པ་ལྡེའུ་)的巨著《第吾宗派源流》中对当时雪域高原的原始人类有记载如下："西藏最初由鬼魅所统治，此地称为'桑玉·坚美'，当时出现了弓箭等武器。此后由牛头魔统治，此地名叫魔域喀热九沟，这时出现斧和绒。罗刹·聂让查米统治时，西藏称为九黑罗刹地，此时有了矛、叉等武器。第四红柔天神统治时，在神域贡塘出现匕首。第五穆嘉·科杰统治时，在大昌姜昌出现链子等武器。第六郎郎恶魔统治时，朗当领当出现了蜂蝗石带。第七玛桑九族统治时，西藏称为博卡亚刍，出现了剑套、剑、铠甲和盾牌。第八由龙统治时，西藏名叫蕃康林古。第九为王统治时，西藏遂明昂布且。第十厉鬼七兄弟统治时，西藏称为十八东岱。”由此可以看出雪域高原上的原始人类逐渐变成了真正的主人，虽有记载龙、年、夜叉、魔等各种妖魔的形象，但在七百年前绘制的一本释迦牟尼功绩的手绘本上用人类的形象来描绘十二主的形象，因此可以把他们看做原始人类。到了新石器时代，藏族祖先称为斯、穆、东、董、热和主六大世系。《君民种族明灯》（རྗེ་འབངས་རྣམས་ཀྱི་རིགས་རུས་གསལ་བའི་སྒྲོན་མེ་）中载：“众猴逐渐变成为斯、穆、东、懂四大世系。斯有善谋四子，穆有郭列查八子，东有十八世族，董氏有四王八臣。”斯氏分出觉萨吉、降结·托嘎尔吉、德觉·涅波吉、娘杰·托岗吉。穆有昂吾、夏吾、谢、蒙、喀尔、噶尔、廓、恩兰八族。东有觉、觉孜、觉热、仲、琼波、达娃、昌、拉隆、拉孜、章、桂巴、库那、娘、蔡邦、吾那、聂、普廓和塔桑。《果洛宗谱》中载：“斯中的优秀者称斯·琼扎，穆中的出众者称穆·噶擦，东中的高贵者称阿布东，董中的佼佼者称阿通主。”这时已经存在明显的等级之分。

总之，有关雪域高原远古社会概貌的文献极少，因带着浓厚的神话色彩而变得扑朔迷离。自从 1951 年开展西藏自治区社会文物大普查以后，渐渐掀开了雪域高原远古社会的神秘面纱。十几年来先后在昌都、那曲、阿里、拉萨及山南等地找到了石器时代的遗址，又在定日苏热、日土、申扎等地挖掘找到了石器时代的典型石器，从形状和造型都能清楚地看出属于新石器时代的遗物。在整个新石器时代，青藏高原还存在着一种以藏北高原为中心，分布极为广泛的细石器文化，现已发现的细石器地点有 28 处，发现细石器标本 1000 余件。在昌都卡若遗址共发现房屋遗址 28 座，打制石器 6000 余件，磨制石器511件,细石器629件,骨器366件以及大量陶片。卡若遗址出土的各种石器及原始农作工具造型独特,形式多样,因其与以往的各种遗址不同而被命名为“卡若文化”。

从上述的石器时代遗址及标本可以看出,在上万年前的雪域高原,人类活动非常频繁,同时从这些石器的数量和造型也能充分说明当时的远古社会已发展到了一定的阶段。

第二章　远古本教教主传承及辛饶米沃齐开创雍仲本教

第一节　远古本教教主传承及“本的含义”

早在新石器中期，雪域高原上的本教就已经有了一定的发展。当代众多研究者称本教由辛饶开创的，但在本教史料记载远古本教有八大教主，它们分别为囊瓦·让迥同齐见（སྟོན་པ་སྣང་བ་རབ་འབྱུང་ཐུགས་རྗེ་ཅན་），廓瓦滚赤（སྟོན་པ་འཁོར་བ་ཀུན་འདྲེན་），聂蒙堵色（སྟོན་པ་ཉོན་མོངས་དུག་སྲེག་），擦美·徒吉坚（སྟོན་པ་ཚད་མེད་ཐུགས་རྗེ་ཅན་），唐杰钦色（སྟོན་པ་ཅད་མཁྱེན་གཟིགས），衮喜唐布（སྟོན་པ་ཀུན་ཤེས་ཐང་པོ་），萨东白觉（或朵杰益辛 ས་སྟོང་དཔལ་འབྱོར་རམ་གཏོ་རྒྱལ་ཡེ་གཤེན་）和辛饶米沃齐（སྟོན་པ་ཁྲི་གཙུག་རྒྱལ་བའམ་གཤེན་རབ་མི་བོ་ཆེ），还有未来教主其米强旦（མ་འོངས་པའི་སྟོན་པ་འཆི་མེད་བྱམས་པ་ལྷུན་）。辛饶本祖未诞生之时，雪域高原上已经存在一种原始的本教，卡若遗址出土的两件祭祀用的石板可以来证明。早在4500－5000多年前雪域高原上诞生的原始宗教为本教是无可争议的事实。

众所周知，世界上所有的物质的发展都遵从由无到有、从低级到高级、从简单到复杂这样一个基本规律，原始本教也不例外。起初只是上拜天地、图腾、神仙，下除魔障，中间指明人类的道路、并进行祭祀；根据鸟类与动物的声音来判断未来的吉凶，后来逐渐发展成具有比较完整的理论、观点、仪轨的本教。原始本教的图腾、神山与圣湖，羊骨肉占卜问法，鸡、猪血祭祀等本教仪轨，至今仍存于民间。尤其是羌族地区流传的东巴教掺杂着许多本教的仪式,他们将视其为重要的宗教仪轨而广为流传。

历史学家们对于本教最早在什么时期出现,又从哪里开始传播,一向持有着不同的观点。其中最主要的几种是:

1.前许多本教研究者称“本教是从萨满教发展而来的”,但是对萨满的真正含义却没有一个合理的解释。资料图片显示,挪威北部地区举行萨满教仪式,以屠宰很多鹿来进行血祭,当地一些萨满教研究者称“萨满”(ས་མན)为印第安语,其义是神或人。值得注意的是有关印第安人与藏族的渊源上有很多相似之说。实际上“萨满”为古象雄语,逐渐或变音为藏语。因为从很多本教史料中均有的记载,象雄语中的“觉本桑玛”(ཀྱུ་བོན་ཟངས་མ)藏语称为“觉本夏玛”(ཀྱུ་བོན་ག་ཤར་མ)。连续重复的念诵“桑玛”(ཟངས་མ)或“夏玛”(ག་ཤར་མ)则逐渐变音为“萨满”(ས་མན),从中看出本教是土生土长的雪域原始宗教,实属合理之事。

2.从佛教传入雪域高原后,宗派之间的排他性很大。很多佛教高僧大德撰写的教派史和历史典籍,对雪域高原本土的本教都加以排斥,批评,有者干脆把它纳为佛教的其中一派,而对本教所特有的理论、见行、仪轨、规授、修持等独具特色之事不予认可。

3.本教徒认为本教的历史源远流长,具有一百八十多辛年(一辛年等于一百年)的历史。然而这种说法显然与人类发展的历史不符,因为一万八千年以前,就整个世界正处于漫长的石器时,人类的发展类型也属于早期智人,猿人的外部特征还未消褪,他们以石头和树木作为生存工具,来度过漫长的原始社会时期,何来本教教主解救众生,实乃无稽之谈。

象雄语中的“格尔”(གྱེར)为藏语中的“本”(བོན),未阐述本教源流之前,我们先来谈谈“本”字。“本”是指4500年之前,在雪域高原上流传的原始宗教为“本”,信仰这种宗教的人则被称为“本波”(བོན་པོ)。那么,“本”的真正意思是什么呢?关于这一问题,早在几百年前已开始研究,并众说纷纭。据本教古籍和于阗出土的文献来看,“本”字有很独特的含义。《赛米》:载:“辛饶佛祖云:雍为不误,仲为不违,本为不入涅槃。”《本教源流弘扬明灯》载:‘本’为不动明解救之音,不动明为无相不动,一切大藏者视为一,解救于六道轮回。《琼波郭仓的源流》:本为无空。《白史》载:“雍仲本教徒们居住的地方叫‘本域’(བོན་ཡུལ)后来变译为‘博域’(བོད་ཡུལ)。显然,‘本’和‘博’混为一谈也过于牵强。”但细想,在囊日颂赞以前,雪域高原上雍仲本教广为流传,“本教”唱响四方也不足为怪,更何况古藏文中名词后缀有互换的用法,如:“赞普”(བཙན་པོ)、“在普”(བཙད་པོ),“群普”(ཆུན་པོ)、“曲普”(ཆུད་པོ),按照这样的互换,“本”和“博”也可互换来用。又有一些学者称:敦煌古文献及本教史料中,“本”字为闻即听见,如:吐蕃贷古闻为“本”。《赛米》(མདོ་གཟེར་མིག)中:吊唁闻本,以及《本教源流弘扬明灯》(བསྟན་པའི་རྣམ་བཤད་དར་རྒྱས་གསལ་སྒྲོན)载:“‘本’为声闻本。”可见这与上述于阗的木牍文献及考古史料上的意思是一致的。又一说“本”为“吟”,在本教古籍中可以看到古代象雄人把“本”称为“吟”。《古象雄与吐蕃历史》(ཞང་བོད་ལོ་རྒྱུས་ཏི་སེའི་འོད)载:“这时期‘本’字变得通用,该字的纯正来源于古藏语中的‘反复’‘咏诵’。”“本波”,为“咏诵”(བཟླ་བ)之义。在古代把进行与念诵咒语有关的宗教活动叫做“本”,因此进行这种仪式的人被称为“本波”。总之,根据不同的可靠史料来阐释“本”，根据诸学者的不同看法来对研究本教源流提供一种启示是不言而喻的。综合上述的各种解读方法可以看出，“本”字在象雄语中称为“吟”，藏语中“本”的意思有咏诵（བཟླ་བའམ་བཟླས་པ་）、念、声闻（ཉ་བར་ཐོས་པ་）、不动（མི་གཡོ་བ་）、不入涅槃（དབྱིངས་ཉིད་བདལ་བའི་ཀློང་）和无空（སྟོང་པ་མ་ཡིན་པ་）等。它不是任意所创之词，而是派生词。众所周知，藏族人把为各种宗派命名来自其内涵之意，如宁玛、噶当、噶举、萨迦、格鲁，从名称就可以看到教派各自的特征及所持观点的独特性。因此可以清楚的看到，“本”字不是古象雄语，而是纯正的藏语，藏族本教徒们把古象雄的“吟之教”取名为“本”为事实。古象雄语中“吟”为祭祀或行善之意，按此之意，象雄人把自己信仰的宗教取名为“行善教（དགེ་སྒྲུབ་）”。直到今天，鲁普寺、丁青寺、孜竹寺的本教徒仍然认为“本”字念为古象雄语中的“吟”字。巴青县、琼波丁青寺等地的许多本教高僧，学者也同样认为，本教祖师辛饶米沃齐诞生之前，雪域高原未曾有过本教。然而，这显然是错误的。因为《本波论世》载辛饶米沃齐到藏区后，给该地区的本教徒们进行祭神、降魔、打消贪嗔等法事活动。从这些记载上可以清楚的看到，辛饶本祖诞生之前藏区已经有了本教。又有一些本教经典上称聂赤以前藏区就有觉本。更重要的是从卡若遗址众多的出土品来断定，早在4500－5000年前雪域高原上就已经存在一种原始的本教。上述乃符合历史的发展规律。至此，我们可以弄清的一点是，藏族各种佛教史及历史书籍一致认为聂赤赞普从波玉到藏区中心时与十二本教徒不期而遇，十二本教徒以颈做骑而抬之称“聂赤”。从这些记载可以更清楚地看到聂赤赞普以前已经有本教在藏区流传。虽然学界对“本”字有很多不同解释，实际上

"本"字结合宗教，就有永恒、无定、行善等之意较为符合实际。与上面所列的一样，藏传佛教几大派别都用名称来标志他们的独特之处，那么，本教徒视自己信仰的宗教为独特内容博大而高于一切的宗教，而为自己教派的名称赋予永恒、无定，践于行善的涵义也属历史实情。"本"字的另一种解释为声闻、咏诵等意，与具体的教派名称有相应之处。如声闻派、咏诵派等在名称上过于庸俗，从字面上也很难看出它的独特之处。另外需要探讨的是，生活在雪域高原的人们把各类谷物的种子称为"萨本"(ས་བོན་)意为第一次与土壤接触之物，那么本教徒把原始本教在雪域高原的起源命名为土生土长的最早的宗教派别而取名为"本教"也应是事实。

第二节 辛饶米沃齐生平及本教的立论

一、辛饶米沃齐传记

敦巴赤祖杰又称辛饶米沃齐(སྟོན་པ་ཁྲི་གཙུག་རྒྱལ་བའམ་གཤེན་རབ་མི་བོ་ཆེ)出生于象雄伟摩隆仁中部三十八殿，父穆氏杰本图噶(དམུ་རིགས་རྒྱལ་བོན་ཐོད་དཀར་)，母亲瑜齐·杰谢玛(ཡོ་ཕྱི་རྒྱལ་བཞད་མ་)。《赛朵》载："辛饶米沃齐圣体无瑕如玉，颜面如火焰，其贵体重如山，青色的胡须。"辛饶米沃齐十岁时出家，十五岁娶妻，先后娶了霍萨杰美和维萨唐姆、拉萨贡珠、赛萨昂珠、贡赤江、垂久尔玛共六位贤妻，生下八子。十八岁时在父杰本托噶尔身前接受了先辈的诸本教，透彻地学习了各种知识和先辈的本教经论。之后敦巴辛饶米沃齐与众眷属从象雄奔波四边各地，谋众徒的利益，广泛宏扬功业。尤其是踏遍吐蕃四翼区域，向吐蕃的原始本教徒传授了象雄先进本的理论。之后三十一岁时，舍弃家眷剃度为僧，前往花苑洲，八十二岁时圆寂。根据本教古籍记载的“崴本荣波（དཔལ་བོན་རྟུམ་པོ་）和尤本朵杰（ཡོགས་བོན་གཏོ་རྒྱལ་）、陈本恰桑（ཁྲིན་བོན་ཕྱ་སངས་）、聂耳本多钦（གཉེར་བོན་གཏོ་ཆེན་）、沃本章松（འོ་བོན་འབྲང་གཟུ་）、仓本友珠（མཚམས་བོན་ཡོ་འབྲུ་）和辛饶同行”内容，辛饶米沃齐时期，已存在许多不同派别的本教经典典籍和理论都是可以讲清楚的。从上述可以看出，辛饶米沃齐娶霍萨·杰美为大妃子，生了朵布崩、杰布赤谢及辛萨尼吴奇公主此后又迎娶文萨唐穆为妃，生隆珍、久珍及辛杰玉琼公主；又迎娶喇萨公主生子穆曲弟竹；此后娶塞萨昂珠又生吴主唐布；此后又迎孔萨赤江生孔擦·永忠旺旦；最后迎娶孔子除公主生楚布通。照此看来，辛饶当时先后迎娶六位妃子，并生有八位公子及两位公主。到了十八岁，从父亲处听闻各种本教典籍，通晓大小经典，尤其是精通祖传的本教系统理论，并有百位相伴前后的大小随从弟子，云游四海解救众生于苦海在雪域各地，传播本教，尤其是在象雄维摩隆仁之地大转本教法轮。到了二十五岁，成为未来本主。三十一岁出家向往花丛林。《赛米经》载：身边伴着诸随从，切记人生有几回，戒躁一切有为果，弃乐出家为苦行。诸随行人各有志，而对辛饶的这番话语理解纷纭但不敢直言，辛饶继续给他们讲解了轮回的根源为恶果。《朵堆》载：若不抛弃享乐及眷属，将永远徘徊在苦难之中。

可以看出，辛饶米沃齐于鼠年十二月十五日诞生，但是由于年鉴不详，对辛饶米沃齐的出生年代问题一直争论不休。现存的可靠本教典籍中也未能找到，因此辛饶本祖的出生确切年代不详。而在《朵堆》、《朵赛米》等记载中，辛饶本祖与孔子、老子（李耽）等许多圣贤的名字一同出现。众所周知，孔子和老子是中国春秋时期诸子百家的代表,汉文史料中也明确记载,他们生活在公元前五六百年间,与释迦牟尼属同一时期。因此辛饶米沃齐是这一时期的雍仲本教教主。但有些研究雍本教学者认为辛饶本祖出生于公元前16017年。这显然完全违背了历史学和人类学中对于人类发展基本规律的观点。

《朵堆》中称:本子辛饶主,十岁遍知一切,十五岁登王位,十八岁予父讲本,二十岁成为解救众生者,现如今三十八岁弃王位王妃及荣华,孤身前往花丛林。辛饶降临凡间之时,众人欢天喜地,出生地三十八层中部殿,周围犹如雾罩朦胧,众人为他敲鼓升旗,颂声不断,花香四溢,用甘露为他沐浴,进行五体投地。辛饶到了十岁为众生而受戒,僧徒们称辛饶米沃齐有大、中、小三组弟子。

第一轮为囊南喀帕坦坚(ནམ་མཁའི་བ་དན་ཅན་),琼可汝参坚(ཁྱུང་གི་རུ་མཚོན་ཅན་),玛伽定江坚(རྨ་བྱའི་ལྡེམ་རྒྱང་ཅན་),瑰吉帕达尔坚(གོད་ཀྱི་འཕར་འདབ་ཅན་),枯曲颂念坚(ཁུ་བྱུག་གསུང་སྙན་ཅན་),索沃巴尔象坚(བྱ་བོ་སྤར་ཤང་ཅན་),阿东日钦巴坚(ཟ་སྟོང་རི་ཆེམ་པ་ཅན་),象楚洛囊长坚(གཤང་ཁྲོ་ལོ་གནམ་གྲགས་ཅན་),东帕尔普琼坚(དུང་འཕར་བོ་འཕར་ཆུང་ཅན་),辛·雍杰主喇坚(གཤེན་ཡོངས་རྒྱལ་འབྲུག་སྒྲག་ཅན་),擦杰瑰旭坚(ཚ་རྒྱལ་གོད་ཞུ་ཅན་),举白察喇坚(གཙོད་པའི་ཁྲ་སྒྲག་ཅན་),堆泽恰剌坚(བདུད་རྩེའི་ཆར་སྒྲག་ཅན་)。

第二轮为崴本荣布,月本督杰,臣本恰桑,聂尔本督都乾(གཉེར་བོན་གཏོ་ཆེན་),沃本昌颂,仓木本玉楚(མཚམས་བོན་ཡོ་འབྲུ་),堆本曲嘉,穆本耶丹,赞本蔡恰,森本穆曲,贵本族赛,恰本缇沃丽,喇本托噶,达本蔡巴,尼本昶玛(ཉི་བོན་དྲངས་མ་),噶本珰扎(སྐར་བོན་གདངས་བཀྲ་),珍本帕蜕,嘉本古珰(འཇའ་བོན་ཀུག་ཏང་),塔本坞噶,萨本当念(ཟེར་བོན་གདངས་སྙན་),鲁本都钦,孜本昂楚(རྡེ་བོན་ངང་

ཐུག)。

第三轮鲁本亚尔念齐布(ཀླུ་བོན་དབྱར་སྣ་གྱིམ་བུ),聂本汤汤楚沃(གཉལ་བོན་ཐང་ཐང་གྲོལ་བ),杰本彭布,缅本直木珰(སྨན་བོན་འཁྲིམ་དང),瑟本喇擦,斯本耶阿,直本鲁雯格凯(འདྲེ་བོན་ཀླུ་དགོན་གྱེར་མཁས),森本穆磐瞥沃热(སྲིན་བོན་མུ་འཕན་ལེའུར),觉本纳本黎金,辛杰本布达本群赤,曲吉本布塔尔本主居等。见《朵赛米》。

辛饶米沃齐到十五岁时,娶伟穆林竹地与巴・益仁之的女子伟萨杰梅纳为妃子。《朵赛米》载:婆罗门人玖瓦・洛赛为辛饶米沃齐占卜问卦选妃为伟和巴益仁之女子伟萨杰梅玛,此女育大地般的厚爱、长的如花似玉,具备贤淑之德。在维摩隆仁大众的隆重迎接之下,居于中心大殿的青色宝座上。

《朵堆》载:娶马罗玉洛之化身之弟,维萨杰姆,生朵布崩桑与杰布赤心和女辛萨尼钦。文撒唐穆为妃,生隆真、久真和辛久琼女。又迎拉桑公主,生穆曲德主,此人通本、精幻术、知未来能战胜一百人,将其战马夺之。又有贡孜王,献爱女为妃,此女精于算数矣。

从上述可看出,辛饶迎娶维萨杰姆为妃生有朵布崩、杰布赤心及女辛撒尼琼;后迎文撒唐穆为妃生隆真、久真和久琼女;娶拉桑公主为妃生穆曲德主;娶桑阿主为妃生伟主唐巴;娶贡萨・赤江为妃生贡擦雍仲班旦,娶贡孜公主久垂玛生辛布杵布通等。总之,辛饶先后迎娶了六位妃子,生下八子二女。

《赛米》载:聚众之际,吾有妙语送,尔等深感人生难得,故不能留恋享乐及家眷,而是弃其出家为上。虽然众弟子对这一说法理解不一,但也不能直言,辛饶向众人讲授了许多人生的恶果根源。《朵堆》载:若不能弃家丢眷,而留恋其,故能冤孽相加,久不能脱离尘世之苦,终堕入地狱,生死不能尔已。

有些执意不能放弃而道：享乐家眷及荣华，尘世相伴之妻，割爱割肉之子女，天定轮回亲友等，都乃上苍注定者，若弃而随之，就像乞丐般可怜。辛饶最终不得不独自前往花苑洲。

辛饶在花苑洲的情景《朵堆》中有如下记载：神幻宝物之池，如意宝树枝叶，如意母牛之奶汁，不种物之美果及八瓣莲花、八瑞相等吉祥物相伴，右为兜率神殿，左为戒律法大殿，天成神塔被奇木伴，出家受戒之敦巴，在此讲授律六续，南为无限菩萨林，犹如宝物被镶嵌，听闻四无限部，右为降魔法术林，讲授阿噶密宗续部处，敦巴降魔除妖地。

辛饶在修行时，出现许多凶兆，驻锡地三十八层神殿褪去光泽，花苑洲的花丛被霜劫，洲四方生物失去活力，众生心生悲痛之感。《朵堆》中辛饶道：吾年逾八旬，具幻术，应前往仙地，不为圆寂，只为给众生讲解轮回无常之道，吾应涅槃。而入涅槃，众弟子咏诵祷告，七七四十九天经、律、论告念不断，法身在九层火葬梯上进行火化，法灰分五部分，各修建五大寺院及十二座神塔，舍利供奉在三十八层大殿中央。

众弟子为了大兴本教，于辛饶圆寂的后年，进行集法，辛饶教主的其子弟玛洛、玉洛、朵布、杰布和隆真、久真等人按照辛饶的旨意集法，大兴雍仲本教。本教许多经典被六译师从神语译成各自的母语，六大译师为大食译师穆扎哈（ཏག་ཟིག་ལོ་ཙཱ་བ་མུ་ཏྲ་ཧེ་）、象雄译师赤托巴擦（ཞང་ཞུང་ལོ་ཙཱ་བ་ཁྲི་ཐོག་སྤར་ཚ་）、孙波译师古林巴（སུམ་པ་ཚོ་ཙཱ་བ་འགུ་ལིང་སྤར་མ་）、天竺译师拉达昂珍（རྒྱ་གར་ལོ་ཙཱ་བ་ལྷ་བདག་སྔགས་གྲོལ་）、汉地译师李耽芒布（རྒྱ་ནག་ལོ་ཙཱ་བ་ལེག་ཏང་མང་པོ་）和绰木译师赛托吉江（ཁྲོམ་གྱི་ལོ་ཙཱ་བ་གསེར་ཐོག་ལྕེ་འབྱམས་）。在藏地十二小邦时期传于藏地四智人，四智人为底本·吉蔡玛琼（ཞེ་བོན་གྱིམ་ཚད་རྨ་ཆུང་）弥药·吉擦卡布（མི་ཉག་ལྕེ་ཚ་མཁར་པོ་）、孙波·穆布桑

（སུམ་པ་སྨུ་སྤུད་གསང་）和象雄 · 东久徒钦（ཞང་ཞུང་སྟོང་རྒྱུད་མཐུ་ཆེན་）。至此，在藏地共修建本教三十七座道场。

二、本教的理论和见修

基本上本教又分为外本和内本，两者由皈依法来区分。皈依于三宝及四周四圣地者为“内本”，皈依于梵天、自在天和大遍天者为“外本”。

本教理论分教言和伏藏两种，在本教后宏期把两者结合而制定了雍仲本教的《甘珠尔》和《丹珠尔》两部经典，有五百多部，是学习和研究本教时不可或缺的第一手资料。本教的理论典籍非常多，成为众人称赞之事。但是在历史发展的演变当中，许多本教的理论典籍与佛教经典融合后成为了藏传佛教的经典。《土观宗派源流》载：“佛中掺本，本中亦杂佛，如我不具出尘的法眼人，懒于去分辨他们二者的差别。”

那么，本教在显密心方面的理论典籍，在《朵堆》载：“密集徒问敦巴：关于四门、五库、哈郭九大乘，恰、噶、杰、门杰、坛城、律、心诀和教言的详情如何？敦巴道：阿沃教言寺杰门、托托为内库，四门集为经部，哈郭九大乘分成八万四千部。集而两部，为二谛，事谛和论谛。四门五库为：恰辛、囊辛、斯辛、幻辛为因果四乘。恰那源于斯续门，朵杰崩弟为他事，居士、罗汉为律部，六因四具舍守戒律，阿噶密续为内外密。恰噶源于密宗续，益辛经论为见部，源于他事，大圆满、阿迪部源于藏玛托多部，见修不变为践者。哈门八万四千部分为经论续部，二万四千部。见续、辛续、斯续等源于末日之时。中观、因明和大圆满法源于圣教兴盛之时。居士、僧徒和行者，源于审判之时，戒律、密宗和见为做终践行之。”等等。辛饶给弟子讲授了本教八万四千法、因果九大乘、四门五库、二谛、三因明及入本教的次第、见和行等。

又在《土观宗派源流中》载："又本教的法类，除全部《甘珠尔》有其改制的代替品外，其他如诠解见解的书，有《圆满宝金鬘论》、《本释风刃论》、《光明轮要门》等。观修的书有：《蕴自转变明点九类》、《金点》、《身心觉验》、《传心直指白书》等。行持的书有：《八界抉择书》、《耶辛庄严实义书》、《雍仲十地道位书》、《清净尸罗律仪书》、《增善资粮圆满书》。其余尚有：《黑病书》、《华寿书》、《白医书》、《黑禳解法》等。与法事类有关的有：三百六十种禳祓法，八万四千种观察法，四歌赞法，八祈祷法、三百六十种超荐亡灵法、八十一种镇邪法，以上皆名为巧纳派世间续本。"讲授了许多本教的见、行、修等内容，看出本教经典内容之浩瀚。

当今一些研究者对本教的九乘法进行专门的研究，视其为一个重要的内容。对本教的九乘在各种典籍中有三种分法，即南方伏藏九大乘、卫地伏藏九大乘和北方伏藏九大乘：(1)南方伏藏九大乘为恰辛、囊辛、幻辛和斯辛四因本，居士、行者、阿噶和益辛四果本，无上乘共九乘；(2)卫地伏藏九乘为神人拜他、自性辛饶、脱吉僧巴、雍仲僧巴四因本，事部，净事、囊瓦衮旦、实生托吉热巴及无上乘为五果本密宗续；(3)北方伏藏九乘为囊旦、让旦、谢旦为外三乘，托托、亚托、其托为内三乘，拉孜、囊孜、央孜为三密乘。南、北和卫这三种分法也是根据掘藏师掘藏的地方而得名。虽然对对于九乘分法有不同的看法，但还是以掘藏师辛钦·鲁噶瓦的南部九乘为主。《土观宗教源流》载："九乘者，卡辛、朗辛、楚辛、斯辛等为四果乘。格尼、阿迦、仗松、耶辛等为四果乘。别有最上一乘合共判分九乘说。卡辛有三百六十种禳祓法、八万四千观察法。

朗辛有四歌赞法、八祈祷法、四十二种酬神法。楚辛有见净灵异书。斯辛有三百六种超荐亡灵法、四种丧葬法、八十一种镇邪法。格尼有《情器起现园成经》等。仗松有四亿部。阿迦有各种续部经传。耶辛有四部心传。最上一乘有五部要门等。以四因本来断能所妄执的四分。以格尼、仗松二乘来净烦恼障。以阿迦、耶辛二乘净所知障。以最上一乘来追录断绝俱生。又四因本由多劫修习,得解行等四地。格尼仗松经三僧祇劫,历一切道,而得解脱。阿迦耶辛,隔世则得解脱。最上一乘,即生便能成就本身云云。"总之,因乘四品的主要内容,以卜卦指出善恶取舍及算命指导未来事,招摄精气使人发财,施供替代品抵消鬼害、祭供神祈祷保佑、震慑厉鬼精灵和鬼魔、祭奠亡灵使得安乐和忏酬守护神等雍仲本教教法和禳解法。印度佛教传播,兴盛于雪域高原后,本教因乘四品的禳解法被佛教吸收而成为佛教的禳解仪轨。

第三节 辛饶教主的诞生之地大食维摩隆仁及"大食"(སྟག་གཟིག)之意

一、维摩隆仁

《赛米》载:"维无生、摩欲念、隆教言、仁教言沐浴之地。"《辛饶详传》载:"天竺人称该地为大食绰木地,藏人称为大食维摩隆仁,乌扎那人们则称西方极乐境地。"实际上,人们对于维摩隆仁、香巴拉或西方极乐世界等是宗教徒们虚拟出来的地方,抑或真的存在于地球之巅,一直争论不休。千年之前,由于人们对世界的认识还不够彻底,而将自己信仰的宗教发源地以神圣或天界来命名,不足为奇。东方的佛教信仰者经常祈愿来世生在西方极乐世界和西方佛教徒常颂死后生在东方净地等相似。实际上，维摩隆仁就在藏地，并且是可以亲眼见到的地方。《朵堆》载："世界的西北处，神奇山脉南部处，藏布智噶树根源，岗尖底斯旁，玛旁雍措边，四江之源，花香四溢阿旦山，聚九大黑色大山，有巴久、斯堵等大河相拥，三世救主诞生地。"或"维摩隆仁有五十丈，四周有四大山"，"天上八瓣莲花，地上吉祥八兆等"。从上述来看，该地是八万四千教言讲经之地，位于上部阿里岗底斯山和玛旁雍措神湖及香山昂旦等地方的周围。关于维摩隆仁的形状坛城如今也在琼波丁青寺的壁画中清晰可见。该地的四周有四大河流即狮泉河、马泉河、象泉河和孔雀河。四周还有奇花异树，犹如天界在人间般吉祥。《本波论世》载："维摩隆仁由宝石筑成，远离痛苦与恐惧，无尘埃，犹如天宫。"该地中央有代表雍仲本教九乘而修建的九层大殿，顶端有琉璃柱高十三丈，光芒四射，该山的山腰上有犹如项链般道场和庙宇相连。九层山东部有辛饶大师的居所香巴拉孜宫，由四大宝物成；南部有首城三十八层大殿，由八种宝物镶嵌；西部有赛康赤门大殿，由七种宝物而成；北部有叫门喀尼琼的神殿，有四大宝物镶嵌。四周有雍仲林、兜率林、戒律林、无限菩提林、降魔林、晋巴它杰、不动定增林、格杰云旦、夜叉宝物林及积宝林等簇拥，以及一千五百庙宇乃辛饶父母居住地，也是辛饶降生地。该地人们与神相当，享乐与天相争，行善事，戒恶果。《朵堆》载："维摩林众生，皈依本，不逆行。"总之，维摩隆仁是辛饶教主讲经说法地，四周有神奇的山水环抱，成为本教徒心中无可代替的圣地。

二、"大食"(སྟག་གཟིག)之意及其范围

大食一词在各种史书上均有记载，关于该地的确切位置

有许多纷争。当今许多历史学家和本教研究者把该地当成汉语的“大食”即现在的伊朗地方。实际上，这种看法是由于欠缺本教第一手资料而造成的。在本教的古文献当中确切的指出了该地的位置，《本波论世》载：“该地四周聚集大虫，吾佛领五大弟子讲经之际，经于天险之际，经常出没虎豹豺狼等大动物，因此得名为大食（虎豹）（སྟག་གཟིག）。”大食一词也有三种不同的写法，即（སྟག་གཟིག）（རྟག་གཟིགས）和（ཏ་ཟིག）。《十世纪以前的本教》载：“（སྟག་གཟིག）为虎豹狼虫经常出没的危险之道。（རྟག་གཟིགས）为敦巴本主经常护佑之地。（ཏ་ཟིག）为该写法在本教书中较为罕见，在佛教书籍中常见的一种写法，可以看出，‘大食’为本教的发源地，教主诞生地和讲授八万四千教言地。在后期的密宗和戒律书籍中以（སྟག་གཟིག）居多。”又在《本门》（བོན་སྒོ）载：“虽然出现大食和象雄两个概念，但是，‘大食’包括在象雄三区中的内象雄境内。”

上述可以看出大食一词的由来具体的位置是敦巴本主讲经说法的重要圣地。当今有些学者称，大食位于伊朗或高加索山脉，以及大食绰木地，把大食当成绰木域（即羊同）（སྟག་གཟིག་ཁྲོམ）。然而正如佛教徒们把自己的教源看做天竺极乐世界一样，新本教徒亦把自己的教源说成是遥远的伊朗来进一步添加神秘色彩。其实，雪域藏地广为流传的上古文明即本教、本医药学、本工艺和本艺术等等源远流长的文明的源头无需系于他乡。丰富多彩而充满神秘色彩的远古文明是祖先在漫长的岁月里从生活的实践当中得出的一部部真实的生活写照，而并非是某一群外来人带进雪域高原的。

此外在本教典籍中不仅有大食维摩隆仁和象雄维摩隆仁这两个概念，两个岗底斯和玛旁圣湖的说法。《本教源流弘扬明灯》载:“又云:岗尖底斯也在大食之地,身无幻术不能达,实乃当今的底斯山。萨班曰:《摩诃衍那》中的神猴把大食地方的底斯山劈成一块而扔向该地而来。”传说说明,有两个岗底斯和玛旁圣湖之说。在历史的长河中流传的此二说,就连萨班这等大贤之人也不敢不遵从上述传说。实际上是两种概念相互混淆,故弄玄虚,给学习和研究者带来更多的障碍外,毫无根据可言。

总之,大食为古代内象雄境内的地名,本教文化发扬光大的圣地,比如可以将大食珍宝王等看成是荣华富贵与天齐的人间之地矣。

第四节　本教文明的摇篮——象雄

象雄是古代藏地的十二小邦之一,也是四大世系之一。《宝言藏》载:“象雄在象雄语中,‘琼’(ཁྱུང)为‘雄’(ཞུང),翻译成藏文为琼隆即琼波世系的驻地。”从中清楚地看到,象雄为琼居住的地方。象雄的世系在《氏库花苑》等中斯氏中的上等称为四琼扎。象雄为远古时期的藏地四大世系中的斯氏一脉,关于它的王国、语言和宗教等说法颇多,在此主要讲授内、外、中三区的象雄。

《贤者喜宴》中:“吐蕃和吐谷辉边界有武觉和芒玛两个千户,聂玛和扎姆两千户,巴格东布琼小千户,为上方五个千户。吐蕃和苏毗边界有古格和觉拉两个千户、基藏和亚藏两部千户、吉德小千户、为象雄下方的五个千户,共为象雄十个千户。”同样本教的历史文献中也说千户为可以出千名士兵的一切民。象雄十八个万户或称象雄前、中、里疆域,从上部阿里一直到迥布丁青，清楚地记载了大部分地域归属于象雄辖区。

一、内象雄以大食维摩隆仁为中心，中象雄为穆宗地方，外象雄则以琼窿银城为中心。

二、外象雄又分为卓琼隆为内，达郭和当热雍措为中，景秀为外。

三、上部穹窿地方为象雄喀域，或象雄达玛域即内象雄，中象雄为达郭和当热雍措即圣湖和神山之意，外象雄为十八大域旭地方。

总之，有关内、外、中三象雄的说法一直存有争议。实际上，我们根据本教史书可以推断得出，内象雄为以敦巴本主诞生之地维摩隆仁为主的象雄喀域、象雄达玛为主，包括今天的阿里全境。

中象雄是以本教的圣岩、神湖为中心的当热雍措地方，包括今天的那曲尼玛县，因为至今该地仍然存有许多本教的寺院和圣山，如文布桑旦林、当热拥本衮、曲措衮和达郭赛系衮等等。

外象雄为下部朗吉景秀地，就是以如今的昌都地区丁青县境内的孜朱寺为中心，包括宗噶、阿里贡唐、芒域、萨嘎和桑桑拉堆在内的地方在内。也清楚地看到，念青唐拉、那曲县、当雄、巴青、丁青、阿里的噶尔和措钦直至东部的尼玛县、双湖办事处、白衮宗、申扎和聂荣等地都曾经属于象雄境内。总之，古代象雄是一个地域广阔，文化和军事高度发达，经贸畅通的邦国。在松赞干布时期属于吐蕃辖下。但是一些研究者把象雄拒于藏地四大世系、十二小邦之外、把象雄文明、象雄语言和象雄人当作与雪域高原无关的题目去研究，这不仅违背了藏族史料典籍的记载，更违背了人类发展的历史规律。

第三章　雍仲本教在藏区腹地的传播

第一节　聂赤赞普称王及本教在卫藏的兴衰

关于对吐蕃第一代赞普聂赤赞普的身世历来说法不一，法国国家图书馆出版的于阗古藏文文献是这样记载的："从天而降，众神之主，六部神族裔（ཡབ་གཉན་བདག་དྲུག），兄弟六人，名同赤耶顿，七弟之子聂赤，从深山中走来，到拉日江朵地，众地迎面作揖，众树为他起舞，河流也向他祈福。当上六牦牛部首领，从天而降，当凡间之主，又到天地之间，大洲中央、雪山之处、大洋的源头，此地为净土，此人为圣域、人人胜哉、他好行善，相貌似人非人，众人见而拒之，有的则称为仙人矣，并称颂其相貌而喻：树林之间唯有松树高，江河之中唯有雅江最汹涌，雪域之巅，香布之神为开天之神。"又在《雍布拉康目录》里载：从前波玉地方有个叫甲姆尊（རྒྱ་མོ་བཙུན）的女人生下九个孩儿，最小的名为兀毕茹的孩子，面容俊朗，掌如鸭掌，能显神通而被众人弃而到卫藏，与卫藏部落的代表十二首领相遇，问其从何而来，兀毕茹指天而道：从波玉而来，到卫藏。又问你有何能？曰：吾能神通而被人弃。问：你能否当吾族之首？后众人用颈抬到雅砻部，成为部落首领，故取名为"聂赤赞普"。虽然聂赤赞普从天梯而降之说不符合事实，但也可以证明这时卫藏有君臣衣着之区别，首领的世袭制度等明显的等级之分。虽然聂赤赞普出生在波玉，但由于兄弟几个不和，他逃亡到雅砻谷地。聂赤赞普到雅砻谷地的说法也有很多种。但在《弟吾教法史》一书中，以本教徒的观点列出，聂赤赞普沿路经过了玉域央康、拉仲降朵、达域卡尔、昂拉央玛、达域辛那、拉隆达巴、雅亲索卡、赞唐果喜等很多地方，由此也可以辨认他到雅砻的路线波玉（波密范围）到工布后经达布最终到雅砻。尤其是拉仲降朵地方，在很多史料中，聂赤赞普最初到拉日或降朵为同一地名。虽然存在争议，实际上该山现在为林芝县境内的享誉世界的佛本两家神山本日山两边的山脉。聂赤赞普到雅砻时候巧遇的十二本教徒为赞布洛和雅（བཙན་པོ་སྣ་དང་གཉགས）、尊巴琼和努（བཙུན་པ་ཁྱུང་དང་སྣུབས）、聂斯和波为六君臣（གཉའ་སེ་དང་སྤོ་ཞེས་ཡབ་འབངས་དྲུག），喇沃拉塞和斯本（ལྷ་བོ་ལྷ་སྲས་དང་སེ་བོན）、玛本（རྨ་བོན）、巧拉本（ཅོག་ལ་བོན）、象雄本（ཞང་ཞུང་བོན）、米次本（མི་ཚེ་བོན）等人，用颈将他拉到雅砻地区登上赞普之位。

关于聂赤赞普何时称王的问题争议也非常大，据本教史料记载为公元前 1136 年，但藏族大多数宗派史略和史书上记载为公元前 126 年，又有些则认为是公元 414 年。从有关西藏第一代赞普聂赤赞普、第一座城堡雍布拉康、第一块农田雅康索卡、第一城青瓦达孜的记载来看，聂赤赞普正式开创了吐蕃王朝，社会形态也进入了奴隶制时期。称部众首领从天梯而降，将诸部一统。人们脱离战争与天灾，雅砻地区兴建雍布拉康，最早的聚居区索卡和第一城青瓦达孜城。当时农业和畜牧业土木技术高度发展，城镇建设等土木建筑也得到相对发展。

这一时期雍仲本教盛行，《本波论世》中载："辛饶到卫藏，藏本已有降神祈福消灾等仪式。看出已经流传了本教。"又在《本波论世》中载："甲玛中称聂赤时期藏地流传十二因本；衮辛喇本（མགོན་ཤེས་ལྷ་བོན་དང），央辛恰本（གཡང་ཤེས་ཕྱྭ་བོན），卓谢鲁东（འགྲོ་ཤེས་གླུད་གཏོང་），都谢斯辛（འདུར་ཤེས་སྲིད་གཤེན་），藏谢赛德（གཙང་ཤེས་སེལ་འདེབས་），卓谢喇本（སྒྲོལ་ཤེས་ལྷ་བོན་），番谢门切（ཕན་ཤེས་སྨན་དཔྱད་），郭谢孜坎（སྐོས་ཤེས་རྩིས་མཁན་），玛谢朵古（སྨྲ་ཤེས་གཏོ་དཀྱུ），丁谢夏瓦（ལྡིང་ཤེས་ཤ་བ་），普谢居提（འཕུར་ཤེས་ཇུ་ཐིག），卓谢楚本（འགྲོ་ཤེས་འཕྲུལ་བོན་）十二大辛巴。"这时本教徒祈福苍天为人主，引福升财物，供饿魂而保平安，进行丧葬而愿灵魂往生极乐，用占卜问吉凶等成为了原始本教特征。聂赤赞普时期大兴本教，穆辛囊瓦到了卫藏，开始了密本在藏地的传播，建立雍仲拉孜寺，穆辛囊瓦也成为聂赤赞普的古辛。古辛常伴赞普左右，决策政务，君本共事（རྒྱལ་གཤེན་བསྟན་པ་མཉམ་གནས་）而使本教势力大增。此时君本共掌国事，藏族历史上特殊的政教合一制度也初次形成。从此在七赤天王时期本教继续弘扬。最终，聂赤赞普认为本教徒不能架空赞普执掌一切，因此君本矛盾加剧，最终孙波本教徒洛雍弑君。

第二节　六赤天王时期雍仲本教的发展

于阗出土的文献中写到："聂赤赞普和南穆母·都旭之子穆赤赞普。"本教史料则称穆赤赞普（དམུ་ཁྲི་བཙན་པོ་）为聂赤赞普和那穆母之子。本教典籍中载，穆赤赞普生于公元前 1074 年（藏历火虎年），佛教史料上均认为是公元前 126 年或公元 414 年，因此穆赤赞普生于公元一世纪前后的说法应属事实。该赞普大力兴本，因此在穆赤赞普及六赤天王时期，《密本》、《独特吉崩本》（ཁྱད་པར་སྤྱི་སྤུངས་ཀྱི་བོན་）、《无上本》（ཕལ་ཆེན་བླ་ན་མེད་པའི་བོན་）、《大乘无上本》（ཐེག་པ་བླ་ན་མེད་པའི་བོན་）、《行无上本》（སྤྱོད་པ་བླ་ན་མེད་པའི་བོན་）、《果无上本》（འབྲས་བུ་བླ་ན་མེད་པའི་བོན་）等得到了巨大的发展。本教史料记载穆赤赞普从象雄迎请一百零八位本教大辛，在卫藏建立了三十七座本教道场，具体如下：

卫茹十三座寺院：

1、达木雪纳穆（དམ་ཤོད་སྣར་མོ་）：在念青唐古拉山前当雄地方。

2、昂兰热松（ངན་ལམ་རལ་གསུམ་）：在桑耶寺到吉雪之间。

3、番耶扎噶（འཕན་ཡུལ་བྲག་དཀར་）：在卫如北面番波地方。

4、墨竹热瓦（མལ་གྲོར་བ་）、墨竹热瓦热：在卫如东南方墨竹地方。

5、扎玛（བྲག་དམར་）：在桑耶青朴地方。

6、亥布日塘（ཧས་པོ་རི་ཐང་）：在桑耶亥布日山脚下。

7、耶巴（ཡེར་པ་）：在拉萨城东北面。

8、南木吉日空（གནམ་གྱི་རི་གོང་）：在曲水境内南木地方。

9、纳木错昂仁（གནམ་མཚོ་ངོ་རིང་）：在纳木错湖。

10、堆仁隆松（སྟོད་རིས་ལུང་གསུམ་）：在拉萨西面堆龙德庆县境内。

11、吉雪隆纳（སྐྱི་ཤོད་ལུང་ནག་）：在山南吉雪南部。

12、日降夏塔（རི་རྒྱང་ཤ་མ་ཐང་）：传说在卫如地方（具体不详）。

13、多孔杰姆喀（མདོ་ཀ་གུང་རྒྱལ་མོ་ཁ་）（又称确根杰姆喀）：据说在卫如地方，具体位置不详。

夭茹七座：

1、沃卡秀吉（འོལ་ཁ་ཤུག་གཅིག་）：在山南沃卡与塔布交界。

2、娘隆辛纳（ཉང་ལུང་ཤིང་ནག་）：在巴松地方。

3、益隆贡巴（གཡེ་ལུང་གོང་བར་）（又称岩隆康萨）：在艾和塔布交界。

4、贡玉支纳(རྐོང་ཡུལ་བྲེ་སྣ་):在贡布普曲地方。

5、雅砻索卡(ཡར་ལྷུང་སོ་ཁ་):在雅砻拉日山山脚。

6、隆旭塘玛尔(ཀླུང་ཤོད་ཐང་དམར་)(塘噶仰奎):在雅砻江边。

7、墨竹措旭(མལ་འདྲོ་མཚོ་ཤོད་):在山南措纳县境内。

叶茹八座:

1、吴域萨那(འོ་ཡུག་ས་ནག་):在卫藏吴域地方。

2、向吉雄雄
(ཤངས་ཀྱི་ཞོང་ཞོང་)(又称向吉协蔡):在向境内南木林县附近。

3、主吉卡尔东(བྲུད་ཀྱི་མཁར་གདོང་):在妥杰卡纳地方。

4、达那江布(རྟ་ནག་རྒྱང་བུ་):在达那境内。

5、吉吉江卡尔(འཛེད་ཀྱི་རྒྱང་མཁར་):在谢通门县。

6、达普卓列(ཛ་ཕུ་རྡོས་ལྷས་)(达布卓列):在穆与藏北交界。

7、藏吉吉尔普(གཙང་གི་ཀྱེར་ཕུག):在朵雄地方。

8、桑桑拉扎(ཟང་ཟང་ལྷ་བྲག):在日喀则西北桑桑拉涅扎地方。

茹拉九座:

1、娘堆达蔡(ཉང་སྟོད་སྟག་ཚལ་):在尼茹境内。

2、丘郭扎仁(ཆུ་འགོ་གྲག་རིང་)(丘郭朵仁):在日喀则南部曲米仁布地方。

3、喀尔钦扎噶(མཁར་ཆེན་བྲག་དཀར་):在支仓,即今扎玛地方。

4、措俄赤琼(མཚོ་ངར་ཏྲེལ་ཆུང་):在支仓北面。

5、宁孜塘雪(གཉེན་རྩེ་ཐང་ཤོད་)(聂孜塘雪):在喇嘛辛所居之地不远处。

6、章巴喀乌(གྲམ་པ་ཁའུ་):在萨迦前往彰巴之地。

7、热色塘东(རག་ཟ་ཐང་ཀླུམ་):在章巴与芒喀尔之间。

8、芒喀尔朵普(མང་མཁར་མདོ་ཕུག་):在芒喀尔境内嘉昌普母齐地方。

9、拉域贡塘（ཉེ་ཡུལ་གུང་ཐང་）（芒域贡塘）：在拉堆齐地方。

当时在这些地方进行了闻、思、修等等仪式，该赞普时期同时还建立了三十七大密宗道场，弘扬密宗学。

三十七大密宗道场：

1、琼隆银城（ཁྱུང་ལུང་དངུལ་མཁར་）2、岗底斯（གངས་རི་ཏི་སེ་）3、波日昂丹（སྤོས་རི་ངད་ལྡན་）4、玛旁湖（མཚོ་མ་ཕམ་）5、扎布绒钦（བྲག་ཕུག་རོང་ཆེན་）6、蔡日索松（མཚལ་རི་ཟུར་གསུམ་）7、杰喀尔帕确（རྒྱལ་མཁར་བ་ཚོད་）8、岗吉吉瓦喀尔（གངས་ཀྱི་ཏྲི་བ་མཁར་）9、确米嘉擦（ཆུ་མིག་རྒྱ་བཙ་）10、岗念达郭（གངས་སྙན་སྟ་སྒོ་）11、措穆黎曲（མཚོ་མུ་ལི་ཁྱུད་）12、当热湖（དྭངས་ར་མཚོ་）13、赤翁琼孜（ཁྲི་འོང་ཁྱུ་རྩེ་）14、赤翁日塘（ཁྲི་འོང་རི་ཐང་）15、芒喀尔嘉昌（མང་མཁར་ལྷུགས་འཕྲང་）16、热萨雍仲绒巴（ར་ས་གཡུང་དྲུང་རོམ་པ་）17、降隆扎布（ལྗིམ་ལུང་བྲག་ཕུག་）18、赤仓塔噶尔（ཚིག་མཚམས་མཐའ་དཀར་）等。

十大辛本：

1、穆赤赞普（མུ་ཁྲི་བཙན་པོ་）2、哈热吉巴（ཧ་ར་ཅི་པར་）3、达维弥维（སྟག་ཞེར་མི་ཞེར་）4、阿奴查塔（ཨ་ནུ་འཕྲག་ཐག་）5、塞尼古（སད་ནེ་གའུ་）6、森巴突钦（ཟིངས་པ་མཐུ་ཆེན་）7、协部热库（ཤད་པུ་ར་ཁྲག）8、彼本托垂（སྤེ་བོན་ཐོག་འབྲུལ་）9、彼本托孜（སྤེ་བོན་ཐོག་རྩེ་）10、台密台噶（ཐད་མི་ཐད་ཀེ་）等。

十大译师：

1、昂巴吉仁（ངམ་པ་ལྗེ་རིང་）2、穆擦其米（དམུ་ཚ་གྱེར་མེད་）3、萨让弥巴（ཟ་རང་མེ་འབར་）4、玛布桑当（མ་སྤྲུངས་གསམ་ཏང་）5、占巴南卡（དྲན་པ་ནམ་མཁའ་）6、觉本穆阔（རྒྱད་བོན་མུ་ཁོད་）7、吉杰拉衮（ཇེ་རྒྱལ་ལྷ་སྒོམ་）8、大臣穆图（བློན་ཆེན་མུ་ཐུར་）等。

二十大辛本贤者：

1、奴本·占巴南卡（གཉུབ་བོན་དྲན་པ་ནམ་མཁའ་）2、琼波·达扎

敦祖(ཁྱུང་པོ་སྟག་སྒྲ་དོན་གཙུག)3、念青·李秀达仁(སྙན་ཆེན་ལི་ཤུ་སྟག་རིང)4、古日·赞多弥萨(ཀུ་རིབ་བཙན་དོར་མི་སར)5、普鲁主孜(ཕུ་ལུ་གྲུ་འཛིན)6、白本旭扎穆(སྟེ་བོན་ཤོད་དྲུམ)7、吉塘玛波(གྱི་ཐང་ཇ་བོ)8、松巴姆恰(སུམ་པ་མུ་ཕྱ)9、亥布杜松(ཧས་པོ་དུག་གསུམ)10、恰本·达热吉夏(ཕྱ་བོན་སྟག་ར་གྱེར་ཤག)11、帕廓尔·通底杰瓦(པ་གོར་དོང་དེ་རྒྱལ་པ)12、降擦毗囊(ལྗང་ཚ་འཕེལ་སྣང)13、努·玛尔辛西赞(གནུབ་མར་གཤེན་གཞི་བཙན)14、齐玛·其热门萨(ཁྱི་མ་གི་ར་མོན་སར)15、噶拉·辛齐巴(མགར་ལྷ་གཤེན་འཕྲེས་པ)16、古钦·塘玛波(སྐུ་གྱིམ་ཐང་ཇ་བོ)17、古本·洛赛钦(འགུར་དཔོན་བློན་གསས་ཆེན)18、钦·赤索松门(མཆིམས་ཁྲི་ཟུར་སྒོང་མོད)19、喀卓·聚萨本姆(མཁའ་འགྲོ་ཙོ་ཟ་བོན་མོ)20、桂·赤东杰布(འགོས་ཁྲི་སྟོང་རྒྱལ་པོ)等。

此外,九贤者、九能者、四十辛钦等和译师、贤者如满天星斗般的到来。此时,国是本之国,阿里是本阿里,出现了君为尊、,辛为高、国法为庄严、民为安乐的局面,本教大兴,各地享太平。此时,得道者十辛大讲本教引渡众生,二十大能者能言善辩,八大译师翻译众多本教古籍,九大咒师断一切邪魔,四十大辛左右众人生死,弘扬本教的思、修、讲等理论的发展。七赤天王时期本教徒任赞普的古辛,本教徒名声大振。

第三节　直贡赞普时期的本教

新疆出土的文献中有这样的记载:“直贡”一词源于奇妙的传说,小王诞生后众人到女巫玛玛卓夏·麻吉林玛处取名问卜,女巫问:红岩裂否、圣湖枯否、草场被烧否。众人答:红岩未裂、圣湖正汛、草场正旺。而女巫年迈耳背听成颠倒之事,想小王为凶兆就取名为“直贡”(གྲི་གུམ,意为绝于刀下之人），其从小志大才疏，争强好胜，经常在朝堂之上与大臣比武论刀，让御马官罗昂（ལོ་ངམ་རྟ་རྫི་）与他决一雌雄，并把宝剑盔甲赠与罗昂，最终在娘若香布，罗昂一箭击毙赞普后将尸体置于铁箱抛入江河。本教文献，父穆赤赞普与母面赤曲姆之子直贡赞普于公元前682年登上赞普宝座。娶瓦萨·赤尊（དབལ་བཟའ་ཁྲི་བཙན་）为妃。佛教文献则称为公元前后登基比较接近历史事实。由上述于阗出土的文献记载来看，直贡赞普出生后即向女巫处问其生后之事，但是女巫年迈而颠倒是非，取名为凶相之人。直贡赞普小时就生性孤僻、倔强，此时，宫中的君本之争愈加激烈。《本波论世》载：“赞普聚诸辛而道：吾王事与尔等本教不能共存于藏地中心，如今，只留喇本四大法、郭库绒赞、佐钦普兰杂等作为护法之人，其余方可退去。”虽然热萨等人苦苦哀求，但赞普道：吾心意已决，故不能更改，赞普未能听取本教徒的意见。加上驳本派大臣的极力怂恿，众本徒无奈中带着本教的各种典籍逃往象雄，有的把经典藏于深山密林之中，有的带着经书直奔北方，上演了一场空前残酷的逐本记。

从此君本之间的矛盾日益激化，本教徒们不甘心失败，与支持他们的大臣商议铲除赞普。赞普也对本教徒给他起凶险之名一事而耿耿于怀，多次与本教大臣比武论剑，但无人应约，最后赞普强行让御马官罗昂与他比武，罗昂无奈之下用陷阱弑君于娘若香布。事后将赞普的尸首装进铁箱，抛向江河。

由上述传记可以看中直贡赞普四十岁时，被本教徒们用陷阱弑。对于罗昂御马官，我们不能简单地视之为纯粹的马夫，因为在一些史料上称罗昂为“本臣罗昂（ལོ་ངམ་མམ་བོན་བློན་）”，是个阴险的拥本者，在赞普身旁拥有较大权利，不然赞普也不会与一个马夫比武，罗昂若真是马夫那就更无从知晓赞普宝库中的神器。赞普下令后，罗昂先前到了娘若香布用宝剑弑君，也有说法是赞普被勒死于娘若香布，因为在当地至今都能找到叫“达罗”（ལྟག་ཤོག 死于勒颈）的地方。

此后，两位王子夏赤和聂赤受尽凌辱，被取牲畜之名流放到贡布。拥王的大臣大多数被诛杀，一小部分被流放到边外，后妃为罗昂放羊，罗昂则娶公主为妻，篡位时间长达十三年。

此时，直贡之子都已长大成年。大王子夏赤（ཤ་ཁྲི）成为贡布头人，次子甲赤（བྱ་ཁྲི）扎根波玉，小儿子聂赤（ཉ་ཁྲི）则为娘布部头人。他们各自在自己大臣的辅佐下休养生息，以期有朝一日为父报仇。后来王子茹来杰从被罗昂冷落的母亲处得知罗昂奸臣如何弑父和用奸计篡夺王位之事。母后指向青瓦达孜城（འཕྱིངས་བ་སྟག་རྩེ），告诉王子说那是我们祖辈世代的宫殿，同时告诉布带贡杰或甲赤大哥在波玉的真相。而这时，夏赤和聂赤已经去世，茹来从波地请来布带贡杰（སྤུ་དེ་གོང་རྒྱལ）到青瓦达孜宫，召集后藏地区军民而攻打罗昂，诛杀了罗昂同族男女各万人，为父直贡赞普报仇雪恨。

第四节　布带贡杰及六地赞王时期的本教

本教文献中载，公元前 667 年布带贡杰继承赞普之位，茹来杰出任首席大臣，此时本教又有了较大的发展，布带贡杰谨记父亲在位时曾用武力来灭本，后被本教势力诛杀的历史教训。布带贡杰亲自从纳木错湖请来了修练十二加持的本教大德东玖〔有的史书上称为茹来杰所请〕。布带贡杰道：“通晓一切班智达，吾乃聂赤之脉，本教从远古走来，根深蒂固。吾父不晓拒本于千里之外，君臣饱受灭本之灾，终君被弑，臣被诛，宫殿毁于歹人之手，如今望圣人宏本救众生于苦海。”布带贡杰想，父王灭本而使藏地处于水生火热之中，我要兴本造福众生。他迎请东玖，东玖为了完成赞普心愿，从象雄迎请了一百零八位本教高僧和百位辛本。

《本波论》中载：“从象雄地方请来琼波·玛琼坚、拉琼坚二位圣贤而在卫藏传扬《五部般若》、《十二大本门法》、《本库法》、《十种麻尼法》及多个本门法，本教一时宏传于赞普统治境内。”布带贡杰赞普时期，雍仲本教犹如旭日东升。数不清的大智者班智达被请到吐蕃，使雍仲本教写下了辉煌的一页。

此后布带贡杰赞普的后代六地带王（ས་ཡི་ལེགས་དྲུག）及八德王时期本教大兴，如：《父续大论》（ཕ་རྒྱུད་ལུང་ཆེན་）、《圆满法》（ཛ་བ་རྫོགས་ཆེན་）、《大乘慈悲部》（བྱང་སེམས་ཐེག་ཆེན་）、《赛喀大续部》（གསས་མཁར་རྒྱུད་ཆེན་）、《大光明慈悲部》（ཀུན་གསལ་བྱམས་ཆེན་）、《般若灌顶部》（ཀུན་གསལ་བྱམས་ཆེན་）、《孜堆法》（རྩེ་འདུས་ཕོག་ཆེན་）、《五大经论部》（སྡེ་ལྔ་མདོ་ཆེན་）、《密宗大灌顶部》（གསང་ལུང་དབང་ཆེན་）、《五氏大部》（རྒྱས་ལྔ་འབུམ་ཆེན་）、《四密乘部》（ལྡེ་བཞི་གཟུང་ཆེན་）、《大明部》（རིག་པའི་གནས་ཆེན་）九大乘传于卫藏，这一时期流传父续大论十三部等本教典籍。青瓦达孜修建了十三座本教寺院和本教原始经堂。

八德王时期孤本有，在《本教源流弘扬明灯》中记载：“艾旭列（ཨི་ཤོད་ལེགས）与穆降米列（དམུ་ལྕམ་སྨད་ལེགས）之子斯囊僧德（ཟི་ནམ་ཟིན་ལྡེ་）由象雄雍仲王（ཞང་ཞུང་གཡུང་དྲུང་རྒྱལ་པོ་）任辛，斯囊僧德与措门赤噶（མཚོ་སྨན་ཁྲི་དཀར་）之子德杵囊旭赞（ལྡེ་འཕྲུལ་ནམ་ཞུང་བཙན་）和赛念芒母（སེ་གཉན་མང་མོ་）之子赛南南德由象雄敦多王（ཞང་ཞུང་དོན་རྟོགས་རྒྱལ་པོ་）任辛，赛南南德（སེ་སྣོལ་གནམ་ལྡེ་）与鲁唐美莫（ཀླུ་ཐང་

མེར་མོ་)之子赛·南德(སེ་སྣོལ་ལྡེ་)由象雄·阿波祖普任辛，赛南德与伟色迪穆措之子德·南囊由象雄·阿兰旦(ཞང་ཞུང་ཨ་ལན་)王任辛，德南囊(ལྡེ་སྣོལ་ནམ་)与赤门杰美(ཁྲི་སྨན་རྗེ་མ་)之子德南布(ལྡེ་སྣོལ་པོ་)由象雄达巴热玛哈底(ཞང་ཞུང་དར་མ་ཧ་ཏི་)任辛，德南布与萨尊念吉(ས་བཙུན་གཉན་རྗེ་)之子德杰布(ལྡེ་རྒྱལ་པོ་)由象雄达巴和热任辛，德杰布与门尊隆贡(སྨན་བཙུན་ལུང་གོང་)之子德森增(ལྡེ་སྲིང་བཙན་)由象雄穆拉玛哈(ཞང་ཞུང་མུ་ལ་ཏོས་)任辛。"

由上述可以看出，六地带王和八德王时期雪域高原上本法得到空前发展，各赞普的孤本都由象雄本教使者担任。同时，本教在政治上的势力也再次膨胀。这时期卫藏的本教徒不仅运用了占卜术、求神、算卦、禳灾解难、观察星相等本教法术，并且恰那黑本的因本、恰噶白本的果本和大圆满法等具有系统理论的本教典籍也传播于卫藏各地。

第五节　拉脱脱日年赞(ལྷ་ཐོ་ཐོ་རི་སྙན་ཤལ་)时期雪域高原初现佛教，孤本势力的动摇

五赞时期的多日论赞(ཏོ་རི་ལོང་བཙན་)，赤赞囊(ཁྲི་བཙན་ནམ་)、赤·扎崩赞(ཁྲི་སྒྲ་དཔུང་བཙན་)、赤托吉赞(ཁྲི་ཐོག་རྗེ་བཙན་)等人时期本教依然盛行。多日论赞(ཏོ་རི་ལོང་བཙན་)时期孤本由象雄达热拉哈(ཞང་ཞུང་ཏ་ར་ལ་ཏ་)担任、赤赞囊等三代时期孤本由象雄·母拉哈杰(ཞང་ཞུང་མུ་ལ་ཏ་རྒྱལ་)担任，这时期在象雄巴玉·杰玛蔡地方修建了伦珠寺等本教寺院。

此后，父为赤托吉赞(ཁྲི་ཐོག་བཙན་)和母后茹·雍萨松杰措(རུ་ཡོང་བཟའ་སྟོང་རྒྱལ་མཚོ་)的儿子拉脱脱日年赞生于藏历木狗年〔公元254 年〕。由央杰(བོན་པོ་གཡང་སྐྱེས་)、都松(མཚོའི་བོན་པོ་འདུལ་

སྲིང་)、谢赤(འབྲུའི་བོན་པོ་སྣོད་དྲེ་)等来担任古本,娶诺萨妃。到六十岁时藏地传入了佛教。很多藏族史料中记载佛教在汉明帝永平(ཧན་མིང་ཏིའི་ཡུང་ཕིན་)十年〔公元67年〕传入了汉地,刚开始就有一竺法兰(ཛུ་ཏ་ལས་)的大班智达用白马驮了佛经到了汉地,继而在洛阳修建了白马寺,并进行佛经翻译。此时佛教正式传入了汉地。当然,对于佛教传入汉地的时间有许多争议。但汉明帝永平十年一说在汉藏两种史料中都有记载。佛教传入汉地之后与道教结合形成了独具特色的汉传佛教。

藏历水蛇年〔公元333年〕,佛教第一次传入了雪域高原。拉脱脱日年赞时期的某一天,从天上降下《宝箧经》、《百拜忏悔经》及金塔、六字模印(有说为四层玛瑙塔六字模印为有六字真言的石板)等,由班智达·洛松措(བློ་སེམས་འཚོ་)和译师李天师(ལོ་ཙྪ་བ་ལི་ཐེ་སེ་)带到了雍布拉康,但由于这时本教势力强大而未能传播。称作是从天而降之物故取名为"年布桑瓦",意为"神秘之物"。对于"年布桑瓦"(གཉན་པོ་གསང་བ་),本教史料《本波论世》中这样记载:"拉脱脱日年赞时,藏地佛始,三肘长金塔,三洲怙主生慈悲,由天宫降至国王之手,此时初传慈悲法。"这时期佛教法器已经传到了吐蕃,君臣没能推行而只是简单供奉,但已经出现能简单念诵大慈悲经等佛教颂语的人。

上述所述中不难看出,佛教在吐蕃传播伊始受到了不小的阻碍。按本教徒的说法,佛教刚传到藏地后王臣没能继续推广而只是简单的进行佛教经书的念诵,只是将其中的大慈悲颂略微推广。实际上佛教到吐蕃后引起了本教徒的不满,而在吐蕃佛教的影响是不可忽视的。总之,佛教传入吐蕃不是巧合,从直贡赞普与辛本之间的矛盾白热化之后,只是维持在表面上的"君本联政"的局面,实际上历代赞普的孤本都由象雄本教徒来担任的。并且孤本有时会架空赞普而控制政事,赞普为巩固权利而努力引进印度佛法,从此辛本的地位开始动摇。

后来在赤年松赞(ཁྲི་གཉན་བཟུང་བཙན་)、仲年弟乌(འབྲོང་གཉན་ལྡེའུ་)、穆隆衮巴·扎西(དམུ་ཤོང་དགོན་པ་བཀྲ་ཤིས་)和囊日松赞(གནམ་རི་སྲོང་བཙན་)四位赞普时期,佛教由王宫慢慢向民间传播,但是孤本之职仍由本教徒掌握,他们依然拥有很大的权利。《本波论》中载:"朗日赞普时期,精通佛教的《大般若》、《六律续》、《四论部》、《五性相部》等典籍者层出不穷。从前的《十二部本法》及《四因本》也得到了较大的发展。这时期建立了七座琼波达扎林、由李修达仁、白续占钦、松波木恰和大食四人从象雄地方把众多经典翻译成藏语,东孜、斯(སེ་)、地(ལྡེ་)、梅及松(གསུམ་སྡེ་)等贤人的足迹踏遍了雪域。"

第六节 松赞干布时期吐蕃正式传入佛教,辛本地位的动摇

松赞干布由父吐蕃赞普朗日松赞与母后次崩萨·赤玛托噶(ཚེ་སྤོང་བཟའ་འབྲི་མ་ཐོད་དཀར་)生于藏历火牛年(公元617 年)强巴弥久林,卒于藏历铁狗年(公元650 年)一说为公认。

有的史书把松赞干布的出生地说成雍布拉康,但《柱间史》、《萨迦世袭略转》、《仓央嘉措密传》等均认为是墨竹工卡的甲玛地方。该地的北面至今还保留着松赞出生地的土坑遗址,东面有一座松赞庙。松赞到了十三岁时因父王被人毒害而被推上了赞普之位,由于性格刚毅取名为"松赞干布"。松

赞干布南征北战征服了许多地区，建立健全行政体制、军事制度，制定法律，统一和规范文字，开创了雪域高原的佛教，并翻译了众多典籍。又将文成公主、赤尊公主、象雄妃（ཞང་ཞུང་བཟའ་ལིག་ཏིག་སྨན་）等娶为妃子而推进和发展了吐蕃的政治、经济、文化、军事，开创了空前的吐蕃王朝。

一、松赞娶两位公主，佛法初传雪域

《本波论世》中载："创佛五大赞普之首松赞，学本教经典，说教论经，讲授《无垢完善法》、《大般若》、《无垢大镜相经》等本教典籍，后期从印度迎娶了佛教的火种。"本教史料中还称天子松赞干布学本教经典《金刚金》等律部。《甲玛》中也称："赞普学习本教经之外也学少量佛教，其他派别则称松赞干布开始了佛教在雪域高原的流行。"《甲玛》中又称："从象雄迎黎梯梅公主，从大食本教总场大院迎请辛饶一岁等身像，并修建本教寺院，从尼泊尔迎娶赤尊公主及迎请未来佛并建大昭寺，从汉地迎娶文成公主、汉地的辛饶八岁等身像并建小昭寺，从天竺迎请檀香木自成佛像而后修建十一面观世音菩萨像，由天竺阿噶希拉玛底（དགེ་སློང་ཨུ་དཀར་ཤྲི་ལ་མ་ཏི་）僧人担任香灯师。"从上述记载中清楚的看到，松赞干布中期佛教的火种从印度传入了藏地。这时赞普以本为主，同时学一些佛教典籍实为宗派之见。因为从拉托托日年赞时期吐蕃就有佛教传入的历史已经载入本教史料，从拉托托日年赞到松赞干布之间 300 多年的历史阶段中，佛教由宫廷开始向民间传播这是事物发展的一般规律。松赞干布为了王国强盛，安抚民众及后继有人而，先后娶藏地妃（མོངས་ཁྲི་ལྕམ་）、象雄妃、弥药妃等王妃，她们各自建了供奉自己本身之神像的寺庙分别为叶木巴寺、扎不鲁康、梯木齐庙，并修建许多佛像，举行佛事活动。尤其是为昌国、兴佛，松赞迎娶赤尊和文成两位公主。因为此时的尼婆逻王国也在五世纪初进入封建主义社会，政治、经济、文化等得到繁荣发展，特别是佛教盛行，雕刻艺术名扬天下。吐蕃使臣到尼泊尔见尼婆逻国王(གཡང་ཧྲུའུ་ཐྦ་མོ་མཆོག)而宏扬藏地和松赞干布的英明神武，对文化特别是对佛教有虔诚之心望能将赤尊公主嫁于赞普，这对两国都是有益之举。尼泊尔国王也是一位对佛法十分虔诚和英明的政治家，所以对赤尊公主嫁入吐蕃也表示赞成，对赤尊说了很多雪域圣地的独特之处和此地需传扬佛法的必要，具体如下：疼如我眼爱女听，所谓吐蕃乃胜地，山高地净雪岭颈，凉而温暖如天庭。四江横流四湖美，出产五谷和奇珍，俯行牲畜草如酥，主为天神民为人。无四众有菩萨种，无佛而有王法律，无僧而有王化身。自古女不执故乡，因此吾女其适藏，法定善规宜宏扬，修筑坚固王宫堡，修建三宝依处庙，殊胜宝塔亦修造，书写经文塑佛像。仗此力量宏正法，招聚僧伽教光昌。因赤尊公主本身对佛法十分虔诚，在父亲前许下答应远嫁吐蕃而宣扬佛法的诺言，公乇的嫁妆有不动金刚佛(མི་བསྐྱོད་རྡོ་རྗེ)、强巴佛(བྱམས་པ་ཆོས་ཀྱི་འཁོར་ལོ)、檀香空行母像(ཙན་དན་གྱི་སྒྲ་རང་བྱུང་སྒྲོལ་མ)及玛瑙鉢(བཻཌཱུརྱའི་ལྷུང་བཟེད)等重礼，由七匹大象驮着，不动佛和强巴佛用大象驮着，自成空行母像由公主亲手捧着形影不离，吐蕃使臣们牵着驮队领路而行，尼泊尔百多位大臣送行至芒域之地，公主与自己属民分别后继续前行。直到今天，在吉隆县吉隆村仍有当时赤尊公主与民众分别时的许多地名，赤尊公主到了吐蕃后，受到吐蕃人民热烈的欢迎。松赞干布从唐朝迎娶了文成公主，唐朝是中国历史上军事、文化高度发达，佛教盛行的大国。此时唐太宗名闻天下，松赞干布派使臣到唐朝与唐朝联姻，让唐太宗将文成公主远嫁吐蕃。这时噶尔·东赞玉松、吞米·桑布扎、直·赛茹贡敦等大臣为雪域高原称颂道："至奇希有，化人公主，请听我语：吐蕃藏地，吉祥如意。众宝所成，赞普宫中，神作人主。松赞干布，大悲观音。神武英俊，见者倾慕。以教治邦，人民奉法，诸臣仆从，歌唱升平。出佛慧日，擎功德灯。山产诸树，土地广博，五谷悉备，滋生无隙。金银铜铁，众宝具足。牛马繁殖，安乐如是。至奇希有，公主垂听！"文成公主心想吐蕃乃高山净土，赞普以佛法治国而前往吐蕃。文成公主不仅精通中原天相医术、八卦算术，对佛法更是虔诚有加，实为一个德才兼备的好公主。唐朝给她的嫁妆有释迦牟尼12岁等身像、金银镶嵌之书、工巧学、医术学和星相学等典籍。

迎婚使团有吐蕃三百人及唐朝的使臣江夏王李道宗等百人。文成公主骑着白色骡子由达杰·芒布杰(དར་རྒྱས་མང་པོ་རྗེ་)牵着。释迦牟尼像安置在马车上，其他物品分别由骡子和骆驼驮往吐蕃。迎婚使团到达拉萨后受到了吐蕃君臣民一致载歌载舞的欢迎。故有正月十五文成进藏传说："勿怕那白玛大荒原，百余骏马来迎接；莫慌那苍天大高山，百只大鹏来相送；休急那汹涌大江河，百艘大船来渡江；到逻暹拉通仙卡时，百艘马头舟迎接；到了沃杰塘时，百辆马车来相迎；到了东子苏时，百位少女来迎接；到了康阿东时，百位少年来迎接；到了布达拉宫前，百位贤臣恭候之。"

二、修建大小昭寺等殿堂、庙宇

两位公主相继到达了拉萨，在红山上修建了布达拉，不仅使整个红山围成三层墙，墙内还修建了九十九座寺庙，山顶修建宫殿和道场千余台，用铁链相连，固若金汤。文成公主一行到小昭寺处的沼泽地时载有释迦牟尼像的马车陷入沼泽之中，有的史料记载：其时发生地震而使释迦牟尼像陷入沼泽中。精于天相与地动学的文成公主用八卦算出此地下为龙宫，为镇此方而需修建一座寺庙，即后来小昭寺的雏形。

赤尊公主也修建供奉不动明佛的寺庙而向赞普禀明事因，赞普应允。最初在柳吾喀修建寺庙，白天建好的一到晚上就被幽灵鬼怪破坏，一时难以完成。赤尊公主无奈，派人去请文成公主给她占卜算卦。文成公主摆下八卦得知，吐蕃地形呈现罗刹女仰沃形，沃塘湖位于罗刹女的心脏之上。《柱间史》中称："为了镇压罗刹女，赞普显神通修建四座寺庙，左肩为昌珠寺、右肩为噶蔡寺、右胯为赞章寺、左胯为绰检寺等也不能完全镇压罗刹女而又加建四边寺，左膝为廓顶寺、右膝为贡布布琼寺、右踝为噶扎寺、左踝为顿及寺，再加上左掌为隆汤卓玛寺、右掌为白蔡隆显寺、右脚为芒玉降玛寺、左脚为崩唐寺。"

从上述中看出，当时修建佛寺遇到了重重困难，《柱间史》中载："在东南西北四边雕成大自在天生殖器、大鹏鸟、石塔、白色的狮子等来以辟邪之用。西南魔女有大如来佛镇压，北龙乃已被释迦牟尼佛镇压，西南为免被邪魔打扰而修建四方塔，为了雪域诸僧者不被危害性命而建起四方塔。"拉萨周围古峰四宝圣山，天有八羽法轮，地有八瓣莲花，有金银铜矿物产丰富的四座山在拉萨城的四周，如四根擎天大柱。墨竹山有金鱼，东噶山有自成莲花，支普山有东噶，宗赞山有宝瓶，永明山恰似吉祥结，潘迦山似宝幢，张普山的大手印为轮宝相。久母完色山有铁矿，热长东有铝矿，秀巴东有银矿，甲嘎山有金矿。东有白虎为噶东，南青龙为拉萨河，西朱鸟为大玛山，北黑龟为帕崩噶。从此，赤尊公主从尼泊尔请来许多能工巧匠，文成公主从于阗地方请来工匠，赞普下令填沃塘湖，于铁牛年(公元641年)将大昭寺的雏形完成。“该寺的外形及建筑风格在《贤者喜宴》中：”赤松德赞开始筹划和设计桑耶寺，这座寺庙完全按照佛教的宇宙观布局，居中的主殿分三层，底层是西藏式的石头结构，主神为石头雕刻的释迦牟尼像；中层为中原式的砖瓦结构，主神为青铜铸造的如来像；顶层为印度式的木质结构，主神为药泥塑造的如来像。周围建有四大洲、八小洲、十二座神殿。另外，赤松德赞的三位王妃每人也修了一座神殿。这座宏伟的寺庙取名为桑耶格松祖拉康，意思是超乎想象的三样永固释迦殿。“赞普命属民修建大小昭寺，全体臣民一起专于修寺之事。这时的小昭寺也修建圆满。起初在大殿内供奉释迦牟尼佛及八大弟子像。”觉悟为汉语中的“觉”，因为汉语中的“觉”为超脱或觉醒的意思。许多汉语佛经中称“觉”即为“佛陀”，释迦为姓氏，牟尼为大成就。因为小昭寺观看西方似猛虎跃空故取名为“虎相寺”。

以后大昭寺的各大主尊佛像各就其位，东面殿供着如来不动九尊主仆像，左边为无量光佛，右为弥勒主仆像，南殿奉有赤尊迎请的不动释迦佛、财神和多闻天王神像等。两位公主修建一百零八座神殿，佛法宏扬于雪域。

三、吞米·桑布扎革新藏文及迎请译师翻译佛教经典

这时，吞米·桑布扎大臣到达天竺，依照梵文而革新了藏文。但是许多佛教高僧撰写的史料中称藏文字由吞米·桑布扎创造。实际上，本教史料记载早在辛饶米沃齐在世时已经创造了记载本教教义、教规的文字，到了木赤赞普时期象雄文字有大小玛钦一说，吞米只是把以前并无规范之古藏文作了

进一步规范,也就是革新而已。将汉地大和尚德瓦次、印度的鸠萨罗大师(ཀུ་ས་ར་)、婆罗门·香噶罗(བྲམ་ཟེ་ཤང་དཀར་)、克什米尔人·达奴(ཁ་ཆེ་ཏ་ནུ་)、尼泊尔人希罗曼殊(བལ་པོ་ཤྲཱི་ལ་མཉྫུ་)及大和尚德瓦次(ཧྭ་ཤང་མ་ཧཱ་དེ་བ་ཚེ་)等许多班智达请到吐蕃。由吞米、达玛郭峡(དྷརྨ་ཀོ་ཤ)、拉隆·多吉白等译师共同翻译《观音二十一续论》(སྤྱན་རས་གཟིགས་མདོ་རྒྱུད་ཉི་ཤུ་རྩ་གཅིག)为:《宝箧庄严经》(ཟ་མ་ཏོག་བཀོད་པ་),《千手千眼大悲陀罗尼咒》(ཕྱག་སྟོང་སྤྱན་སྟོང་གི་གཟུངས་),《大莲花经》(པད་མ་སྙིང་པོའི་མདོ་),《十一面经》(ཞལ་བཅུ་གཅིག་པའི་མདོ་),《十一面观音咒》(བཅུ་གཅིག་ཞལ་གྱི་གཟུངས་),《不空羂索咒心外经》(དོན་ཡོད་ཞགས་པ་),《不空羂索咒心经》(དོན་ཞགས་ཕྱི་མ་),《莲花圣经》(པད་མའི་མཆོག),《灌顶经轮》(དབང་བསྐུར་འཁོར་ལོ་),《法轨密咒经续》(ཆོ་ག་སྔགས་ཀྱི་རྒྱུད་),《如意宝经》(ཡིད་བཞིན་ནོར་བུའི་གཟུངས་),《大悲持续经》(སྙིང་རྗེ་ཆེན་པོ་མི་གནོལ་བ་),《光明示亮经》(འོད་ཟེར་རྣམ་བཀོད་),《连冕藏》(པད་མ་ཚོད་པན་གྱི་མདོ་),《六字真言经》(ཡི་གེ་དྲུག་པའི་མདོ་),《妙法莲花经》(དམ་ཆོས་པད་དཀར་),《白莲花经》(པུཎྜ་རཱི་ཀའི་མདོ་),《无量瀑流经》(ཆུ་ཀླུང་སྣ་ཚོགས་པའི་མདོ་),《光明心受记经》(སྣང་བ་རོལ་པའི་མདོ་),《佛说文殊师利一百八名梵赞》(མཚན་བརྒྱ་རྩ་བརྒྱད་),《佛菩萨名号诠释经》(མཚན་ཡོངས་སུ་བསྟན་པའི་མདོ་)。

总之,松赞时期开创佛教为真实可信,因为拉托托日年赞时期,佛教第一次传入了雪域高原。经过三百余年的历史逐渐传入了王室及民间,在本教史料中说:"'松赞王本佛共处',宗源上松赞干布为首的大臣们大多乃信佛。为此,特地从两地迎请两位信佛的公主。"因为,此时的尼地和唐朝都是盛行佛教之地,两位公主则都精通佛教教义。到了吐蕃,大兴修庙宇,如:大小昭寺、为镇罗刹而建庙十二座支庙等。传两位公主迎请的释迦佛像地的许多宫殿也被修建，从汉地迎请大和尚·德瓦次等许多译师，吞米等人翻译了《观音二十续经》等许多佛教经典，佛教在雪域高原上真正得到开创。史料中称：从聂赤赞普到二十代赞普之间由本、仲、第吾三种来辅政，显出拉托托日年赞时期的本教受到了动摇。经过三百年后，以松赞为首的崇佛大臣们依佛法治国，大力推动了佛教的发展。但松赞干布修建的大小昭寺，在外形上不乏本教的痕迹，因此修缮了与本教徒的关系。本佛相结合而取名为“四欢喜寺”，尤其是主位佛释迦牟尼像上用本教图腾大鹏鸟像雕刻而成，这在汉地、印度、日本和缅甸等佛教盛行的国度是绝对罕见的，也是与一些佛教流行国度的最大区别。大昭寺底层、中层主位为佛像，顶层为吉祥天女及长寿五姐妹，屋顶则是香香鸟造型，不乏本教的色彩。

这一时期，由于佛教盛行而本教受到了一系列的打击和排斥，象雄的李密嘉（ཞང་ཞུང་ཡལ་པོ་ལིག་མིག་རྒྱ）反叛吐蕃。在更顿群培收集的很多于阗古文献中：“松赞王时期，攻李密嘉而众归吐蕃，时过六年，赞普升天。”藏历木蛇年（公元645年）象雄众部归吐蕃。但是，有一些本教学者则称：当时松赞干布打击本教而象雄部叛吐蕃。李密嘉时期象雄军队有十九万东岱，加上松波部也属于象雄。而吐蕃只有四十二东岱，吐蕃并无实力征象雄。到了赤松德赞时期，吐蕃军扮象雄平民，到李密嘉征收赋税处将其刺杀而收象雄入吐蕃。这一段叙述存在明显的错误。象雄并入吐蕃是在松赞干布时期。从此，象蕃之间就长久不能和平共处，然而，本教则在象雄乃吐蕃境内得到发展。这时期本教教义、仪轨、观点等非常系统，得到了一些大臣和子民的推崇。所以，本佛的斗争也在吐蕃持续扩大。

第七节　贡日贡赞(བཙན་པོ་གུང་བཙན་)时期的本教及本佛斗争

父松赞干布与母孟萨赤妃生贡日贡赞于藏历土狗年(公元638年),藏历铁狗年(公元650年)父王逝,藏历木兔年(公元655年)贡日贡赞王子亦薨。个别史料载,贡日王子逝于松赞执政时期。父贡日贡赞和母阿柴妃(འ་ཞ་བཟའ་)生芒松芒赞于藏历水牛年(公元653年),藏历木牛年(公元665年)登王位,藏历土兔年(公元679年)逝。两位赞普时期内外政事由噶氏家族掌控,噶氏家族的权利也得到了膨胀。噶尔·东赞父子宠本,《本波论世》中称:"噶氏推本而得众弟子。"松赞干布去世后,由于贡日贡赞年幼而由噶氏摄政,本教徒们重新得到执政者的保障而权力升级。《本教源流弘扬明灯》中载:"继推佛而众天神怒拉萨宫殿被雷击,击亡了多民众,瘟疫及旱情频发,赞普也在三十六岁时英年早逝,达玛猴头大臣灭佛。此后,由本教徒摄政,崇本而本教恢复元气,贡日贡赞与后代多笃信本教矣。"

松赞干布逝世后,本教徒们以发生瘟疫、天灾为由而打击佛教。贡日贡赞等时期也由于赞普年幼及夭折等原因而由噶氏家族操控政权,而噶氏家族拥本导致了本佛斗争进一步激化,也看出松赞干布以后的几代赞普年幼及早逝并非寻常,而是两派斗争导致的结果。父芒松芒赞与母赤玛梁生堆松·芒布杰于藏历土兔年(公元679年),同年父逝,但有的史料载芒松芒赞逝于藏历火鼠年(公元676年),这时未生王子而匿丧不报，于藏历土兔年（公元679年）才公布赞普逝世一事。当时小王子已经三岁，母赤玛梁妃精通古今之学，更精于执政辅佐年幼的太子摄政而名闻天下。王子娶多格妃，并且从很小的时候就表现出与常人不同而英勇无畏、展现了非人的本领。更敦群培收集的于阗文献中记载："赤堆松赞普（འདུས་སྲོང་མང་པོ་རྗེ），年轻而功大、宰野猪、擒野牦牛、抓老虎英勇无比。众望归，故取为'幻神王'。常训斥噶氏等人，为此噶氏一派不服又怕而远之，又降服吐谷浑部，武功胜于前赞普。"由上述看出，虽然赞普年幼时武功高强，但内政由噶尔长子控制，外部军事由噶氏次子掌控。噶尔·东赞、噶尔·赞那顿布、噶尔·赤赞等自认强悍，目无赞普，君臣间的矛盾也进一步尖锐。该赞普时期由于拥本派噶氏强大及摄政而本教兴旺，不仅修建了道场还翻译了不少本教典籍。然而矛盾集中在赞普、母后及噶氏一派之间的争权夺利，实为惨不忍睹。但赞普无论如何英明神武与武功盖世也依然未能逃脱被杀的命运，于藏历水兔年（公元703年）逝于征服南诏国的疆场。

父堆松·芒布杰和母青萨·赞母多格生赤德祖赞于藏历铁龙年（公元680年），对该赞普的出生有许多不同的说法。有的史书载赤德祖赞生于藏历水龙年（公元692年），金城公主入藏之时赞普才十二岁，故太子姜擦·拉文（འཇང་ཚ་ལྷ་དབོན）根本不可能出生。但根据《雅砻觉悟教法史》、《西藏王统记》、《贤者喜宴》等权威史料的记载，赤德祖赞生于铁龙年（公元680年）丹噶尔宫。以此看来，金城公主入藏时赞普已三十一岁，有拉文王子之说也可成立。该赞普满脸胡须而显苍老，故取名为"米阿苍"（胡须长着），大臣有巴·杰桑东赞（སྦས་སྐྱེས་བཟང་སྟོང་བཙན）、其母杰色（མཆིམས་རྒྱལ་གཟིགས）、卓·曲桑瓦玛(འབྲོ་ཆུ་བཟང་འོར་མ་)，娶姜姆赤尊(འཇང་མོ་ཁྲི་བཙུན་)为妃生英俊如神般的姜擦拉文(འཇང་ཚ་ལྷ་དབོན་)王子，王子成年后仿效祖宗从唐朝迎娶金城公主。不幸的是公主还未到吐蕃王子就被奸臣所杀，公主伤心欲绝，但公主实为女中楷模，没有因为赞普去逝而返回汉地，毅然踏上了前往吐蕃的路途。公主到了吐蕃，第一件事情就是到小昭寺拜释迦牟尼佛，而佛像未在寺中，又到大昭寺中寻找，从明镜南门迎释迦牟尼佛。释迦牟尼佛在三代赞普时期隐藏的原因，一种说法是，吐蕃怕唐朝军队攻打时将释迦牟尼佛迎回汉地。其实是松赞干布逝世后，以噶尔·东赞等为首的本教徒反对佛教的推广，为避免佛像遭到毁坏，一些信仰佛教的大臣和民众将佛像隐藏于大殿的墙内。此时金城公主入藏，噶氏家族逐渐失势，佛教得以重新发展，赞普派大臣占卡·穆列旭帕(བྲན་ཁ་མྱུ་ལེ་ཤོ་པ་)与聂·那囊古玛热(གཉགས་ཛྙ་ནམ་ཀུ་མ་ར་)到天竺迎请班智达，两人欲迎请在岗底斯修行的桑杰·桑瓦(སངས་རྒྱས་གསང་བ་)与桑杰·西瓦(སངས་རྒྱས་ཞི་བ་)二位而未成，但迎请了大乘五部经(另称两位使臣背诵了五部经而回吐蕃，后将其写下)，赞普也特修建五座寺而供经典，即扎玛尔珍桑、扎玛噶茹、桑卡扎、秦满那热、玛萨宫寺(另称扎玛噶茹、卡齐珍桑、拉萨卡扎、秦凭玛热、玛宫)。并从更喜之地翻译了《金光经部》、《分律经》，又从于阗迎请众多贤者而供之，佛教一时盛传。藏历土兔年(公元739年)，金城公主四十三岁之时逝世，她在吐蕃住了二十九年，对汉藏民族间的和谐关系做出了巨大的贡献。此时，王室与大臣之间的斗争也已经白热化。藏历木羊年(公元755年)，赤德朱丹七十五岁时在羊卓巴蔡之地坠马而亡。然而于阗出土的文献中则称：赤德朱丹被属臣囊、瓦两人杀之。尤其是在达扎禄恭(ངན་

ལམ་ཀླུ་ཁོང་）记功碑上载："赤德朱丹时，禄恭结心腹巴东左（འབལ་སྐོང་ཙབ་）、昂·米赛（ངང་མེས་ཟིགས་）等人勒杀赞普。"看出坠马致死一说乃属不实，而是当时的奸臣为争权夺利而弑赞普。

第八节　赤松德赞时期灭本兴佛

父赤德朱丹与母金城公主生赤松德赞于藏历铁马年（公元730年，见《历史年表》与《红史》）。但对赞普的出生年代、谁为其母一直争论不休，至今众多学者也是各执己见、说法不一。在《巴协》，《隆钦历史》和五世达赖喇嘛著的《西藏王臣记》中这样记载："为举行小王子周岁庆典，吐蕃王廷设宴请各地代表，二妃父亲及诸臣亦同赴宴，会中老赞普将满盛米酒之金杯，持于小王子之手而语之曰：'金杯满斟此美酒，子可献与汝亲舅，谁为汝母凭此信。'言毕，小王则将金杯付与诸汉人之手，并言：赤松我乃汉家甥，何求那囊作舅氏。"

一、称王除奸

赞普到了二十五岁（有说是十三岁）时登上王位，先后娶五位妃子：次·邦萨梅朵珍（ཚེ་སྤོང་བཟའ་མེ་ཏོག་སྒྲོན་མ་）、卡钦萨（མཁར་ཆེན་བཟའ་མཚོ་རྒྱལ་）、卓萨·降求珍（འབྲོ་བཟའ་བྱང་ཆུབ་སྒྲོན་）、钦萨·拉姆赞（མཆིམས་བཟའ་ལྷ་མོ་བཙན་）、普雍萨·杰明赞（平民）（ཕོ་ཡོང་བཟའ་རྒྱལ་མོ་བཙུན་）五位。年幼时，巴朱杂、昂米聂等奸臣弑其父王。大臣玛尚·绰布杰（མ་ཞང་ཁྲོན་པ་སྐྱེས་）、达扎禄恭（སྟག་ར་ཀླུ་གོང་）等说："不语来世之说，为今世者，唯有修本，若要拥佛，则发配边疆，为使雪域兴旺，该把释迦佛送回汉地。"让三百人拉之而不动，将其埋入土中，拉萨的汉地老者也被赶回汉地。老者到达汉藏边界时，发觉一只鞋留于吐蕃而言之："不久将有佛教再兴起”。扎玛珍桑、桑卡扎等寺庙俱拆,大钟藏于青朴洞中。大昭寺为屠宰场,把牲畜的内脏随意悬挂于寺内,大臣芒达与达玛因信仰佛教而被重罚。赞普掌权后,奸臣们妄图用奸计将赞普除之而夺权的记载在达扎·禄恭记功碑上:“赞普年幼,崇本者疯狂迫佛,本臣巴、朗两人欲除赞普而被禄恭察觉,赞普惩巴、朗两人而亲禄恭。”

这时赞普秘密传旨老臣达扎·禄恭,于藏历木羊年(公元755年)把弑杀父王以及威胁赞普的众奸臣一举除掉。换掉原先巴、朗两人所属的东岱头人,并把二人财产全部没收充公,其亲属则发配到边疆,玛尚打入活墓,达扎发北疆,基本上平息了君臣间的斗争。从此,赞普欲兴佛而效仿祖先松赞干布给黑暗雪域初次点亮佛光,修寺,译经,有恩于雪域众人。吾将要学祖先,于藏历铁牛年(公元761年)废禁佛令,让众人信佛。从芒域迎请释迦佛而位于大昭寺大殿中央,修复了许多寺庙,将信仰佛法的大臣派到内地取经。

二、迎请寂护(静护)等诸班智达

赞普与拥佛大臣们商议兴佛之事,《巴协》中载:“众人曰:愿兴佛事,除印尼两地班智达,还有其人?赞普顿时道:有巴赛囊,下令请巴赛囊,赞普问巴赛囊,印尼两地善佛学者有何人?赛囊禀赞普:古时在萨霍国,现居于尼地,为前萨霍国主之子辛·达热噶达。赞普道:不需在等,尔等携重金前往异地,迎请大师。”派巴赛囊为主的迎请大师使团,众人到尼地迎请寂护大师,按照尼王的命令,大师与尼译师一道经芒域到拉萨,与赞普会商。阿南达等人担任翻译,翻译了尼地所取《十善》、《十八行》、《十二因缘》等佛经,使本教徒们不满。赞普道:在藏地欲修寺庙,望请大师择取修寺吉祥地。大师曰:此地的妖魔好生厉害，以善心不成服矣，等建成寺院必先破魔为好，于是赞普亲手参与建寺动土仪式。而此地的保护神及本教护法二十居士用妖术破坏寺院的修建，同时洪水冲毁了旁塘宫，雷击拉萨红山，疫病与旱情流行。本教徒们认为是赞普兴佛之故，也遭到众人的怀疑。赞普无奈之下命巴赛囊、桑希（སང་ཤི་）、尚聂桑（ཞང་ཉ་བཟང་）、僧郭·拉隆（སེང་མགོ་ལྷ་ལུང་）携重礼见寂护后曰："吾等未修福气，生于雪域黑暗时期，兴佛心切却心有余而力不足，现兴之反而会加速民众的猜测。故先暂请大师回尼地，日后除反佛大臣后派使臣去迎请大师。"寂护（མཁན་ཆེན་ཞི་བ་འཚོ་）曰："先王时期，各大妖魔未能降服而本教徒未能信服佛法。欲兴佛，凶兆屡见不鲜，长久必会伤及赞普性命。为能兴佛法，则须降妖伏魔，故须迎西方乌扎那王子。此人精通各种术法、伏魔之术，为兴佛法我前去乌扎那将其迎到雪域。"由此，本佛之间斗争的复杂性可见一斑。此时赞普命巴赛囊到汉地，还应允了事后发赏。为了兴佛，赞普讨好大臣下服民众。派邦藏协（སྦང་གཙང་བཞེར་）、桑希（སྦ་སང་ཤི་）、巴赛囊等主仆三十人前往汉地，受到了唐王觐见，在汉地广学佛法，回到雪域后被派去迎请寂护大师。使臣们遇到去迎请乌扎那王子的寂护大师，随后一同到芒域，乌扎那王子同意到雪域而向雪域进发。

三、莲花生大师（པདྨ་སམ་བྷ་བ་）到雪域降服本教众妖魔

且说印度西部有一地叫乌扎那如珍宝燃烧，国王叫拥热布帝，财气如神仙，但未有子嗣，为此向诸佛祈求能有一子。有一日，国王同众臣仆一同出海游玩。见海中有一莲花盛开，花瓣中有一八岁男童。王曰："尔从何而来？父母又是谁？属哪氏？"男童曰："我父为智，母为本母法身，属原性或百变氏，来自佛法无性之地，以二观觉为食，在此为助凡心除变性。”王欢喜至极而迎请至宫中，取名为措杰多吉（མཚོ་སྐྱེས་རྡོ་རྗེ）（湖生金刚）。不久，王子开始学佛法而很快成为精通法术之贤，密教取名为多吉 · 扎布哉（怒金刚），前往天竺各地拜访名僧大德，学成诸密教而取名为释迦僧伽（ཤཱཀྱ་སེང་གེ）。学得诸法，受名师灌顶，从高僧达那 · 桑斯伽热达学《天女经》，从师希热僧达（སློབ་དཔོན་ཤྲཱི་སེང་ཧ）处学习了《大圆满法心经》，取名为洛丹角斯。此时已成为精通于各项密法之术，游历四海，称之为“莲花生”（པདྨ་སམ་བྷ་བ་ཏེ་པདྨ་འབྱུང་གནས）。

为了降服外道，与印度各地外道名僧五百人进行争辩而令其归信佛门，名声四海皆知。按照寂护大师的预言及赤松德赞的命令，巴赛囊、僧郭 · 拉隆（སེང་མགོ་ལྷ་ལུང）和三名仆役携黄金、干粮前去迎请。有的史料称：迅普 · 白吉僧伽（ཤུད་བུ་དཔལ་གྱི་སེང་གེ）、那囊 · 多吉都迥（སྣ་ནམ་རྡོ་རྗེ་བདུད་འཇོམས）、钦母 · 释迦巴热巴（མཆིམས་ཤཱཀྱ་པྲ་བྷ་བ）、努 · 南卡宁布（སྦས་ནམ་མཁའི་སྙིང་པོ）四臣前往印度迎请莲花生大师入吐蕃，使臣到芒域（སྐྱིད་རོང་ཁོངས་མང་ཡུལ）时巧遇莲花生大师，莲花生大师早已发现吐蕃使臣。他们向莲花生大师献金子，并说明来意。莲花生大师说道；贫僧早已等候多时，并举右手伸向前方，前方遍地霎那间变成黄金。左手伸向左方，左面山地变成珊瑚、玛瑙等宝物，使臣们全部惊悚。直到今天，吉隆县境内的芒域与宗喀等地有许多当年莲花生大师降服各地妖魔的遗迹与传说，尤其是，宗喀西南部的徒宝山有许多岩洞，还经常从洞中能捡到无价的宝石。

莲花生大师与寂护两位高僧前往吐蕃之时，象雄本教护法神扎拉 · 姆赞前来骚扰而被莲花生大师降服并收为佛教护法神，取名为雪山之母金刚玉布。寂护大师也收伏另一叫嘎洛的本教神。

莲花生大师一行到达木之时，本教护法神那拉嘎姆用雷击大师而被大师制服，后躲入巴木巴措湖中，大师又用法术将湖水烧开使其骨肉分开，用金刚杵弄瞎其眼，故取名为白骨金刚独眼母，收为佛教护法神。

大师一行经吾玉、羌潘玉、堆龙到桑耶，一路上降服各地妖魔、地神，将本教十二大护法神即十二旦玛、十二迴玛、十二亚玛、亚拉香布（或本拉德琼）、古拉唐拉、大夜叉、龙王·白花冠、支撒王五顶戴玛、念青唐拉、姜底穆门、达门齐东、姜普巴一一收于门下。

到桑耶后赞普盛情款待，在宴会之上，赞普认为自己乃吐蕃之主，莲花生须向赞普致敬。而莲花生也认为自己乃得道名僧，身怀佛教密术，赞普应向自己致敬，因赞普未向其致敬而对赞普道曰："尔为红藏地魔域王，世间一切自私心，为万恶之源头，弃私心与贪婪，方能佛法顺畅，吾故不能敬你。"听后赞普顿时醒悟，把莲花生大师一行请入宫中高位之上并曰："赞美莲花主，吾为红脸藏地王，未能降服藏地人，特兴佛法，望大师训导。"大师说道：汝地有许许多多的神魔，一路上多有阻挠。不远处有一龙王仍统治着整个藏域，需进行祭龙大典，在梅竹湖边进行永断龙脉法会，修建救恶趣众生坛城，兴修庙宇。曰：各路神仙，回奉吾主，一切归位。

四、本佛斗法及本教的失利

赤松德赞让本佛两派斗法，《巴协》中是这样记载的："扎玛措湖边，赛囊为拥佛首席大臣，在宫中斗法，寂护大师道：一国推两教为罪过，双方进行斗法来决胜负，佛胜则灭本，反之，本胜则灭佛。”因双方斗法没有见证人而在中赞普居于无畏狮子宝座上，佛方有祥·聂桑、聂·达赞东斯、僧郭·拉隆赛、孃·旭玛四大臣做证。本方为昂达·热隆功，琼波东蹲、琼波孜瓦、瓷米、觉拉·米朗巴等。本者无根穷据，佛者理顺善道，辩后为本败佛胜。将本派的血祭等教规均改为佛教，本教经典投入水中，剩余的埋在黑塔之下。本佛之辩又一说为《本波论》中：“赞普令本佛两派进行斗法，扎玛珍桑用五彩的彩条装饰，本方首席大臣为昂达·热鲁功、仲巴杰，佛方为释迦·戎扎瓦，聂·达赞东赛，桂·赤桑为仲裁员。本教徒为占巴·南喀为首，佛方由寂护率领。赞普令之：双方比幻术一次。本教徒东玖土钦（སྟོང་རྒྱུད་མཐུ་ཆེན），骑鼓而腾云驾雾，莲花生大师在初升太阳上挂僧衣，占巴·南喀击打日月，寂护大师将金刚扔向空中在空中竖起金刚座，色夏日吾钦骑玛邦拥措湖水怪而飞向空中，努·南卡宁波用佛珠在空中架桥，弥聂·坚擦喀布引大江往高地，隆瓦宁波在空中绘起五彩画卷，弟吉·玛擦玛琼用野兽驮物，支·瓦吉洛追挤野牛的奶水，古·吉塘玛布用鼓和钵烧火，朗·祖多仁钦降瑞兽，琼波·达扎顿祖把虎豹熊狼视宠物，玛·仁青觉在空中打坐，聂·李秀达仁变成飞鹰翱翔，噶哇·白孜砍断头颅而再生，白·努古拉达遇见神仙，白若杂那行走如飞鸟，玛木·图嘎用三步跨过江河，年巴·白金在空中放宝瓶，觉萨·本姆用剑打结，朗·卓贡确久打坐于火中而安然无恙，君臣喜而望外。”关于本佛之争，从上述可见由于受到各教派的派别、观点和教义而使输赢结果不一。实际上，这次争斗佛教徒有一套较为完善的观点体系，本教徒则在本教异术上略胜一筹，各有千秋。雍仲本教徒认为赞普为了灭本而故意让双方斗法，而本教徒神奇的表现压倒了佛教徒。然而，赞普善变，大臣多奸，属民多喜新厌旧、再加上本教徒心慈宽容，拥佛大臣之间进行挑拨之事，赞普也因受到先前的预兆而最后决定拥佛休本。东玖·突钦、布扎·朝尔嘎布（སྤུ་དྲ་ཁྲིམས་དཀར་པོ་）、囊钦莱布（སྣང་བཞེར་ལོད་པོ་）、占巴南喀（དྲན་པ་ནམ་མཁའ་）、李秀·达仁（ལི་ཤུ་སྟག་རིང་）等时期本教虽然有了一定的发展，但俗话说，盛极必衰，同时也有很多预兆出现。雍仲若巴等四大道场及十二小庙，教主的法身等也飞向空中而逝，教徒也纷纷犯戒。这时，本教徒失利的又一原因是内部分歧很严重，又有 500 名本教徒同时皈依佛教。《本波论》中载："当时，佛教徒极力地把本教经典翻译成佛教典籍。把本教的《雍仲八行》翻译成佛教的《般若部》，以及当时许多本教道场、庙宇改建成佛教庙宇。有些则是变成了废址。"本教遭到灭顶之灾而逃亡四方，如：象雄·瓦达（ཞང་ཞུང་ཞེར་སྟག་）、枯堆帕许坚（ཁྲ་སྟོད་བྱ་ཞུ་ཅན་）、达洛金如坚（སྟག་ལོ་བྱུ་རུ་ཅན་）、孙波瓦贵（སུམ་པ་དབལ་གོད་）等携大量本教经典而奔向霍尔、羌、汉地等。又称孙波·瓦其等本教名僧把经典藏入铜匣而逃向霍尔支拉坚地。象雄·热巴中及四周崩布琼等人携经典而向金川地方，次本东支（ཚེ་བོན་དོན་གྲུབ་）、囊本达突金（སྣང་བོན་སྟག་ཐུལ་ཅན་）、色本杰孜（སེ་བོན་ཁྱབ་ཚེ་）、辛才（གཤེན་ཚད་）等人携功德经和戒律经等往大食地方，瓦·拉赤（དབལ་ལྷ་ཁྲི་）、木雅·达赛（མེ་ཉག་སྟག་གསས་）、琼波·乃桌木（ཁྱུང་པོ་ནེ་ཁྲོམ་）等往北娘昂地方，东·杰琼（སྟོང་གྱེར་རྒྱུང་）、娘·白通（ཉང་དཔལ་མཐོང་）等往落扎等地，年·杰琼（སྙན་གྱེར་རྒྱུང་）、象雄·达突（ཞང་ཞུང་སྟག་ཐུལ་）等往尼婆逻境内的赛日地区。众多本教正宗典籍藏于名山岩洞之中，大多数被投入水中和火中。本教徒也向赞普及拥佛大臣灭本的行为立下重誓，凡其违约信奉佛教将遭浩劫。要是赞普及拥佛大臣能够将佛法发扬，而本教经典也将生根发芽，抛之水中的会像河水一般源远流长，焚烧的也会在将来像燎原之火般发展，散向风中的即可传递八方等。从此象雄九大本教术人，如：用手指举起雪山的李本姆曲（ལི་བོན་མུ་ཆོ）、让作物自收的祖金布曲（གཙོ་གྱིམ་ཕུ་ཆོ）、令天地颠倒的甲本姆曲（རྒྱ་བོན་མུ་ཆོ）、将高山用火绳缠绕的枯本通扎（ཁུ་བོན་མཐོང་གྲགས）、生擒各种妖魔的象雄姆曲（ཞང་ཞུང་མོ་ཆོ）、让江河倒流的江蔡潘囊（ལྗང་ཚ་འཕེན་སྣང）、用脚跨过吉曲河的玛本突嘎（རྨ་བོན་ཐུགས་དཀར）、以及李秀达仁（ལི་ཤུ་སྟག་རིང）、占巴囊卡（གཉེན་དྲན་པ་ནམ་མཁའ་）外其余本教徒携典籍流亡四方。总之，此时的佛本之争实际上是争权夺利之争。赤松德赞以佛教作为巩固政权的屏障，而大除本教及拥本大臣。佛本两派都有各自的特色及一定的群众基础，为了更加巩固自身仪轨、活动，进行极力的吸收和完善。

我们可以清楚地看到，佛教从古印度传入周边各国时，将佛教教义与当地本土宗教相结合而成为独具特色的佛教。如佛教传入雪域高原之后，为了更好的生根发芽、茁壮成长，从吐蕃的古老本教中吸收了许多仪轨，向上苍祈求安宁、招财引宝、福禄东海、占卜问卦、死后进行葬礼而愿死者获得安息等许多仪轨如今已成为佛教活动的重要部分。通过佛本之争，本教徒对佛教的理论体系叹为观止，也吸收了大多的佛教理论加于自身，这一点从果本可清楚地看到。《古代藏族医学发展及理论概况》中载："后期的本教受到佛教的影响而把本教诞生之地理解为其他地方，形成天下宗教有之特色本教也该有，天下教徒有之特色本教徒也当有的不切实际的观点。而正宗且古老的本教特色在一时也失去原意。"这一段记述应该是真实的说法。此时的本教徒在周边地区大兴本教，如在东边的羌族地区及康区杰达的纳西族聚居地盛行的东巴教，从形式到内容上都能清楚地看到，本教流传到该地与当地的原始宗教结合而成为如今的东巴教。因此，东巴教这流传至今的教乃雍仲本教的一个分支是毋庸置疑的。

五、修建吉祥不变桑耶寺

修建桑耶寺时，赞普、莲花生大师、寂护大师（མཁན་ཆེན་བོ་དྷི་སཏྭ་）、巴赛囊、聂·东赛（གཉེར་སྟོང་གཟིགས་）到亥布日山顶时都不约而同地说："此地真乃吉祥之地也，雪域高原上第一座佛教寺院就建在此地吧。"莲花生又曰：海布日大山似端坐的大仙，黑色大山似铁橛，梅亚则如骡子饮水，征相极佳。这块地方如同盛满藏红花的铜盆。若于此处建塔修寺则甚好。大师、赞普与诸大臣的想法不谋而合。藏历木兔年（公元775年）正式开始修建桑耶寺，按照佛教宇宙观的四大洲、八小洲及日月等作为蓝本。由大和尚摩诃衍那（ཧྭ་ཤང་མ་ཧཱ་ཡན་）和霍·亚达伽热玛（རྡོར་གཡག་ཏ་ཀ་ར་མ་）两人来担任总设计，由汉地高僧喇措哈（རྒྱ་ནག་ལར་མཚོ་རེ་）与尼婆逻人·巴苏拉（བལ་པོ་ཧྣ་སུ་ལ་）任木匠，乌孜三层比作须弥山，比作七大山及作为比茹遮那超度亡灵之景象。《巴协》中载："举行勘察地狱的仪式，后举行破土仪式，由贵族中挑选子、孙、父母、祖父母俱在的四位大臣，加上赞普共五人，他们身披盛装参加奠基仪式。赤松德赞手持金锹掘土三次，接着其他人轮流挖掘。首先，在南面修建阿里耶巴洛州，并盖殿顶。"在佛殿中部的上方修建了以供奉无量光佛主从的佛殿。桑耶寺是依照印度欧·达丹普梨寺修建的，顶层为印度风格，木质结构；中层为汉地风格，砖瓦结构；底层是吐蕃风格，石头结构。取名为"桑耶楼松弥久伦朱组拉康"。以须弥山样式，在中央建乌孜大殿，四周建四大洲与八小洲。东有南木达赤康林、钦热降白林、仓芒格如林；南有都德阿巴林、阿利耶巴洛林、多格降曲林、甘丹强巴林；北部有纳措仁青林、玛恰白玛林、贝哈布果佐林、尼玛拉康、达瓦拉康。东南面佛塔，以千佛装饰；西南面红塔，以千莲装饰；西北方黑塔，以千塔装饰；东北方蓝塔，以十六佛堂为装饰。西方修建了稀世神通佛龙洲。莲花生大师殿为亚·噶夏达沃。四棵大桃树下，四周各有四眼大井。四大火供处、四角处建有四塔、九层殿、桑康宫、汉地和尚殿及黑色城墙，其四面门有护法殿。在桑耶寺竣工典礼上，遍地莲花盛开，赞普居于无畏狮子宝座上，五大贤妃被花瓣簇拥而置。译师贤者，大谈经论。国戚大臣，饮酒高侃。军民共欢聚，歌舞升平，仪仗遮天，实乃人间太平之景象。赤松德赞称赞吉祥桑耶寺：顶部三样殿珠宝镶嵌，犹如天成兜率宫，奇妙吾殿堂，以东胜神洲为例，修东边三座大殿，无与伦比；以南瞻部洲为例，立南三座大殿，旷世神斧；以西牛贺洲为例，建西边三座大殿，巧夺神功；以北俱庐洲为例，兴北部三座大殿，鬼斧神雕。上下两座大殿，如旭日东升，预示佛光永耀雪域大地。三妃大殿，美轮美奂。白色大塔，犹如右旋白螺，法号不断；红色大塔，犹如破竹火焰，烧一切邪恶之物；青色大塔，犹如擎天柱，佛法永固；黑色大塔，犹如破魔金刚杵。

六、“七觉士”及沙门的建立

此时赞普曰：“要把佛法发扬，关键在于僧人团体。先祖松赞时期虽然修建许多庙宇，有汉僧为掌，却不见藏人为僧，吾要建立藏人的僧人团体。”不久寂护大师道：能否为僧，要测定后方能知晓。首先选中七个藏族贵族子弟为僧，他们为巴·热特那（དཔལ་ཁྲི་རཏྣ་）释迦萨瓦（མཆིམས་ཨ་ནུའི་བུ་ཤཱཀྱ་པྲ་བྷཱ་）、藏·列朱（ཙངས་ཐེན་ལེ་ཧྲུའི་བུ་ཙངས་ལེགས་གྲུབ་）、布·拉布（ཞང་ཀ་བཟང་གི་བུ་ལྷ་བུ་）、旭布·阔列(ཤུད་བུ་ཁོང་སླེབ་)、巴·赛囊及巴廓·白若杂那(པ་གོར་ཧེ་འདོད་ཀྱི་བུ་བེ་རོ་ཙ་ན་)七人。各类史书上"七觉士"的名字故有不同,在此不述。七人能严守戒律,通各种法事,寂护大师甚喜。藏历铁羊年(公元791年)又从印度迎请十二僧人,一起开讲佛法,至此雪域高原上出现了真正的僧人。一时间出家十分流行,王子、贤妃、大臣相继出家。五大妃子中的最小者卡钦萨(མཁར་ཆེན་བཟའ་བཙན་མོ་)和降曲萨(བྱང་ཆུབ་བཙན་མོ་)也相继出家,玛·仁钦确、南卡宁波等信佛的五百人同时出家,僧侣团体日渐壮大,佛教兴盛。

七、迎请众多译师翻译密宗典籍

从藏历铁羊年(公元791年)底到藏历水猴年(公元792年)之间,莲花生大师让译师巨若·鲁益坚赞、那囊·多吉顿窘(སྣ་ནམ་རྡོ་རྗེ་བདུད་འཇོམས་)、昂兰·杰瓦确样(ངན་ལམ་རྒྱལ་བ་མཆོག་དབྱངས་)、章迪·杂亚日帝(བྲང་ཏི་ཛ་ཡ་རཀྵི་)和介·咕咕热杂(ལྡེ་ཀུ་ཀུ་རཱ་ཛ་)等人翻译密宗续部经典。其中内密乘部有《光明照耀衔接续部》、《大乐定神续部》(ཐུགས་ཀྱི་སྒྲུབ་པ་ཁྲོ་བོ་ཧཱུ་ཾ་ཀཱ་ར་ཀའི་རྒྱུད་)、《燥如火焰续部》、《教言大怀集成续部》(གསུང་གི་སྒྲུབ་པ་དབང་ཆེན་)、《绰沃布那扎日噶心成续部》(ཐུགས་ཀྱི་སྒྲུབ་པ་ཁྲོ་བོ་ཧཱུ་ཾ་ཀཱ་ར་ཀའི་རྒྱུད་)《功业天女郭部续部》(ཡོན་ཏན་སྒྲུབ་པ་ལྷ་མོ་མགོལ་བའི་རྒྱུད་)、《证功业修持明续部》(འཕྲིན་ལས་སྒྲུབ་པ་རིག་འཛིན་གྲུབ་པའི་རྒྱུད་),还有密宗修炼所用的有《吉祥胜乐文殊身黑色部》(དཔལ་ཧེ་རུ་ཀ་འདུས་པའི་འཇམ་དཔལ་སྐུའི་རྒྱུད་ཟླ་གསང་ནག་པོ་)、《莲花言教宝马欢喜部》(པད་མ་གསུང་གི་རྒྱུད་རྟ་མཆོག་རོལ་པ་)、《无垢心成胜乐金刚部》(ཡང་དག་ཐུགས་ཀྱི་རྒྱུད་ཧེ་རུ་ཀ་གསལ་པོ་)、《涅槃经》(འཇིག་རྟེན་ལས་འདས་པའི་མདོ་)、《大小甘露功业续》(བདུད་རྩི་ཡོན་ཏན་གྱི་རྒྱུད་བདུད་རྩི་ཆེ་ཆུང་)、《八部教言经》(ལུང་བམ་པོ་བརྒྱད་པ་)、《功德杵续经》(ཕུར་པ་འཕྲིན་ལས་ཀྱི་རྒྱུད་)、《麻母博东经》(མ་མོ་རྦོད་གཏོང་གི

རྒྱུད་)、《六部修炼续言经》(སྒྲུབ་པ་སྡེ་དྲུག་གི་རྒྱུད་ལུང་)、《增补功德功业续部》(འཕྲིན་ལས་ཁ་སྐོང་)、《大小资粮经》(ཚོགས་རྒྱུད་ཆེ་ཆུང་)、《天界具舍续部》(ནམ་མཁའ་མཛོད་ཀྱི་རྒྱུད་)、《无量全度续部》(སྟོབས་ཀྱི་ཡོངས་སྒྲོལ་གྱི་རྒྱུད་)、《大乐中央续部》(ཐིག་ལེ་བདེ་བ་སྙིང་གི་རྒྱུད་)、《如大象迷幻续部》(གླང་ཆེན་རབ་འབོག་གི་རྒྱུད་)、《渡十界续部》(ཞིང་བཅུ་སྒྲོལ་བའི་རྒྱུད་)等大瑜伽乘续部。

随类瑜伽乘为《四经一戒律》(མདོ་བཞི་སྡོམ་དང་ལྔ་སྡེ་),《集全宝续经》(ཀུན་བདུས་རིན་པོ་ཆེའི་མདོ་)、《显智慧法轮经》(ཡེ་ཤེས་རྨ་པ་སྙིང་གི་འཁོར་ལོའི་མདོ་)、《尸林幻妙音经》(དུར་ཁྲོད་ཁུ་བྱུག་རོལ་པའི་མདོ་)、《大成心经》(སེམས་ལུང་ཆེན་པོ་མདོ་)等众佛祖的教言汇成为律部。六大密续为《身续同修佛祖部》、《语续中月部》、《心续密集部》、《智慧续如毗卢神幻部》、《功业续噶玛燃灯佛部》,以及最后的汇成《四金刚座续》,《神幻八部》为心与智密乘、《示功德四十神幻》、《示怀业神幻主》、《誓言相随咒语神幻集》为幻,为实现享天女神幻等相互增补八十神幻,掌胜义智慧文殊幻。上述经书原供奉在天竺那烂陀寺,由莲花生大师迎请至桑耶寺。

静护大师与大译师噶哇白则共同翻译了外密乘经,分事部和事瑜二续的外六续:(1)《一切明咒怀于胸中的事瑜二续》(རིག་སྔགས་ཐམས་ཅད་ཀྱི་ཁོག་དཔུབ་པ་ཀྱི་ཡ་དཔུང་བཟང་གི་རྒྱུད་):(2)《灌顶一切明咒的金刚持续》(རིག་སྔགས་ཐུན་མོང་དུ་ཕྱག་པོར་འགྱུར་ཐབས་ཅད་ཀྱི་དབང་བསྐུར་པ་ཕྱག་ན་རྡོ་རྗེ་དབང་གི་རྒྱུད་):(3)《显一切明咒的持明续》(རིག་སྔགས་ཐམས་ཅད་བསལ་བ་རིག་པ་མཆོག་གི་རྒྱུད་);(4)《集一切明州之意的苏斯日噶日续》(རིག་སྔགས་ཐུན་མོང་དུ་ཕྱག་པོར་འགྱུར་ཐབས་ཅད་ཀྱི་དོན་བསྡུས་པ་སུ་སི་རི་ཀ་རའི་རྒྱུད་);(5)《胜一切功德三界的明咒续》(རིག་སྔགས་ཐུན་མོང་དུ་ཕྱག་པོར་འགྱུར་ཐམས་ཅད་ཀྱི་འཕྲིན་ལས་ཁམས་གསུམ་རྣམ་པར་རྒྱལ་བའི་རྒྱུད་);(6)《一切明咒之意禅定外部续》(རིག་སྔགས་ཐམས་ཅད་ཀྱི་དགོངས་པ་བསམ

གཏན་ཕྱི་མའི་རྒྱུད་）。

事部分续为三怙续：一，观音续：（1）《莲花顶密乘续》（པད་མ་རྩེ་མོ་སྔགས་ཀྱི་རྒྱུད་）；（2）《莲花经幡续》（པད་མ་ཅོད་པན་གྱི་རྒྱུད་）；（3）《仪式密乘续》（ཆོ་ག་ཟབ་མོ་སྔགས་ཀྱི་རྒྱུད་）；（4）《转法轮如意宝续》（ཡིད་བཞིན་ནོར་བུ་འཁོར་ལོས་བསྒྱུར་བའི་རྒྱུད་）；（5）《伏魔绳续》（ཨ་མོ་གྷ་པ་ཤ་དོན་ཞགས་པའི་རྒྱུད་）；（6）大小《佛说大乘庄严宝王经》续。二，文殊续：（1）《文殊无垢智慧心续》（འཇམ་དཔལ་སེམས་དཔའ་དྲི་མ་མེད་པའི་རྒྱུད་）；（2）《智慧锋芒文殊续》（འཇམ་དཔལ་ཤེས་རབ་རྣོན་པོའི་རྒྱུད་）；（3）《破除迷障文殊续》（འཇམ་དཔལ་དྲེ་བ་གཅོད་པའི་རྒྱུད་）；（4）《文殊师梵名赞歌续》（འཇམ་དཔལ་མཚན་བརྗོད་གླུ་ར་བླངས་པའི་རྒྱུད་）。三，金刚持：（1）《金刚灌顶续》（ཕྱག་ན་རྡོ་རྗེ་དབང་བསྐུར་བའི་རྒྱུད་）；（2）《金刚地脉续》（ཕྱག་ན་རྡོ་རྗེ་ས་འོག་གི་རྒྱུད་）；（3）《金刚地藏佛续》；（རྡོ་རྗེ་ས་ལྷའི་རྒྱུད་）（4）《青经幡金刚续》（རྡོ་རྗེ་བེ་ཅོན་གྱི་རྒྱུད་）；（5）《锋利金刚续》（རྡོ་རྗེ་རྣོན་པོའི་རྒྱུད་）；（6）《密宗金刚续》（རྡོ་རྗེ་གསང་བ་བསྟན་པའི་རྒྱུད་）；（7）《金刚焰火山续》（རྡོ་རྗེ་མེ་རིའི་རྒྱུད་）以及咒语五百等三百六十续。

行部四续为：（1）《毗卢佛成菩提续》（རྣམ་པར་སྣང་མཛད་མངོན་པར་བྱང་ཆུབ་པའི་རྒྱུད་）；（2）《火焰焚婪心续》（མེ་དཔུང་འབར་བ་ཉོན་མོངས་བསྲེགས་པའི་རྒྱུད་）；（3）《金刚灌顶续》（ཕྱག་ན་རྡོ་རྗེ་དབང་བསྐུར་བའི་རྒྱུད་）；（4）《无分别心续》（རྣམ་པར་མི་རྟོག་དགོངས་པའི་རྒྱུད་）。观行瑜伽续为四大续部：（1）《本续大拓桑扎达》（རྩ་བ་རྒྱུད་པ་ཏ་ཐ་སང་ག་ཏ་）；（2）《巴夏噶热金刚顶部续》（པ་ཤ་ཀཱ་ར་རྡོ་རྗེ་རྩེ་མོའི་རྒྱུད་）；（3）《喜热白玛热噶莲花续》（ཤྲཱི་པད་མ་ར་ག་རྒྱ་དཔལ་མཆོག་དང་པོའི་རྒྱུད་）；（4）《掌苏麻杂亚续》（ས་མྦུན་ཛ་ཡ་རྟོགས་པ་བསྡུས་པའི་རྒྱུད་）。瑜伽有三百大论经，未完成的原稿藏于桑耶寺藏经阁。此后，又迎请达纳萨撒嘎日达（དྷ་ན་ས་སྐྲིཏ་）大师与夏明达（ཤཱ་མིང་ཏ་གརྦྷ）两位，娘·定增桑布（མྱང་ཏིང་ངེ་འཛིན་）翻译瑜伽续注释和身语心之意以及修炼魔

王卡亚续经。后来，赤松德赞听闻在岗底斯有位天竺大智者，遂派瓦曼祖喜热瓦玛（ལོ་ཙྪ་བ་དཔལ་མ་ལྷ་ཤྲི་ཐམ）、钦木·夏嘉巴（མཆིམས་ཤཱཀྱ་སྤྲ）、张格·热姆坎达热（ཟན་ཀ་ར་གུ་ཏིཏྲ）和藏·替李扎（ཙངས་ཐེ་ལེག་ཏ）带黄金三斗迎请，但智者以曾许下诺言此生不往藏地而未遂。译师们向他苦苦祈求，最终他讲授了《成菩提续》；《脱恶途法》；《阿瓦大热咒语》等瑜伽经和密宗里的神幻之意注释以及密咒次第道、自己著的《密咒金刚次地道》；《畏德次地道》；《大中小怀等许多密咒》分支，《禅定后续注释》等诸多典籍。

又闻天竺有密宗主沪木噶尔（སློབ་དཔོན་ཧཱུམ་ཀ་ར），赞普为了在雪域广传密宗乘请而未如愿，复又派五人到天竺。五人努·南卡宁布（གནུབས་ནམ་མཁའི་སྙིང་པོ）、朱谷·乌比夏（བྲུ་གུ་ཨུ་བེ་ཤ）、朗·白吉斯伽（རླངས་དཔལ་གྱི་སེང་གེ）、如·永森哈热杂（རུ་ཡོང་སེང་ཧ་རྡ་ཛ）和赤·主瓦洛追。也有史书称，赞普派往天竺的五人为芒卓·衮确窘乃（མང་གྲོ་དཀོན་མཆོག་འབྱུང་གནས）等僧人。他们奉赞普之令，携黄金等众多礼品，长途跋涉前往天竺，在穷波大殿的寺院拜见了大师。大师曰，藏地赞普为菩萨心，你们又历经艰辛，要想取经则先要灌顶，灌顶乃一切密宗乘的开端。而后，取经充满着危险，天竺教徒排异，五人性命堪忧，朗·白吉斯伽命丧天竺，努·南卡宁布困于天竺，其余三人逃回藏地。后因赞普不详真情，外加驳佛派大臣的干预，便将三人流放至边疆。赤·杰瓦罗追被流放北羌塘之地；朱谷·乌比夏（བྲུ་གུ་ཨུ་བེ་ཤ）流放于象雄；如·永斯哈热杂（རུ་ཡོང་སེང་ཧ་རྡ་ཛ）则被逐往安多地方。后来，努·南卡宁布（གནུབས་ནམ་མཁའི་སྙིང་པོ）靠着法术回到藏地，但赞普将他关在了洛扎卡曲。

此后，又有白若杂那和藏·列朱等人继续到天竺取经，赞普认为藏地翻译了许多因果方面的佛法，但终究没能翻译超越因果关系的大圆满法。莲花生大师预言道，在圣地天竺地方已有大圆满法教，派两位高僧前往即可。此时，天竺有热噶多吉（སྟོན་པ་རབ་དགའ་རྡོ་རྗེ་）的徒弟江白谢年（འཇམ་དཔལ་བཤེས་གཉེན་）和谢热斯哈（ཤྲཱི་སིང་ཧ་）等得道者，赞普就派了白若杂那和藏列朱两人携重金前往天竺。两人不顾艰辛抵达天竺，拜见了谢热斯哈（མཁན་པོ་ཤྲཱི་སིང་ཧ་）大师，详述了藏地急需传大圆满法的理由，大师听后，让他们先从五百班智达处听（闻习）因果法，又从乌扎那的达那玛萨噶日达（དྷ་ན་མ་སྐྲིཏ་）、天竺的苏日扎普迪（སུ་རཏྣ་བོ་དྷི་）等高僧处学习因果与密宗乘的佛法。同时后七大班智达灌顶于他们。此后又学习了无数密法。

两人后来从嘎热多吉（དགའ་རབ་རྡོ་རྗེ་）和江白谢年处听取了心诀经，得到了灌顶。又从谢热斯哈（ཤྲཱི་སིང་ཧ་ཡི་དྲུང་）处听取心诀经，也得到了灌顶。最初讲授了如天空浩瀚续等二十五续、十八大论、十八本续及分支续怀和心诀等。此时，藏列朱为了讨赞普的欢心而提前返回藏地，于四十岁那年在途中被野兽袭击身亡。

白若杂那（པ་གོར་བཻ་རོ་ཙ་ན་）继续在天竺学习佛法，精通《大海心诀经》、《外算经》、《内密经》、《密乘经》、《七大灌顶经》、《心》和《二十五大分支续》等于一身。返回藏地的途中，为了躲避野兽等灾难而特意修炼了轻功，七天之内便到了藏地，把翻译的经书抄写在了贝叶上。此时君臣欢呼一片，皆认为白若杂那掌握了比因果法更上一层的心诀大圆满法而倍加敬佩。从此，他白天翻译因果法经，晚上译心诀大圆满法。还翻译《律部四论经》；《般若弥勒部》；《常啼菩萨经九部》；《宝积经九部》，以及医药学、心诀、工巧等众多论著。他对藏族文化，尤其是对医药学的发展立下了汗马功劳。但是天竺人生性吝啬，专派两个挑拨到赞普面前蛊惑妖言道："白若杂那所学法中掺杂着许多外道邪魔之法，会祸害藏地。"虽然赞普深知天竺人的用心，但因为驳佛派大臣的威逼，无奈之下，赞普找来乞丐扮成白若杂那的模样，置于铁箱内抛向江中。白若杂那夜间则于躲在房梁之上给赞普讲经说法。不久之后，皇后知道了秘密，赞普不得已把白若杂那逐放到擦瓦绒（རྒྱལ་མོ་ཚ་བ་རོང་）地方。临走时白若杂那说；"从天竺迎请毗玛拉米扎（བི་མ་ལ་མི་ཏྲ་）高僧，并创立辩经院之时，吾就可以回藏。"如今看来，许多研究者认为藏传佛教掺杂着当年的天竺外道观之说也有历史的根据。

白若杂那到了擦瓦容地方后，给玉扎宁布讲授了隆钦九教等众多密宗，并将《五本续》；《七分续部》；《说四续部》和《十六大续部》等译成了藏文，同时又把心、幻、经、论等众多大圆满法译成了藏文。这些对藏族文化，尤其是内明学的发展起到了巨大推动作用，心诀主至尊圣医白若杂那的美名也从此流芳百世。

赤松德赞想，藏地急需弘法，让昆·鲁益旺波（འཁོན་ཀླུའི་དབང་པོ་）、娘·鲁益坚赞（ཉང་པོ་ཀླུའི་རྒྱལ་མཚན་）、贝·那娃坚（སྦས་ཙ་བ་ན་）三人（有的史书称噶哇白则、巨若·鲁益坚赞、玛·仁青乔）到天竺迎请毗玛拉米扎（སློབ་དཔོན་བི་མ་ལ་མི་ཏྲ་）大师，大师精通因果法，还精通大圆满法。三人将大师迎请至藏地，后到桑耶寺，受到了君臣的热烈欢迎。大师讲授了众多因果法及心诀法。

在赤松德赞时期，迎请了乌扎那的莲花生大师、撒霍地方的静护大师、克什米尔的毗玛拉米扎（བི་མ་ལ་མི་ཏྲ་）、天竺的高增莲花戒、斯里兰卡的达纳西热(དཱ་ན་ཤཱི་ལ)五大高僧及仙定噶巴(ཤཱཀྱ་པྲ་བྷཱ)、彼·旭大食哈(བི་ཤུདྡྷ་སིང་ཧ)等班智达，还有瓦·赤热(དཔའ་ཁྲི་རཀྵ)、释迦·巴热巴(ཤཱཀྱ་པྲ་བྷཱ)、藏·列朱(ཙངས་ལེགས་གྲུབ)、白若杂那、拉布、旭布·昆列、巴·赛囊七大译师，以及噶哇·白则、巨若·鲁益坚赞、祥·益西德、玛·仁青乔、鸠摩罗、典玛·孜芒、努·南卡宁布、阿杂热亚·益西央、固布·追钦(མགོ་ཇ་སྐྱུ་འབྱིན)、洛·齐琼(ལོ་ཁྲི་ཆུང)等很多班智达和译师。赞普曰:“吾乃藏地法王，要把圣地天竺的佛法弘扬于藏地，要把典籍论著译成藏语。”历时十三年，把乌扎那语、萨霍语、克什米尔语、斯哈语、汉语等许多佛教典籍翻译成了藏语。

当时翻译的主要典籍如下:(1)达纳谢热(དཱ་ན་ཤཱི་ལ)大师和莲花戒大师，译师噶哇·白则、巨若·鲁益坚赞、祥·益西德翻译了《宝积经》、《大众部》、《般若经》等经部;(2)莲花戒和译师玛仁青乔翻译了《诸佛菩萨名称经》等众多汉地佛教典籍;(3)静护大师和乾布译师翻译了经、律、论等;(4)莲花生和努南卡宁布译师翻译了密宗心诀等典籍;(5)彼麻拉·米扎(བྲི་མ་ལའི་མི་ཏྲ)大师和译师聂·戛纳汩玛热( )翻译了内外密宗乘。在天竺失传的典籍由汉地和于阗语翻译成了藏语。总之，当时诸班智达和译师们翻译的典籍目录详载于《隆钦教史》中。

八、迎请莲花戒与汉地和尚辩法

《巴协》中载:“此时，名曰摩诃衍那汉僧(ཧྭ་ཤང་མ་ཧཱ་ཡ་ན)入藏，并力主人的主观觉悟，无需供佛念经竟能解脱之说，诸藏人也随之，只有巴·益西旺布(ཡེ་ཤེས་དབང་པོ)和白若杂那等少数僧人继续静护修行。两种不同主张之间引起争辩。”当时，汉地禅宗已经流传藏地，并与当时的天竺渐门派展开了争辩。

《主巴教法史》中载："这时，摩诃·衍那及追随者主张豁然贯通，一旦领悟就能成佛，称为顿门派。静护的追随者白央(དཔལ་དབྱངས)及巴·热扎等少数人信奉渐门，有人认为渐门为汉音。"但，《巴协》中又称："赞普问：'汉地佛教是不是只带点悟性而已？'答曰：'顿门(非佛法)。'又一人称：'论忍仙人用火烧的身体来供奉，这种为众生的慈悲之心而积福是很重要的。'赞普又问：'火烧身体(孜瓦)的慈悲不是佛法吗？'答曰：'称为顿门(非佛法)'"。由此看来，顿门和渐门并非汉音。最后赞普下令，一地不容二见，两者通过辩论来决定胜负，败者给另一方敬献花圈然后离开藏地。迎请莲花戒大师后，于桑耶菩提林殿赞普为中央，右边逐次为摩诃衍那及弟子王妃强曲珍(ཇོ་མོ་བྱང་ཆུབ་སྒྲོན)，宋亚顿(བསྲུབ་ཡང་དག)，芒噶和尚(མཧཱ་)；左边为莲花戒，白央，白若杂那等少数追随者。据说，在这场争辩中，莲花戒代表的天竺、尼婆逻渐门利用娴熟和高深的逻辑功底击垮了汉地禅宗派的否定佛教外在形式思想的主张。最后，摩诃·衍那被遣回汉地，许多教徒愤而自杀。由此可以看出，顿门派掺杂着汉地禅宗观与道教观，当时视为外道，毕竟渐门派主张见行相结合，见为龙树的观，行为修六道。

第九节　穆尼赞普时期佛教的发展

赤松德赞与次邦·萨(ཚེ་སྤོང་བཟའ་མེ་ཏོག་སྒྲོན་མ)生四子，长子穆赤赞普(幼卒)(ཆེབ་མུ་ཁྲི་བཙན་པོ་)，次子穆尼赞普，三子穆如赞普(མུ་རུག་བཙན་པོ་)和幼子穆迪赞普。

一、穆尼赞普

穆尼赞普生于水虎年(公元 762 年)，二十三岁(有些史书称二十五年或二十九年）木牛年（公元 785 年）登基，娶如·永萨朵（རུ་ཡོང་བཟའ་མདོ་）为后。父王将次妃普·永萨（ཚེ་ཡོང་བཟའ་ལྷ་སྤྱས）赐给长子。穆尼赞普继承父王的遗愿，在拉萨和昌珠等地大力进行律与论等佛事活动。在桑耶修建了分别代表经、论部的四座佛塔，佛塔的顶尖与地面用铁链紧紧相连。本教史书《本波论世》中载："赤松德赞先后娶三位妃子，金城公主、次彭萨·玛坚、充萨·噶木。充萨和汉妃因为无子而笃信佛教，汉妃又称普彭·萨或金城公主等。次彭·萨虽有三子，但因信奉本教而被赞普拒而远之，本教徒则对她倍加称赞。长子穆迪赞普、次子穆尼赞普、三子穆图赞普中，父王立穆尼为赞普，在桑耶地方修建四座佛塔，三均贫富，共执政一年零七个月，最后被母后赐毒而卒。"实际上，穆尼赞普执政后，不仅大兴佛教，而且改变了贫富差距。因此，触动了崇本派的利益而被信奉本教的母后弑之。

二、穆如赞普

穆如赞普生于水兔年（公元 763 年），按照传统，穆尼赞普逝世后，应当登基为赞普。但是父王与舅臣杰擦拉康两人把他囚禁于洛扎地方，最后被舅臣杰擦拉康弑之，未能有所作为。

三、穆迪赞普

穆迪赞普生于木龙年（公元 765 年）年，关于他的名号的由来，史上有如下记载，莲花生大师取名为穆迪赞普，父赤松德赞取名为赤德松赞，内臣们取名为赛囊黎吉元（སད་ན་ལེགས་མཇིང་ཡོན）。二十四岁火兔年（787 年）登基执政。他的出生年月及登基时间在学术界一向有很多争执。年幼时由章卡·白吉云旦和娘·定增等人辅政。二十九岁时纳两位妃子，生五子为藏玛(ལྷ་སྲས་གཙང་མ)、赤达玛(ཁྲི་དར་མ་འུ་དུམ་བཙན)、赤祖德赞热巴巾(ཁྲི་གཙུག་ལྡེ་བཙན་རལ་པ་ཅན)、拉杰(ལྷ་རྗེ)和伦朱(ལྷུན་གྲུབ)。

赤松德赞时期虽然大兴佛教,但后来汉地和尚的顿门见逐渐流传。《巴协》中载:“藏地许多僧人随和尚,桑耶一时断了佛事,僧人们也断了教授及身言修行等善行。”有一段时间,佛教受到打击,桑耶等地也因无人理会而荒废。《巴协》中载:“一时桑耶的僧人断了供奉,大殿内鸟类乱飞,门面装饰也常常被人盗之。”其时,僧人们因再也无人供养而四处去乞讨,大殿因无人管理而变为鸟类居所。这些事情被康区的比丘先迪得知,他到了桑耶,并且向王后赤玛列提(ཇོ་མོ་ཁྲི་མ་ལེགས)出修建之意,但王后答道:“虽然众教徒笃信佛教,理应要修建,但可能招来灾难,还是以暂且不理会为上策。”比丘怒而去之。《巴协》中载:“比丘不快,梦见白色天女,她道:‘若想桑耶复当年的繁荣景象,应找益西旺波之女。’听后乐而往扎马寻该女,在孜郭地方相遇后,又遇巴·撒格德,三人商量修建桑耶。”由此看出,修复桑耶大殿受到了崇本派大臣和追随汉地和尚派的极力反对,但是为了弘扬佛法,比丘先迪(ཤིཏྲི)和巴·益西旺波(སྦ་ཡེ་ཤེས་དབང་པོ)之女,巴撒格德(སྦ་བཟའ་དགེ་ཉེམ)商量后,欲重修桑耶,但在当时掌权大臣的力压下未能成功。又向拥有威望与财力雄厚的强曲妃(ཇོ་མོ་བྱང་ཆུབ)讲明缘由,得到了五谷、绸缎、金银珠宝等大力支持。由于妃子的威望极高,反佛派们愤而不敢言,有的大臣也捐出了财力,桑耶寺最终得到了全面修复。同时拉萨地方的寺院也得到了修复,佛法得到了极大弘扬。

这时期,修建了噶穷金刚身寺(སྐར་ཆུང་རྡོ་རྗེ་དབྱིངས)。赞普曰:“雪域之地,吾为至尊,要建大小太阳般的神殿。”众人道:

“太阳有五十一由旬，藏地容不下。”赞普又说“要建月亮般的寺院。”众人又道出同样的话。最后赞普说：那么要建一座星星般大的寺院，星星有十八由旬，应该建在北部空旷的羌塘之地，又担心无人理俸而变得荒废。最终决定在拉萨西南郊区的热玛岗地方修建了噶穷金刚身寺。但在《贤者喜宴》中则称，修建吉秀噶穷拉康时，臣民立石碑誓言永不迫害佛法，赞普令所有子民要信佛教而不能违之。僧人的待遇也随之直上，不准以僧人为奴，免除一切差役等。在几代赞普的努力下，佛教发展到了如日中天的地步。

为了适应佛教的发展，将翻译的典籍成名立册。汉地、于阗、萨霍尔、克什米尔等难易不同的经书版本被天主的孜那·米扎（ཨཙཪྻ་ཛི་ན་མི་ཏྲ་）、苏日扎·菩提（སུ་རེནྡྲ་བོ་དྷི་）、谢林达热·菩提（ཤཱི་ལེནྡྲ་བོ་དྷི་）、米扎大师和藏地班智达·达玛日噶达（དྷརྨ་རཀྵི་ཏ་）、达玛·达西拉（དྷརྨ་ཏཱ་ཤཱི་ལ་），译师戛纳斯那（ཛྙཱ་ན་སེ་ན་）、杂·亚日齐达（ཛ་ཡ་རཀྵི་ཏ་）、曼祖·谢热卧玛（མཉྫུ་ཤྲཱི་དཔའ་མ་）、日那谢玛（རཏྣེནྡྲ་）等人译成与天竺版本相同的内容，并且规定今后译意不得与其相离，立了目录。各译师、班智达，尤其是三大译师孜那·米扎（ཛི་ན་མི་ཏྲ་）、达那·谢拉（དཱ་ན་ཤཱི་ལ་）、祥·益西德（ཞང་ཡེ་ཤེས་སྡེ་）校对了译经的全部内容，进行了第一次文字厘定，还规定翻译的三大标准，即：一，必须符合声明学规则。二，必须符合佛法教文。三，要藏人易于理解。规定了音译、意译、直译和饽译四种译法。在众多班智达和译师的努力下，赤松德赞时期统一了诸多新的佛教词汇，这些词汇用梵藏两种语言对照来进行正确的注释，创造了梵藏对照词汇字典等。此时，雪域藏地到了藏族文化，尤其是对内明学的学习和钻研到了繁盛时期。

第十节　赤热巴巾时期佛教的昌盛

父穆迪赞普和母拉孜(ལྷ་རྗེ)之子赤祖德赞热巴巾,生于火狗年(公元806年),火鸡年(公元817年)父逝世而登基为赞普。娶巨若·萨等五位妃子,其时章卡·白吉云旦担任丞相,大兴佛教。穆迪赞普和拉孜·妃共有五子,藏玛(གཙང་མ)、达玛(དར་མ)、热巴巾(རལ་པ་ཅན)、拉杰(ལྷ་རྗེ)和伦朱(ལྷུན་གྲུབ)。按传统应由长子藏玛来当赞普,但藏玛幼时就出家为僧,二子达玛生性暴躁而被众人弃之,另外两位又幼卒。因此,大臣商量后力拥热巴巾为赞普。热巴巾时期,不仅完善了吐蕃王朝的行政体制,还加强与唐朝的甥舅关系,立唐蕃会盟碑,使吐蕃王朝的政治、军事、经济、文化等发展达到顶峰,佛教的发展更是呈现前所未有的昌盛之景。

一、修建五香朵等寺院

赞普曰:“父王时期有三约,一、建寺院;二、施良政;三、降教敌。”准备修建五香朵寺时,赞普又曰:“拉萨如城,桑耶如房,噶穷似辩经场。若要建真正的佛教寺院,需从天竺、汉地、于阗、克什米尔、尼婆逻及藏地召集能工巧匠。”于是汉地的占卜师开地,又从于阗重礼聘请石匠,开始了寺院的修建。《娘教法史》中载:“底层三殿用坚实的石头修建,为纪念历祖兴佛功绩,给大昭寺敬献了石碑,用绸缎绘上一百零八部《大般若经》及自在天和帝释天像等所示壁画,大钟代表法铃悬挂于寺。中间神殿用火砖砌成。顶层三神殿由木、匹绳及青铜相互连接而成。金碧底下挂有风转轮,朝拜者络绎不绝。用铁链将神殿与四周的佛塔相互连接，风从东边吹使，神殿的金碧向西移动，风从西边吹使，神殿的金碧向东移动，犹如空中楼阁。山上要是起霜，神殿的顶层也随之出现霜，是一座高于一切、造型出众的神殿。”此殿分三层，底层三殿用石块砌成，住着大臣；中间三层用火砖砌成，住着各译师和班智达；而顶层三殿供奉着各本尊神像。大殿的金碧刻着龙凤呈祥雕刻，用吉祥结、金幢、各类珠宝、丝绸经幡等装饰，是一座无与伦比、巧夺天功的建筑杰作。寺中还安排了香灯师，人们安于生活、幸福美满、疆土永固的祈祷声久久环绕。史书上关于修建五香朵寺的时间说法不一，本教典籍《本波论世》中载：“穆图有三子，热巴巾文韬武略统治着将近世界的三分之二之地，十八岁那年修建了五香九层寺。”由此可以看出，五香朵寺修建于藏历水兔年（公元823年），赞普的上师娘·喜坚和许多大臣在拉萨东部修建了噶如和密如、南部建噶哇和噶哇卫、西部建占康与占康塔玛等寺院。除了修建了大昭寺、桑耶寺和噶穷寺，赞普还修建了众多寺院。这个时期，整个藏区共修建了三十六座佛殿，至此一共修建了一千零一百座寺院和上万座佛塔。

二、三大译师翻译、校对大量佛经

赞普命，如今佛法流传四方，若用天竺、汉地、乌扎那和尼婆逻文等不同语言来翻译必存误差，故此要从天竺请取正宗梵语经书。遂派三十人，携黄金等重礼到天竺。三十人中有的因语言不通而返，有的因染疾病而亡，始终未能如赞普所愿。《娘教法史》载：“赞普命噶哇·白则、巨若·鲁益坚赞（ཅོག་རོ་ཀླུའི་རྒྱལ་མཚན་）、祥·益西德三人重新校对以前的译经，未译和未传之经、断译和赘译之经、悖译和混译之经以及翻译质量不优的经书都进行校对。迎请天竺的阿杂·热亚（མཁན་པོ་ཨ

ཛྙཱ་ཙ），克什米尔的班智达孜那·米扎（ཁ་ཆེའི་པཎྜི་ཏ་ཛི་ན་མི་ཏྲ）、苏日扎·菩提（སུ་རེནྡྲ་བོ་དྷི）、毗热亚·萨热瓦（བིཙ་ཀ་ར་སྲ་སྭ）和达纳·谢拉四位班智达进行审阅。将以前的大小部汇成一个大部，又把《宝积经》、《华严经》、《涅槃经》、《楞伽经》、《般若经》、《龙域授大般若经》、《八千颂》、《般若二万颂》、《母子十七部》、《善门二十五经》、《般若波罗密多心经》、《一字明》、《般若万论》、《八千万颂》、《金刚经》、《观音略部》等由梵文译成藏文，还翻译了龙树（འཕགས་པ་ཀླུ་སྒྲུབ་）的《中观理聚六论》及分支注释、《上部俱舍论》及注释、《下部俱舍论》、《因明七论》及分支、《米勒五部》等大小经典。同时又对之前的密宗典籍译本进行校对，玛·仁青乔（རྨ་རིན་ཆེན་མཆོག）迎请的班智达毗玛拉·米扎翻译和校对了《幻经》、《文殊心经》两部密宗典籍。”可以看出，以三大译师为首的众多班智达和译师参加了许多密宗典籍的翻译和校对工作。《娘教法史》中称：“该赞普时期，出现了扎、秀两位精通书法者，二人为赞普献上了赞美诗歌，一篇犹如狮了跳跃铿锵有力，另一篇像珍珠串链般温文尔雅，赞普把两人的功绩记载在石碑上，来鼓励更多的藏人参加到本土文化的创作当中。”当时，班智达和译师们翻译了诸多天竺的佛教经书，本土学者也用不同书法体来创作不同体裁的作品，同时赞普对诸班智达和译师也给予大力的犒赏，对藏文的发展起到了巨大的推动作用。

三、佛本再次掀起争斗刺杀热巴巾等君臣

热巴巾时期，为了推广佛教不仅修建了众多的寺院和佛塔，迎请诸班智达和译师翻译大量的佛教典籍。同时赞普蓄起了长发（热巴），以修行者的姿态出现在大众面前，发上系两条长丝巾，丝巾下端敷于僧座，令诸僧人践其上，进行顶礼等，其对佛教的热衷已达到了极点。《娘教法史》中："发端系丝巾为僧垫，对其顶礼膜拜，凡是穿着红色者进行膜拜，国土范围内修建上万座寺院和佛塔，尚伦进行叩拜置之度外，国内征收赋税来供养，规定七户养一僧制，广收僧人。"赞普给僧人许多特权和尊贵的待遇，使僧众权利日益膨胀，以及把章卡·白云（བྲན་ཀ་དཔལ་གྱི་ཡོན་ཏན་）立为大伦，形成了僧人直接掌权的特例。僧人成为拥有土地、牧场和奴隶的奴隶主，因此与崇本派的大臣之间发生了利益冲突。最终拥本派白·达纳坚等人对达玛王子进行蛊惑，让他篡位称王，达玛本来就因父王过世后没能当上赞普而心怀不满。白·达纳坚、巨若·拉隆（ཅོག་རོ་ལྷ་ལོང་）和列琼赞（ལེགས་སྒྲུག་བཙན་）等本教大臣们商量谋朝篡位。《娘教法史》中载："各反臣相商迫戒律，而要弑赞普，把兄长藏玛（ལྷ་སྲས་གཙང་མ་）囚禁，诬陷章卡·白云（བཙུན་མོ་དཔལ་）等等。"白达纳坚等人利用钱财来贿赂相士诬陷道："王兄藏玛若不离开，藏地将蒙受灾难，赞普无奈命人把藏玛逐于门禺，藏玛愤愤而离去，到了洛扎地方被奸臣刺杀。"又为了除掉章卡·云旦向赞普进谗言，《娘教法史》中记："章卡·大伦与王妃昂村玛私通，赞普不信，又贿王妃的奴婢继续诬陷大伦，最终把章卡·白云杀于潘域永唐地方，王妃也随之跳崖自尽。"关于刺杀章卡·云旦一事在《青史》、《红史》等史书中说法各异，故不赘述。此时，赤达玛、白·达纳坚和巨若·拉隆等反臣弑君的条件已经成熟，三人于藏历铁鸡年（公元841年）乘赞普酒醉而将其勒杀于床头。

第十一节　赤达玛灭佛

父穆迪赞普（ཡབ་མུ་ཏིག་བཙན་པོ་དང་）、母拉孜之子达玛赞普（ཡུམ་ལྷ་རྗེ་བྲོ་བའི་སྲས་གཉིས་པ་ཁྲི་དར་མ་ཨུ་དུམ་བཙན），生于藏历水羊年（公元803年）。此人生性暴躁而倔犟，人称朗（牛）达玛，于藏历铁鸡年（公元841年）弑杀赤热巴巾，自立为吐蕃王朝的赞普，娶二妃。

一、诸班智达和译师把佛经伏藏后四处逃亡

达玛赞普一上位就对佛教徒进行大肆迫害，他和本教徒们准备灭佛，依《娘教法史》中记载："娘·丁增桑布（ཉང་ཏིང་ངེ་འཛིན་བཟང་པོ་）、努·南卡宁布（སྣུབས་ནམ་མཁའི་སྙིང་པོ་）、聂戛纳·苏玛热（སྐགས་རྣོན་སུམ་ར་ལ）等大译师们相商，把佛经都藏为伏藏，续部、论部、心诀部等由聂戛纳来伏藏，立热玛（རལ་གཅིག་མ）和吉祥姊妹（དཔལ་མགོན་ལྷམ་སྲིང་）为护法神，经部藏于仙人魔鬼山、吉祥曲沃山、东热洞等地。卡热拉山藏一百零八部经、火砖添堵了上下法轮寺，各神像藏于土中，在周边的寺院藏了二十八部经书，在彭唐地方又藏莲花三教及十二三字经。娘·定增把毗玛大师所讲授的人圆满法藏于卫如吉才地方。南卡宁布把经书藏于洛扎廓定寺和卡曲山洞。聂的教徒带着经书藏于扎吉央宗地方。"各大贤者用伏藏等方式来保存佛教典籍。

二、朗达玛灭佛

当时，本教徒大臣灭佛的历史记载于《本教源流弘扬明灯》："弟朗达玛为赞普，白·达纳为大伦，本教大臣做出了许多迫害佛教的事件，迫害了译经院，未翻译的经书因无人顾及

而废弃在五香地方，让僧人还俗，让其狩猎，许多不从者被杀，释迦牟尼佛像（ཇོ་ཤཱཀྱ་མུ་ནེ）埋于沙中，大殿的门用泥土填堵，并画了僧人饮酒等图像，把大昭寺和桑耶等佛教寺院变成废墟，藏地出现了长达七十年之久无佛的黑暗岁月。”以及在《西藏王统记》中载：“当时瘟疫、天灾横行，赞普以为佛教招来横祸，大举灭佛，让僧人屠宰牲畜，狩猎等，违令者被杀无数。两尊世尊佛像也遭毁灭之灾，佛教徒将其藏于坑下，弥勒佛裹在布中埋于卧塘湖边，一人欲把金刚像（ཕྱག་ན་རྡོ་རྗེ）用绳子套住，而被当场吐血而卒，众人惧而远去。除了大昭寺和桑耶寺堵其殿门外，其余大小寺院均被夷为平地。佛教经书有的遭烧毁、有的遭投水，少数幸而被伏藏。”达玛灭佛在佛教和本教史书上均有记载，应当属实。当时，不仅佛教面临着灭绝之境地，赞普的威望也日渐削弱，国值饥馑，盗贼蜂起。朗达玛为了重振国威，用武力灭佛，除把大昭寺和桑耶寺改为屠场，其余寺院均毁坏。把僧人分三等，上等均杀，让中等狩猎，下等改为本教徒。南卡宁布被杀于卡曲，娘定增桑布未能逃亡也被杀于卫如秀如地方，玛・仁青乔装扮成女人，在吴域地方呆了九个月后，也被杀于河边，杰瓦・确央（ངན་ལམ་རྒྱལ་བ་མཆོག་དབྱངས）由于精通法术而逃亡异地。达杰・白吉扎巴（དར་རྗེ་དཔལ་གྱི་གྲགས་པ）、努・桑杰仁布齐（སྦས་སངས་རྒྱས་རིན་པོ་ཆེ）、郭龚崔成（མགོ་སྒོམ་ཚུལ་ཁྲིམས）、卡钦・白吉旺久（མཁར་ཆེན་དཔལ་གྱི་དབང་ཕྱུག）、钦・释迦萨瓦（མཆིམས་ཤཱཀྱ་སྤྲ་བ）、卓米・白吉益西（འབྲོག་མི་དཔལ་གྱི་ཡེ་ཤེས）、旭布・白吉僧伽（ཤུད་པུ་དཔལ་གྱི་སེང་གེ）、那囊・多吉堆炯（སྣ་ནམ་རྡོ་རྗེ་བདུད་འཇོམས）、索布・白吉益西（སོག་པོ་དཔལ་གྱི་ཡེ་ཤེས）、朗・琼僧伽白（རླངས་ཚུང་སེང་གེ་དཔལ）、卧珍・白吉许努（འོ་བྲན་དཔལ་གྱི་གཞོན་ནུ）等年迈的译师纷纷逃亡异地，未能逃脱的被驱逐到门禺。此时本教兴起，佛教完全丧失了的言、听、修、闻、思、供奉，出现了“藏地无佛法”的悲惨一幕。

三、拉隆·白吉多吉刺杀朗达玛和佛本两派遭受毁灭

在耶巴地方修行的密宗僧听闻赞普灭法的事情后，与其他教徒商量为佛法清除朗达玛一事。《娘教法史》中记载：“白吉多吉命弟子称，自已未归前佛号必须吹响。然后，用黑炭涂于白马而骑，着白色内衣和黑色外套，戴黑色帽，携钢矢，持铁枪而前往拉萨，巧遇赞普阅读唐蕃会盟碑文，赞普见白吉多吉就曰：‘黑怙主降临。’白吉多吉装拜谒作揖，一跪，二跪弓已在弦上，三跪，发箭射中了赞普的心脏，赞普抓着箭昏昏中曰‘或早三年，或晚三年’而亡。”由此可以看出刺杀朗达玛的情景。此后，众人四处追杀白吉多吉，他越过了止藏布江，江水冲掉了马身上的黑炭，他也扔掉了帽子和外套，骑着白马继续向耶巴地方奔去。众人明知白吉多吉在耶巴洞中，但不去捉拿，因为众人平时就不满赞普的做法，空手返回复命，众人道“人已不见踪影”。

赞普朗达玛生性倔犟、不通佛法等说法至今还广为流传。他的灭佛使藏族文化遭受了毁灭性的打击，尤其是历史书籍、梵文典籍、工巧书籍、历算书等皆毁于他手，他还杀戮了众多班智达和译师，在藏族历史上臭名远扬。从此，吐蕃王朝走向灭亡，进入分裂割据时期，佛本两派都犹如油尽灯灭，尤其是本教大臣和本教徒的权利完全丧失。

总之，雪域藏地早在四千五百年之前就有原始宗教，这一点可以从昌都卡若出土的祭坛能证明。后来象雄地方诞生了辛饶米沃齐（སྟོན་པ་གཤེན་རབ་མི་བོ་ཆེ），开创了雍仲本教。聂赤赞普（གཉའ་ཁྲི་བཙན་པོ་）时期，本教流行于藏地，辛饶米沃齐未到藏地之前，人们的求神、祭拜等活动就已经成为了人们平时生活中的重要环节，可以看出藏地当时就有了原始宗教的流传。《嘉玛》中载：聂赤赞普时期，有本教十二大辛人，用占卜看相等来消灾解难。到了穆赤赞普时期，本教密宗流传于藏地，尤其是般若无上本、无上乘本、无上行本、无上果本和无上真理本等流行于藏地，从象雄迎请了一百零八位高僧。藏地修建了三十七座本教道场、三十七座密宗道场，同时还有得道者十人、九大法师、九大术士、四十大仙人等诸多本教高僧来到了藏地。直贡赞普（གྲི་གུམ་བཙན་པོ་）时期，本教徒的权利日益扩大，君辛之间的矛盾达到了白热化的地步。最后直贡赞普灭本，赞普也被罗昂（ལོ་ངམ་）刺杀。

布代贡杰（སྤུ་ལྡེ་གུང་རྒྱལ་）时期，继续以崇本执政，世界六庄严等本教高僧来到了藏地，使本教兴旺发展。拉托托日年赞（ལྷ་ཐོ་ཐོ་རི་སྙལ་ཤལ་）时期，从天竺初传佛法，在本教势力的影响下，所传经书和法具供奉在雍布拉康宫，取名为“年布桑哇”，这一事件为藏地佛教的开端，载于各类史书中。从此，本教势力逐渐受到了打击。松赞干布时期，真正开创了佛教，修建大小昭寺及周边十二座寺院；迎请了汉地和尚摩诃德瓦次（ཧྭ་ཤང་མ་ཧཱ་དེ་བ་ཚེ་），天竺高僧泪萨热（སློབ་དཔོན་ཀུ་སར་）、襄噶（བྲམ་ཟེ་ཤང་དཀར་）、克什米尔的达奴（ཁ་ཆེ་ཏ་ནུ་），尼婆逻的谢拉·曼殊卡（བལ་པོའི་ཤྲི་ལ་མཉྫུ་ཤ་）、拉隆·多吉白（ལྷ་ལུང་རྡོ་རྗེ་དཔལ་）等众多佛教高僧；由吞米·桑木布扎、达玛·郭夏、拉隆·多吉白等译师翻译了二十一显密经典等经书，佛教开始大兴，本教也随之遭到了打击。

赞普贡如贡赞（གུང་རི་གུང་བཙན་）时期，继承了先王的遗愿继续兴佛，但是在崇本派大臣的操纵下，本教势力开始上升，两派矛盾进一步加深，彼此时败时胜。

赤德朱丹（བཙན་པོ་ཁྲི་ལྡེ་གཙུག་བརྟན་）时期，迎娶金城公主（ཀྱིམ་ཤིང་ཀོང་ཇོ་）为妃。公主精通佛教，从赞康墙中迎请释迦牟尼佛像（ཇོ་བོ་ཤཱཀྱ་མུ་ནེ་），供奉在大昭寺的中央大殿，又派章卡·木李秀拉和聂那囊汩玛热两人到天竺迎请班智达，修建了扎马珍桑、扎马葛如、桑卡扎、钦布那、玛萨宫五座佛殿，佛教得到了空前的发展。佛本两派也经常进行争辩，佛教为了完善自身的理论体系，吸取了许多本教的理论和仪轨。

赤松德赞时期，迎请静护和莲花生两位高僧，修建了许多寺院，迎请众多班智达和译师，翻译了诸多佛教的显密典籍，还出现了“七觉士”（又称“七试人”），迎请莲花戒等高僧与汉地和尚进行辩经，进一步完善了佛教理论体系，具有藏地特色的藏传佛教正式形成。本教也从佛教典籍中吸取精华，欲使本教能永远流传藏地。

赤热巴巾时期，修建了五香朵寺，三大译师等人翻译和校对了许多显密典籍，天竺的佛教典籍大多翻译成藏文，在天竺未能找到的经书则从汉地翻译过来。松赞干布开创了佛教，赤松德赞和赤热巴巾两位赞普大力推广，法王三祖的功绩流芳百世。后来，佛本再一次掀起斗争，朗达玛弑热巴巾，随后灭佛，藏族文化遭受了毁灭性的打击，最终，拉隆·白吉多吉（ལྷ་ལུང་དཔལ་རྡོ་རྗེ་）刺杀了达玛赞普，此后佛本两派均遭到了毁灭性的灾难，吐蕃王朝崩溃，历史进入分裂割据时期。

第四章　佛教后宏期

第一节　永旦和卫松两位王子的斗争和平民暴乱

朗达玛死后，吐蕃王朝分崩离析。次妃次邦·萨（ཚེ་སྤོང་བཟའ་མ་ཀ་ཡོར་མོ་ཚེ་སྤྱང་བཟའ་）生一子，为了躲避仇人，日夜用日光和酥油灯光护之，故取名为卫松（འོད་སྲུངས་）（光护）。大妃听闻后，也捡一幼子装成是王子，大臣不多信又不敢言，取名为永旦（ཡུམ་བརྟན་）（母拥）。两位王子年幼时期，佛教大臣们修复了许多朗达玛时期遭受破坏的寺院，两尊世尊佛像也供奉在各寺。在两位母后的掌权下，两位王子分为两派，永旦占据卫如，卫松占据裕如，进行了长达十二年之久的争斗，最终，卫松一派失败而逃往阿里，追随者各臣民逃向门禺，在此形成了较大的势力。藏地也形成了两派，争斗不断。两位王子到了二十三岁之年即藏历土牛年（公元 869 年）时，开始出现平民暴乱。安多地方以瓦·郭谢列登（དབའ་ཀོ་བཤེར་ལེགས་）和卫如以卓别楚巴等人为首的暴乱迅速蔓延到安多、塔波、工布、山南、拉萨等地。当时的暴乱，持续时间长、范围广、具有组织性，各大奴隶主均受到了致命的打击，同时，统治阶级内部的政权斗争也非常激烈，王朝领土进一步走向分裂，形成了阿里王系、亚泽王系、雅砻王系及拉萨王系等许多小的割据政权。

第二节　再取佛法的火种

后宏期分为上路弘法和下路弘法两条路线。《教史弘扬宝幢》中称："宏传分上下两路，在赤琼、赤德衮赞（ཁྲི་ལྡེ་མགོན་བཙན）和蔡拉那·益西坚参（ཚ་ལ་ན་ཡེ་ཤེས་རྒྱལ་མཚན）三位的努力下，又传康区人母素噶热番（ཀ་ར་ཕན་ནམ）取火种，贡布热赛传取法。意为，在赤琼头人、赤德衮赞和蔡·拉那益西坚参的不懈努力下，下路宏传从多康区开始。在佛法发展呈海浪般时起时下，如日夜般昼明夜暗，如音律般时强时弱之时，玛隆金刚岩附近的孜朱伦岗地方诞生了喇钦·贡巴热赛（བླ་ཆེན་དགོངས་པ་རབ་གསལ），他生于名门，善好事、居戒律、显各种如是像。后来，逢灭佛，在吉祥曲沃地方修行，这时卫藏三智人岳·格琼（གཡོ་དགེ་བའི་འབྱུང་གནས）、藏·热赛（གཙང་རབ་གསལ）和玛·释迦牟尼（དམར་ཤཱཀྱ་མུ་ནི）前往霍域，不能立足，与霍比丘释迦萨瓦（དགེ་བསྙེན་ཤཱཀྱ་སྡེ་བ）伍往安多在彦琼囊寺修行，喇钦在他们处修习了佛法。"在这段记载来可以看出在三位施主的赞助下，喇钦贡布热赛开（བླ་ཆེན་དགོངས་པ་རབ་གསལ）创了下路弘法。后来，三智人在吉祥曲沃山修行，闻赞普灭佛后扮成乞丐驮经书一驴，从阿里、霍域等地辗转到了多康区。喇钦·贡巴热赛于藏历水鼠年（公元 832 年）生于宗喀地方，小时名为噶热番，习本教取名为赛白，后来归佛而名为格哇塞，与卫藏三智人相遇后，让他为主持，格哇塞为方丈，藏热赛（གཙང་རབ་གསལ）为经师，康区点亮了佛教后宏期的第一盏明灯。在蔡·拉那益西坚参的资助下，卫藏七人前往喇钦处学法。《西藏王统史》中记载："在桑耶头人蔡拉那益西坚参（ཡེ་ཤེས་རྒྱལ

མཚན)的资助下鲁梅·谢热崔成(ཀླུ་མེས་ཤེས་རབ་ཚུལ་ཁྲིམས)、直·益西云旦(འབྲི་ཡེ་ཤེས་ཡོན་ཏན)、聪格·谢热僧伽(ཚོང་གི་ཤེས་རབ་སེང་གེ)、罗顿·多吉旺久(ལོ་སྟོན་རྡོ་རྗེ་དབང་ཕྱུག)、松巴·益西罗追(སུམ་པ་ཡེ་ཤེས་བློ་གྲོས)、杰·罗追谢热(རྒྱ་བློ་གྲོས་ཤེས་རབ)、勋本·曲确(གཞོན་བན་ཆོས་མཆོག)七人前往喇钦处,随后又有塔西杰帕(མཐའ་བཞི་རྒྱལ་འཕགས)、热西·崔成窘乃(རག་ཤི་ཚུལ་ཁྲིམས་འབྱུང་གནས)、巴尊·罗追旺久(སྦ་བཙུན་བློ་གྲོས་དབང་ཕྱུག)、杰列·娘占确觉(སྐྱེས་ལེགས་ཉང་བྲན་ཆོས་སྐྱབས)和充辛·谢热门朗(སུམ་ཤིང་ཤེས་རབ་སྨོན་ལམ)五人也追其前往,两队在途中相遇后,五人继续前往康区取其真经。"此时,虽然蔡·拉那益西坚参已过世,但其子藏布·赤列(གཙང་པོ་ཁྲི་ལས)继承父业,鲁梅·崔成谢热(ཀླུ་མེས་རྒྱུད)和直·益西云旦等人在他的赞助下,在卫藏地方修建了许多寺院,广传佛法,取佛法火种点燃了后宏期的佛教明灯。

《教史弘扬宝幢》中又载:"主持命,让鲁梅任戒律师,聪格生性聪慧而立为经师、罗尊为护法者、直为长老、巴尊(སྦ་བཙུན)为禅师、松巴(སུམ་པ་)为香灯师,众人不遵从主持,各行其道。后来直益西云登(ཤེས་ཡོན་ཏན)为寺主,虽然鲁梅只受戒律也掌直色如寺,度众多弟子,松巴和巴尊也广施布道,罗尊(སྦ་བཙུན)掌娘若杰贡寺,聪尊在夏五寺等地发展僧众,史称'卫藏八部'。"各自广收教徒,兴建寺院,发展佛教。从藏历铁鸡年(公元841年)灭佛到再取佛种藏历土鸡年(公元949年)长达一百零八年间藏地僧人灭绝。但是,在阿里的拉喇嘛·益西沃(ལྷ་བླ་མ་ཡེ་ཤེས་འོད)和卫如头人赤德衮赞(ཁྲི་ལྡེ་མགོན་བཙན)、桑耶主蔡拉那·益西坚参(ཚ་ལ་ན་ཡེ་ཤེས་རྒྱལ་མཚན)三人的恩德下得以再取佛法。最初从下路传法,卫藏三智人、喇钦·贡巴热赛、卫藏七人等宏传佛法,喇钦成为下路弘法的鼻祖。下路弘法的详情载于《贤者喜宴》、《教史弘扬宝幢》、《娘教法史》等史书中。

上路弘法为拉喇嘛·益西沃的恩德。吐蕃王朝的正统后裔，卫松之子白阔赞，其子吉德尼玛滚，其子扎西德衮，其子松俄与阔热。长子松俄为王，娶妃生有那噶·热杂（ནཱ་ག་རཱ་ཛ་）和德瓦·热杂（དེ་ཝ་རཱ་ཛ་）两子。但在《娘教法史》中称："扎西德衮有二子，阔热与松俄，长子阔热年轻时娶妃生了噶热杂和德瓦·热杂两位王子。"此外《红史》中也有阔热为长子的记载。

松俄生于藏历土牛年（公元965年）。三十一岁时即藏历火猴年（公元996年），松俄派大译师仁青桑布（ལོ་ཆེན་རིན་ཆེན་བཟང་པོ་）修建托林寺，并由大译师开光加持。随后扩建了律部百座殿、金殿、白宫、十尊殿、玛尼拉康等。松俄对世俗产生了厌恶感，笃信佛教，想起了法王三祖的恩德，于藏历火龙年（公元1006年）将王位禅让给其弟阔热，自己与两位王子决然受戒出家，取法名为益西沃（ཡེ་ཤེས་འོད་）。当时王朝已分崩离析，各自为政，佛教早已失传。益西沃向尼婆逻巴玛玛如孜译师处学佛（པད་མ་མ་རུ་ཙེ་），该僧人曰："我不精通佛学，精通佛学的大师在天竺，我要去请精通佛教的高僧。"并携重金，请来了年智称（ཛེ་ཏ་སྨྲི་ཏི་ཛྙཱན་ཀཱིརྟི་）和查拉仍瓦（ཨ་ཙ་ར་སྤ་ལ་རིང་བ་）两位班智达。译师圆寂于尼婆逻（མ་རུ་ཙེ་ཕོ་བ་སྐྱང་），班智达因不懂藏语而开始流浪的生活，又被强盗卖到后藏达纳地方。边放牧边学习了藏语，最终能够用藏语授法。班智达后从从阿里转到了康区，给芒贡·益西仁波切（སོ་གོང་ཡེ་ཤེས་རིན་པོ་ཆེ）讲授了《俱舍论》、《语言门论》，收巨若·祥尊（ཅོག་རོ་ཞང་བརྩོན་）、央卓·谢热扎（ཀ་ཡའ་ཀུན་ཤེས་རབ་གྲགས་）、巴曹巴和桑卡·祖普拉（ཟངས་ཁ་མཛོད་ཕུར་ལ་）等弟子，还讲授了《大中小文殊释》、《四座》等显密经论。查拉

·仍瓦(པཎྜི་ཏ་ཨ་ཙཱརྱ་སྨྲ་ལ་)由于年迈而卒于杂让地方。拉喇嘛·益西沃时期，虽然有班智达年智称(པཎྜི་ཏ་སྨྲི་ཏི་)前往藏地，但是途中多坎坷而未能与拉喇嘛见面，班智达翻译的经书也都留在康区，未能传到卫藏地方，拉喇嘛·益西沃心中不安，突然想起《大悲经》中的预言："阿难莫燥，吾佛涅槃后，北方之地有比丘益西沃，他定能兴佛。"于是把王子度为僧人，修建了布让克加寺、色曲塔波寺、芒域聂玛寺、五热夏林寺和古格托林寺等。

又召集了许多孩童，从中选出精灵者二十一人，让他们诵论、见行、修行度为僧人，分成三等。又让他们携黄金等重礼前往天竺，迎请达班智达达玛巴拉(པཎྜི་ཏ་དྷརྨ་པ་)和克什米尔班智达仁青德(ཁ་ཆེ་རིན་ཆེན་རྡོ་རྗེ་)等人。二十一人中十九人由于染上疾病等原因未能如愿，另两人后来成为象雄大译师仁青桑布和布让小译师列白谢热(ལེགས་པའི་ཤེས་རབ་)。两人从小到了科加寺，学习梵语，得到两次密集金刚灌顶，精通佛学。大译师仁青桑布和布让小译师列白谢热前后三次前往天竺，名声远扬。此二人还翻译了《续略部》、《庆喜藏释》、《金刚尖》、《摄真实经》等许多重要的密宗典藏。藏地新密时期也是从大译师仁青桑布开始。他生于象雄，系拉索氏，从小信佛，曾拜谒众多天竺和克什米尔的班智达，翻译了教言部经书和医药学的许多经书。

大译师仁青桑布弟子无数，有小译师列白谢热(ལེགས་པའི་ཤེས་རབ་)、扎巴·勋努谢热(གྲགས་པ་གཞོན་ནུ་ཤེས་རབ་)、古辛·尊追坚赞(ཀུར་ཤིང་བརྩོན་འགྲུས་རྒྱལ་མཚན་)、吉诺戛纳(ཛོར་ཛྙཱ་ན་)佛教四大弟子，以及医药学的布让四弟子等人。拉喇嘛和大译师仁青桑布的后期，松俄之子塞·扎西德修建了克加大银佛像，并迎请了班智达三百人。拉德有拉降曲伟、希卧沃和谢拉三子。谢拉为僧。三人建布让擦瓦岗、古格芒囊、德赛、叶曲如等寺院。希卧伟迎请克什米尔大班智达达纳达拉译《时轮经》和《金刚宝串》,并进行了文字厘定。

这一时期,外地的众多班智达和译师来到了阿里和康区,翻译佛教典籍,修建寺院,佛教的发展再一次呈现繁荣景象。在卫藏地方,由于鲁梅·崔成谢热(ཀླུ་མེས་ཤེས་རབ་ཚུལ་ཁྲིམས)等人的努力,佛教又开始兴旺,但基于灭佛事件的沉重打击,真正意义上的僧人早已不存在,拉喇嘛·益西沃(ལྷ་བླ་མ་ཡེ་ཤེས་འོད)为了修正僧风,使佛教在藏地再一次的传播,欲从天竺迎请得道高僧阿底峡,让嘉·尊追僧格(རྒྱ་བརྩོན་འགྲུས་སེང་གེ)用重礼迎请而未能如愿。此时,古格与噶落之间发生战役,虽然拉喇嘛已经不问朝政,但鉴于战役将决定古格政权和佛教的存亡,不得不亲自指挥战场,不幸被噶落生擒。噶落开出条件来换取拉喇嘛的性命,一是为古格臣民皈依伊斯兰教,二是用等身的黄金来换取拉喇嘛。虽然古格王朝在全藏范围内筹备黄金,还征收了"僧袍税",但还是未能筹起等身黄金。拉喇嘛饱受牢狱之灾但他从狱中给甥侄益西沃命:"不要为我这老弱的身躯浪费黄金,用黄金从天竺迎请阿底峡大师和班智达,修建托林大佛塔,修复桑耶寺等佛教寺院,要建立庞大的僧伽团体。"拉喇嘛于藏历火鸡年(公元 1036 年)死在噶落的牢中。

第三节　迎请阿底峡和众多班智达译师发展佛教

父为萨霍王格哇白母达姆伟赛(ཟ་ཧོར་རྒྱལ་པོ་དགེ་བ་དཔལ་དཔལ་མོ

འོད་ཟེར་ཅན།)，王子阿底峡大师于藏历水马年(公元 982 年)，诞生于古天竺孟加拉地方，名为吉祥玛米哉·益西(དཔལ་མར་མེ་མཛད་ཡེ་ཤེས)，从小学习了医药、工巧类和外道的声律和因明，还有佛教的声律和因明学。据《噶当祖师问道录》中记载:“天竺有王族和刹帝利两种，王族可以掌权，刹帝利虽属王族但不能掌权，吾属刹帝利，吾父南卡旺久是当时的比丘，也精通密宗，我也从他处受过灌顶，吾父娶刹帝利和婆罗门两位妃子，吾母为婆罗门，刹帝利有一孩是痴呆者，已出家，他很守戒律在我的安排下，我们只见过一次面。由于母亲的影响，自己也从小接触过很多外道的东西。”此处详细描述了当时的萨霍国及大师的家境等，尤其是大师成为得道高僧，与母亲的各种努力是分不开的。到了二十二岁那年，从师罗睺罗古坝达巴杂热密宗大师，得到了灌顶，密宗法号为金刚密，又在上师阿瓦堵弟巴处学经七年(也有十二年之说)，该上师为那若大师的弟子，中观应成派的传播者，精通密宗和中观道。

当时东部孟加拉地方的外道与佛教之争非常激烈，佛教处于失利态势，许多佛教徒苦于无人与外道者匹敌之时，闻阿底峡大师已在孟加拉国，在众人的请求下，大师与诸外道高手进行了辩经。大师乃四力护法的大护法者，最后战胜了一切外道高手，收复了从前的佛教失地，让外道徒也皈依了佛教。大师以为自己已经无人能及，但继续与许多密宗高僧和班智达进行广泛的交流和钻研，学到了从未听到过的许多密宗道使得原先的想法也随之烟消云散。

到了二十九岁之年(公元 1011 年)，大师在吉祥金刚座的毕哈热寺的住持悉喇热琪达(ཤཱི་ལ་རཀྵི་ཏ)身边出家，取名为帝崩噶热·谢热戛纳(དི་པཾ་ཀ་ར་ཤྲཱི་ཛྙཱ་ན)(吉祥燃灯主)，拜谒众多高僧,学习各种佛教典籍,成为通晓音律学、逻辑学、工巧学、医药学和内明学的五明大班智达。金刚座有一年一次的内外道辩经来决定归属的习俗。此时,外道有一个顶戴十三层宝幢的班智达前来与阿底峡进行辩经,阿底峡最终辩胜了外道班智达,他把宝幢献给阿底峡大师,其跟随者也统统归顺了佛教,成为阿底峡大师的弟子。《噶当祖师问道录》载:“大师通晓外道数论派、胜论派、吠陀派、见行派等各派的典籍和密宗的许多心诀。大师曾道:‘天竺一百人中只有一人是信僧派者,僧派者一百里只有一个佛教徒,一百佛教徒里只有一个大乘者。’大师铭记拜谒传承诫和上师乃是万事的开头,于是三次前往大海去寻找真正的传承诫,不怕艰辛到天竺南部、克什米尔、萨霍和斯里兰卡等诸多邻近国求师拜佛。”大师也精于外道。当时天竺的佛教正处衰势,他到处求精拜佛,通晓诸佛教典籍,尤其精通大乘密宗道,成了五百大班智达中的佼佼者。雪域藏地已经迎取了上下路的弘法火种,由于佛教受到了沉重的打击,再加上王朝的分裂使佛教的见、行、修等有了许多不同的理解,尤其是本教的理论和仪轨一时盛行。降曲沃为了圆拉喇嘛的遗愿,又让刚从天竺求学回来的纳措译师崔成甲瓦重新到天竺迎请阿底峡大师。藏历火牛年(1037年)纳措译师与五位随从到了天竺的毗噶玛喇西喇寺的阿底峡座前,献上了黄金,潸然泪下道:“藏地朗达玛灭佛的十几年里佛教已经消失殆尽,虽有后来的卫藏三智人和喇钦·贡巴热赛(བླ་ཆེན་དགོངས་པ་རབ་གསལ)、鲁梅(ཀླུ་མེས)及阿里王喇嘛·益西沃等人迎取佛种,修复寺院,建立僧伽团体,但是佛教已经失去了原有的本质,加上没能请到天竺的大班智达,藏地佛法已经落到随心所欲、颓废萎靡的惨状。为了纠正佛教的不正之风，请求大师到雪域藏地。”大师被纳措译师的一番哭诉所感动，准备前往藏地，但是受到该寺住持希喇·噶热(ཤིལ་ཀར་)极力阻挠，纳措只好在住持面前发誓三年以后送回大师。他们一行于藏历铁龙年(公元1040年)从天竺动身前往藏地，第二年到了尼婆逻，后来到了阿里芒域地方，在宗喀西南部的仁青崩山修行了一段时间，至今可以见到当年阿底峡修行的山洞，当地也有许多关于大师的传说。又辗转到了布让，给众信徒广授了佛法，于藏历水马年(公元1042年)抵达古格。

此时，拉喇嘛·降曲伟和大译师仁青桑布让三百多人穿着白色服饰，骑着白马，用宝幢、宝伞和经幡等法具等来进行前所未有的大规模的迎接仪式，歌声、法螺声久久回荡。大师下榻托林寺，拉喇嘛献上了黄金六百两，让大师讲授正宗佛法。据《娘教法史》中载：“佛教修行是次第还是急速成佛，是内外分别的修炼还是修行金刚禅？曰：是次第。并就著《菩提灯论》，还讲授了有无皈依和四法印的区别，告诫密智慧为外道不可取矣。”

当时，大译师仁青桑布把阿底峡大师请到自己的寝宫内，大师对墙上的密宗壁画提了赞语诗词并进行叩拜。大译师心想，我曾在天竺求学时，阿底峡还是孩童一个，如今已经成为声名远扬的大班智达，于是向大师叩拜并祈求讲授佛法。后来大师讲授的大都由他亲自翻译，并进行了《八千颂注释》、《中观论》、《密集金刚修炼法》、《护法天妃修炼法》、《财神修炼法》和医药学等论著的翻译。

阿底峡大师在阿里地方讲授佛法，呆了三年，卫藏的很多大智者也前往求学佛法。后来成为四大弟子的释迦·旺久(ཀ་བ་ཤཱཀྱ་དབང་ཕྱུག)、库敦·尊追雍仲(ཁུ་སྟོན་བརྩོན་འགྲུས་གཡུང་དྲུང་)、鄂

·列白谢热(རྫོག་ལེགས་པའི་ཤེས་རབ་)等人也到阿里向大师讨教了修行显密两宗的次第法，大师用《菩提灯论》的内容来进行讲解。卫藏的卓译师、楞译师、仙迪大师和僧敦·扎坚孜(མི་སྟོན་གྲགས་ཅན་འཛིན་)等人也学习了许多的佛法。在仲敦·杰瓦炯乃(འབྲོམ་སྟོན་པ་རྒྱལ་བའི་འབྱུང་གནས་)等人的几次应邀下，大师到了拉萨、聂塘、雅砻等地讲授了许多佛法，于藏历火猪年(公元1047年)到了桑耶。《噶当祖师问道录》载："大师在桑耶藏经阁中见到了从未在天竺见到的显密典籍，拉尊·菩提热杂(ལྷ་བཙུན་བོ་དྷི་རཱ་ཛ་)为施主，大师翻译了次第仪轨和《吉祥护乐神续生圆次第》的心诀及《青金刚持》心要，还著有《中观教授论》、《医药八支学》、《入二弟论》、《摄菩萨行炬论》等。"阿底峡大师在桑耶见到了许多在天竺也未曾见到的显密典籍，并将《中观明相》、《华严经》等典籍寄回天竺。

后来在噶穷寺，讲授了《中观六部》，又到钦普，在德瓦·热杂(དེ་བ་རཱ་ཙ་)、纳噶·热杂(ནཱ་ག་རཱ་ཙ་འཁར་དགེ་པ་)、格·噶哇和译师等人的要求下，让大师授大婆罗门律，但对此仲敦极力劝阻。此后，还讲授了灌顶仪轨、火供仪轨、会供曼陀罗仪轨、《天将宴法》、《孩童宴法》、《入阿难行法》、《入胜十方法》和《明论勤息》、《半择迦勤息》等许多密宗戒律法。在桑耶时期，在菩提·热杂后母钦母的挑拨下，随库敦·尊追雍仲到了雅砻的杰沙寺，并进行修复和开光，又经过昌珠寺，后辗转到了唐布且，大师讲授了《般若二万颂》、《宝性论》、《辩法法性论》等法，还翻译了《吉祥阎摩敌修行法》和《化缘僧巴嘎玛拉热卡功德》等经书。后来到聂塘，在聂塘呆了八年之久。大师一共在藏地呆了十三年之久，为了佛教的发展鞠躬尽瘁，弟子满天下，其中最著名的有仲敦·杰瓦炯乃(འབྲོམ་སྟོན་རྒྱལ་བའི་འབྱུང་

གནས)、库敦·尊追雍仲(ཁུ་སྟོན་བརྩོན་འགྲུས་གཡུང་དྲུང)、鄂·列白谢热(རྔོག་ལེགས་པའི་ཤེས་རབ)以及拉喇嘛·益西沃、大译师仁青桑布、小译师白觉谢热(ལོ་ཆུང་དཔལ་འབྱོར་ཤེས་རབ)、杰·尊追僧伽(རྒྱ་བརྩོན་འགྲུས་སེང་གེ)、纳措·崔成坚才(ནག་ཚོ་ལོ་ཙཱ་བ་ཚུལ་ཁྲིམས་རྒྱལ་མཚན)、鄂·洛丹谢热(རྔོག་བློ་ལྡན་ཤེས་རབ)、布让·列白谢热(ཀུ་རངས་ལེགས་པའི་ཤེས་རབ)、桑卡译师帕巴谢热(ཟངས་དཀར་ལོ་ཙཱ་བ་འཕགས་པ་ཤེས་རབ)、卓译师·释迦益西、洛扎·马尔巴译师等人,翻译了众多的显密典籍,修建了许多寺院,阿底峡大师自己也承认,前宏期佛教在藏地的发展甚至胜过昔日的天竺。大师在藏地期间仲敦日夜随行,学习了佛法,大师把袈裟和一部贝叶经等信物赐给仲敦巴,这些东西后存于热振寺。藏历木马年(公元 1054 年),阿底峡大师圆寂于聂塘寺,次年仲敦巴在聂塘修建了聂塘空行母寺,聂塘寺存有本尊空行母像和阿底峡大师的亲塑的自身像等。阿底峡大师的灵塔于藏历木龙年(1961 年),在巴基斯坦国的要求下,迎请至巴基斯坦。阿底峡大师在佛教的后宏期,开创了佛教的再一次盛世,迎来了众多译师和班智达,修建寺院,翻译显密典籍。此时共有六十六位班智达和一百二十名译师到了藏地,这些均记载于《贤者喜宴》和师崔成仁青大师的《丹珠儿目录》中。后来,阿底峡大师的弟子仲敦巴等人在卫藏修建寺院,建立僧伽团体。史称佛教的发展胜于前宏期,原因有三:其一,朗达玛灭佛后,藏人渴望佛教的再一次兴起;其二,此时天竺的佛教正受外道的侵略,许多贤者也前往四处,对藏地佛教的再一次兴起发展起到了巨大的推动作用;三,朗达玛被杀后,本教势力也遭到了重创,失去与佛教抗衡的力量。

第五章　分裂割据时期雍仲本教的发展

上面已经谈到，本教是雪域高原上的原始宗教，早在几千年以前就在阿里象雄地方广为流传，到聂赤赞普时期也逐渐在卫藏地方流传，出现了国王与古辛联合执政的局面。在赞普的统治范围内修建了三十七座本教大殿、三十六座道场、二十四座寺院和三十七处本教修行洞，广传本教对独特的藏族文化的形成和发展起到了至关重要的作用。但是佛教传入藏地后，本教失去了原有的主导地位，渐渐地淡出了历史舞台，尤其是朗达玛被刺杀，吐蕃王朝走向分裂后，本教被驱逐到藏地边缘地方，落到了油尽灯灭悲惨落魄的地步。后宏期，在众多本教大辛和大德的努力下，本教开始在安多和康区迅速扎根、发展，他们修建寺院、讲授经典，尤其是在卫藏地方修建的三大本教丛林和托布加门日寺、热喇雍仲林寺和卡纳寺等大小寺院，对本教的复兴起到了一定的推动作用。但是，本教的兴衰演变非常频繁，故不能详述其史，在此略谈分裂割据时期本教的几个主要派别主、旭、辛和巴、米吾、琼等世袭的演变史。

第一节　主氏的世袭

《本教源流弘扬明灯》载："天神氏主的世袭为松尊崔的

弟子主夏至尊。预言道:哈奇哈囊神的化身主氏,他的弟子主敦·尼玛坚赞(བྲུ་སྟོན་ཉི་མ་རྒྱལ་མཚན་),东句徒钦的化身主喇·尼玛坚赞(བྲུ་ལ་ཉི་མ་རྒྱལ་མཚན་)。到此,已经断了主的学相续和律统,后来有米和聂两人从大辛南卡处受了戒律,有氏为米喇白,聂为大仙人母琼的化身。米白的弟子阿柴懂,他的弟子阿柴·罗追坚赞(འ་ཞ་བློ་གྲོས་རྒྱལ་མཚན་),他的弟子主·堆瓦坚赞(བྲུ་འདུལ་བ་རྒྱལ་མཚན་),主派的传承就从主·堆瓦坚赞开始,他的弟子主·杰瓦雍仲(བྲུ་རྒྱལ་བ་གཡུང་དྲུང་),其弟子主南卡伟色(བྲུ་ནམ་མཁའ་འོད་ཟེར་)和主敦·索南坚赞(བྲུ་སྟོན་བསོད་ནམས་རྒྱལ་མཚན་),到了主·雍仲南卡(གཡུང་དྲུང་ནམ་མཁའི་མཚན་ཅན་)时大兴本教,他的弟子主敦·索南罗追(བྲུ་སྟོན་བསོད་ནམས་བློ་གྲོས་)、主夏索南罗追坚等人广度众生。”

主、旭、辛三大氏族之一的主氏乃旧本重要的一派,此派传出了主的派系,主要由主夏南卡雍仲(བྲུ་ཤ་ནམ་མཁའ་གཡུང་དྲུང་)传给主夏·琼吉坚赞(བྲུ་ཤ་ཁྱུང་གི་རྒྱལ་མཚན་),传给主至尊(བྲུ་བདག་ཉིད་རྗེ་བཙུན་),传给尼玛坚赞(བྲུ་སྟོན་ཉི་མ་རྒྱལ་མཚན་),到阿柴·堆孜坚赞(འ་ཞ་བདུད་རྩི་རྒྱལ་མཚན་)、阿柴·罗追坚赞(འ་ཞ་བློ་གྲོས་རྒྱལ་མཚན་)、主·堆瓦坚赞(བྲུ་འདུལ་བ་རྒྱལ་མཚན་)、主·杰瓦雍仲(བྲུ་རྒྱལ་བ་གཡུང་དྲུང་)、南卡伟色(ནམ་མཁའ་འོད་ཟེར་)、索南坚赞(བསྟོད་ནམས་རྒྱལ་མཚན་)、索南罗追(བསོད་ནམས་བློ་གྲོས་)、南卡索南(ནམ་མཁའ་བསོད་ནམས་)、才旺坚赞(ཚེ་དབང་རྒྱལ་མཚན་)、南卡仁青(ནམ་མཁའ་རིན་ཆེན་)、主·南杰噶热(བྲུ་རྣམ་རྒྱལ་ཀ་ར་)、克珠仁青罗追(མཁས་གྲུབ་རིན་ཆེན་བློ་གྲོས་)等人一直传到了谢热坚赞(ཤེས་རབ་རྒྱལ་མཚན་),在卫藏地方修建许多寺院,对雍仲本教的发展起到巨大的作用。

第二节　主氏的主寺

1　拉堆章巴卡热鄂芒寺

建于藏历铁龙年(公元990年),有本尊神殿、道场和本尊像等。在主钦父子等人的精心照料下,本教在此得到了兴隆,后来逐渐走向衰败。

2　曲玛扎纽扎寺

主敦琼杰(བྲུ་སྟོན་ཁྱུང་རྒྱལ་)修建,后来走向衰败。

3　叶如巴郭喀大寺

主至尊雍仲(བྲུ་རྗེ་བཙུན་གཡུང་དྲུང་)上师建于藏历水鼠年(公元1072年),有四大扎仓,是显密结合的本教重要寺院。高僧尼玛坚赞(ཉི་མ་རྒྱལ་མཚན་)、米聂两位(མི་གཉོས་གཉིས་)大德及怙主叔侄(འགྲོ་མགོན་འཁྲུད་དབོན་)等十八位本教大德的先后在此讲本兴教,该寺于藏历木鼠年(公元1404年)毁于水灾。

4　拖布杰门日寺

至尊·谢热坚赞(མཉམ་མེད་ཤེས་རབ་རྒྱལ་མཚན་)建于藏历木鼠鸡年(公元1404年),亦有史书记载为藏历水鸡年(公元1393年),该寺在叶如巴郭喀寺被毁后成为主氏派的重要寺院。父鲁杰、母仁青门。谢热坚赞大师(ཤེས་རབ་རྒྱལ་མཚན་)生于藏历火猴年(公元1356年)一月八日,幼时就有非凡之相,聪慧过人,在父亲处学习了因本的典籍,九岁时于恰喇·雍仲坚赞(ཕྱ་བླ་གཡུང་དྲུང་རྒྱལ་མཚན་)处出家,。后来到了擦瓦岗堆地方,在克珠·仁青罗追(མཁས་གྲུབ་རིན་ཆེན་བློ་གྲོས་)处学习了秘法和外密的许多理论,在卫藏那烂陀寺(ནཱ་ལེནྡྲ་)的荣敦大师(རོང་སྟོན་)处学习了《现观庄严论》、《俱舍论》、《中观论》、《因明学》，后在卫藏各地进行辩经，又到叶如喀直寺学习，后来建门日寺，开始了该寺的师承。该寺有林堆扎仓、林麦扎仓、林杰扎仓和林素扎仓，有五百多名僧人，成为传承雍仲本教的重要寺院。《门日志》中记载："该寺位于南瞻部洲的的中央，雪域的中部，左为底斯山、前有鲁热水、后为鲁噶山和古坚山、前面有米久城和拉定城，在后山的岩石上还有天成的千尊如来佛像、八十位持明者像、万尊空行母像及许多修行洞等，实为奇特之地。"该寺为本教的重要寺院，到该寺求学、朝拜的各地教徒至今络绎不绝。

5、热拉雍仲林寺

藏文史籍中载为较早的本教寺院，曾仅余其名。后来由救主囊敦·达瓦坚赞于藏历木马年（公元1834年），在叶如雅江河畔的维玛杰桑地方修复该寺。现有雍仲林、衮赛林、衮却林和衮扎林四大扎仓，八个康村，四百多僧人。该寺的第六代堪布谢热罗追又修建了童追大殿，使显密两宗的发展得到了空前的繁荣，这种盛世一直持续到藏历木蛇年（公元1965年）。该寺有本主辛饶佛（སྟོན་པ་གཤེན་རབ་མི་བོ་ཆེ）、章卡南卡（དྲན་པ་ནམ་མཁའ་）、谢热坚赞等人的诸多等身铜像和许多经书，其中有从象雄语和汉地翻译的许多典籍，该寺实属规模最大的本教寺院。后来的发展历程中也遭到过破坏，但是在众教徒的努力下，如今的热拉雍仲林寺已经成为闻名中外，是本教重寺。该寺现有四十多名僧人，不时从那曲、昌都、卫藏等地迎请为数众多的高僧大德为众僧讲经授本，该寺的活佛和高僧亦不时应邀到其他寺院讲经。

6、业杰主衮寺

由平措罗追大师修建，该寺平日的佛事活动由门日寺担任，该寺藏有天杵和其他许多珍贵宝物。该寺原在康区，后搬迁至此，在四百多年的历史长河中，许多本教高僧曾在此讲经授本。

在聂木门噶格登寺、叶如斯布日山、向囊噶等地流传着主氏教派，在后藏托布杰和吴域等地也有许多本教寺院。主氏派的主要护法神为黑天王、红神天王和水晶怙主等。

第三节　穆系辛氏的世系及主寺

一、穆系辛氏的世系

《本波论世》载：“藏地卫藏穆辛的世系为天子雍仲旺旦有四子，维吉杰布（འོད་ཀྱི་རྒྱལ་པོ་）、托吉杰布、主吉杰布、格尔布琼。长子维吉杰布有子穆文·阿瓦如日让（དམུ་བོན་ཨ་བ་ཧུ་རིང་）和穆吉·徒特囊美（དམུ་རྗེ་ཐུམ་ཐུམ་རྣམ་མེད་）、穆吉杰三人（三子?），开始延续了穆辛·囊瓦朵坚（དམུ་རྗེ་རྒྱལ་）དམུ་གཤེན་སྣང་བ་མདོག་ཅན་）等。次子托吉杰布延续了穆辛·章卡南卡（དམུ་གཤེན་དྲན་པ་ནམ་མཁའ་）父子等。三子主吉杰布延续了卫藏地区的穆系辛氏一派。主吉杰布之子穆本尤旦（སྲས་དམུ་བོན་ཡོའུ་བཏན་），其子穆本同堆，其子穆本吉罗才（སྲས་དམུ་བོན་སྐྱེས་ལོ་ཚལ་），其子辛卓（སྲས་གཤེན་གྲོལ་བ་）、穆喀布穆布（དམུ་ཁ་བུ་མུ་བུ་）、穆克业穆业（དམུ་ཁ་ཡེ་མུ་ཡེ་）、穆列育瓦（དམུ་ལེ་ཡོལ་བ་）和穆隆弟主布（དམུ་ལོང་སྟེ་འཕྲམ་）。”辛氏分为大食维摩隆仁地方的穆辛和卫藏地方的穆辛两派，后者为教主辛饶米沃齐八大弟子中的公擦妃（ཀོང་ཚ་ཁྲི་ལྕམ་）所生的雍仲旺旦（གཡུང་དྲུང་དབང་ལྡན་）延续下来的一派，在分裂割据时期，诸穆辛分支修建了许多寺院为雍仲本教的发展作出了巨大贡献。

二、穆系辛氏的主寺

1. 直聂孜尕麦寺

为藏历铁猴年(公元 960 年)辛赤列大德的驻地,该寺是后宏期较为重要的本教寺院。从辛大德到如今的活佛勋努·尼达旺扎已有二十五代转世活佛,其间也出现过上百位高僧,该寺的本尊为向赤罗囊扎,并藏有珍贵的宝物。

2. 孜日杰衮赤旦诺布孜寺

大辛穆旺·尼玛坚赞于三十岁时修建,出现过许多住持高僧,有卫藏康区两康仓,员额为三百多,显密的主要修行为、胜天、尊胜佛、畏德,天母续、嬉乐等,护法为红面天王、天王大将及自守杰托自燃神。北部羌塘地区的孜定吉杰、萨嘎本聂、阿擦寺,当雄宁珠寺,底部的纳木错郭寺,中部的大郭寺和当热拥措郭寺,上部达若瓦寺、绒钦寺等,南、北、上、中、下三部共有辛氏一派的寺院六十多座。

3. 直擦芒喇孜寺

大辛鲁噶的伏藏地,建于藏历铁龙年(公元 1040 年),聚集了众多教徒,发展显密典籍,成为重要的辛氏派主寺。从仁青坚赞大师开始传承了四十五代法座,现已毁于灾难,只剩其名。

4. 辛的主寺叶如谢白典达定大殿

藏历水蛇年(1233 年)由辛衮钦·益西罗追(གཤེན་ཀུན་མཁྱེན་ཡེ་ཤེས་བློ་གྲོས)建立,由最初的辛氏小寺变成了有十三座大殿及内供无比珍贵的十三种佛供柱子等。在准噶尔入侵之时,该寺的奇特幻象驱走敌人之说,至今都脍炙人口。后来遭到了毁灭,如今已被复原,该寺附近的那囊村吉雄村村民也都是虔诚的本教徒。总之,辛的主寺及分寺如星罗棋布,故不能一一详述。

第四节　旺旦旭氏的世袭和主寺

一、旭的世袭

《本波论世》中载:“旭系古老的董氏一族,有纳瓦擦和直业两种,直业为直贡赞普灭佛后被罗昂刺杀,后来其子布代贡杰从象雄地方迎请了众多的大辛,为父王举行超度法事,当时以业本嘉如坚大师为主,他的后代从斯·辛噶桑布(སྲིད་ཀ་གཤེན་བསྐལ་བཟང་པོ་)至塔巴降曲”(ཐང་པ་བྱང་ཆུབ་)之间出现如繁星般照耀后藏之地。塔巴降曲有三子为喇列、喇荣和列白,列白听闻大辛掘藏而前往直地方,被大辛授了许多掘藏经书,尤其是得到了心部秘笈的灌顶,称为大辛人旭业列白。“该书中还记载:”得到心诀秘笈方面,旭业列白闻大辛名而前往求法,大辛为了试探,让其从事各种低贱之活长达八年之久,他始终如一的在大师身边伺候,最终得到了大师的真传。其子堆那列白(རྡུད་ནི་ལེགས་པོ་)和拉吉吉布(ལྷ་རྗེ་སྐྱིད་པོ་),后代传至如今的雍仲·同追大师,都是娴熟显密典籍的得道高僧,如今的主寺为吉祥日喜寺。传承为列白传为旭吉布,他传给杰斯,传给米吾和珍贡等人。“由此可以看出旭氏为较为古老的一系,在佛教的后宏,众多高僧弘扬了旧本旭派,在卫藏地方修建了众多寺院等,此处不赘述。

二、旭氏的主寺

1. 娘堆吉喀扎修行处

为后宏期旭的主要道场,建于业列白大师时期的藏历火龙年(公元 1019 年),后来逐渐衰败,现只存其名。

2. 吉喀日辛杂普寺

藏历铁虎年(公元1050年)由旭吉斯钦(ཞུ་སྐྱེ་སེ་ཆེན)和其子卓瓦辛杰(སྒྲོལ་བ་ཀ་ཉེན་རྒྱལ)两位修建,聚集了四周的僧徒,大兴本教的秘笈部和心部等,该寺有奇鼓和鼓槌等珍贵宝物。

3. 主寺伦朱岗寺

藏历铁狗年(公元1190年)由桑杰旭辛修建,当时兴盛旭派,众多高僧住持,尤其是朵点谢热崩、夏钦坚赞、仁青伟色怙主等人对该寺更是恩德如山,但是后来走向衰败。

4. 雍仲林寺

被称为中部主寺的雍仲林虽不是由旭氏修建,后来成为旭尊雍仲住持于此。史书上也未见该寺的修建史,但可以得出在藏历火马年(公元1189年),在此建立了辩经制度。该寺有四扎仓和容纳两千多人的辩经场,不仅旭氏和琼波氏的高僧曾,主达仓的高僧也曾在此修行讲法,为克尊·南卡伟色(མཁས་བཙུན་ནམ་མཁའ་འོད་ཟེར་)、阿里·索朗坚赞(མངའ་རིས་བསོད་ནམས་རྒྱལ་མཚན)、琼贡·边觉伦朱(ཚང་སྒོམ་དཔལ་འབྱོར་ལྷུན་གྲུབ་)、旭尊·旺旦赤纬(ཞུ་བཙུན་དབང་ལྡན་ཁྲི་འོད)、琼敦·雍仲伟色(ཁྱུང་སྟོན་གཡུང་དྲུང་འོད་ཟེར་)、旭·赤伟坚赞(ཞུ་ཁྲི་འོད་རྒྱལ་མཚན་)、琼波边格(ཁྱུང་པོ་དཔོན་དགེ་)等高僧大德。后毁于准噶尔的侵略战火中。

5. 下部主寺查坚尼普寺

藏历土兔年(公元1699年)由查恰美·扎西坚赞(ཁྲ་ཚགས་མེད་བཀྲ་ཤིས་རྒྱལ་མཚན་)修建,他出生在林王氏后代的一位修行者家里,小时就到阿里等地求学拜师,又到后藏旭氏的主寺吉祥伦朱寺,在旭氏高僧罗追旦杰(བླམ་བློ་གྲོས་བསྟན་རྒྱས)等人处学习了本教的许多灌顶和秘诀法,后来到了安多地方,修建了该寺。此处原先就有小型的修行处,因该山极像老人晒太阳像而取名为查坚(老人)寺。该寺无转世活佛,它的历代住持分别是查恰美·扎西坚赞、旭·尊追雍仲(ཞུ་བཙུན་གཡུང་དྲུང་ཁྲི་རྗེ)、旭敦·崔成扎巴(ཞུ་སྟོན་ཚུལ་ཁྲིམས་གྲགས་པ་)、旭·尊追雍仲旺扎(ཞུ་བཙུན་གཡུང་དྲུང་དབང་གྲགས)、旭·雍仲索南(ཞུ་གཡུང་དྲུང་བསོད་ནམས)、旭玛扎巴(ཞུ་མ་གྲགས་པ་)、旭·平措旺杰(ཞུ་ཕུན་ཚོགས་དབང་རྒྱལ)、旭·丹巴旺扎(ཞུ་བསྟན་པ་དབང་གྲགས)、辛巨仲穆(ཤེ་ཅུ་དྲུང་མུ)、旭·敦雍仲杰瓦(ཞུ་སྟོན་གཡུང་དྲུང་རྒྱལ་བ་)、旭·谢热丹增(ཞུ་ཤེས་རབ་བསྟན་འཛིན)、囊喜修行者(སྣང་ཞིག་སྒྲུབ་ཐོབ)、旭·达瓦扎巴(ཞུ་ཟླ་བ་གྲགས་པ་)、尊钦·尼玛索南扎巴(བཙུན་མཆེན་ཉི་མ་བསོད་ནམས་གྲགས་པ་)、杰赛·平措囊杰(རྒྱལ་སྲས་ཕུན་ཚོགས་རྣམ་རྒྱལ)、旭·囊杰旺扎(ཞུ་རྣམ་རྒྱལ་དབང་གྲགས)、旭·伦朱坚赞(ཞུ་ལྷུན་གྲུབ་རྒྱལ་མཚན)、旭·雍仲益西(ཞུ་གཡུང་དྲུང་ཡེ་ཤེས)、旭尼尼拉(ཞུ་ཉིད་ཉིད་ལགས)、丹增伦朱(བསྟན་འཛིན་ལྷུན་གྲུབ)、丹巴旺杰(བསྟན་པ་དབང་རྒྱལ)、阿仲(ཨ་དྲུང)、旭·丹增祖普(ཞུ་བསྟན་འཛིན་གཙུག་ཕུད)、旭·丹增扎巴(ཞུ་བསྟན་འཛིན་གྲགས་པ)、年贡·仁青坚赞(ཉན་སྒོམ་རིན་ཆེན་རྒྱལ་མཚན)、旭敦·丹巴伦朱(ཞུ་སྟོན་བསྟན་པ་ལྷུན་གྲུབ་)、旭·赤伟(ཞུ་ཁྲི་འོད)、旭赤·雍仲扎杰(ཞུ་ཁྲི་གཡུང་དྲུང་གྲགས་རྒྱལ),格桑雍仲(སྐལ་བཟང་གཡུང་དྲུང)从藏历铁兔年(公元 1952 年)到藏历铁羊年(公元 1991 年)之间掌住持,弘扬本教。

该寺结构独特,环境幽静,真是鸟语花香的人间天堂,如今的查坚尼普寺有桑旦崔成大师和三十多名僧徒。

第五节 成道者巴氏的世袭与主寺

一、成道者巴氏的世袭

《本波论世中》载:"巴氏系光音天的桑索崩赤(སངས་པོ་འབུམ་ཁྲི)和曲当杰姆(ཆུ་ལྕམ་རྒྱལ་མོ)(二人生子为巴,在各地讲本传法，到象雄的囊杰拉孜（ཞང་ཞུང་ནམ་རྒྱལ་ལྷ་རྩེ）地方，显各种幻术，在岗底斯山修行三年，称为嘉如坚。史称地有象雄王，天有天子巴，并称为成道者巴氏。一派都尊为吐蕃王朝的古辛，弘扬本教功不可没。有巴·敦巴确（སྤ་སྟོན་སྤ་མཆོག）和辛钦·鲁噶（ག་ཤེན་ཆེན་ཀླུ་དགའ）两位，巴敦后来到直地方掘藏，这一派也随之分裂。“从中可以看出巴氏为较早的重要的一派，出现过成道者囊杰喇钦等，为本教的发展起到巨大作用。又在《本教源流弘扬明灯》中记载：”巴氏为亚美的徒弟巴·伟色坚赞（སྤ་འོད་གསལ་རྒྱལ་མཚན）预言道：‘祖辛杰的转世巴氏伟色赞，到了辛敦南卡的弟子巴·云旦坚赞，唐巴伟杰的转世巴敦云旦，逐渐形成该派。’他的弟子索南班旦，曰：‘在白拉当山的东方，有成事者取宝，名为班旦。’他的弟子巴·杰瓦罗追，曰：‘吾逝世后，在安多下部生为仲姆哈如者。’又有说法为辛·索南坚的弟子巴·班旦桑布（དཔལ་ལྡན་བཟང་པོ），或李旭松的转世为巴·班旦桑布，他的弟子为师尊坚赞（རྗེ་བཙུན་རྒྱལ་མཚན）、连敦·索南坚赞（སླན་སྟོན་བསོད་ནམས་རྒྱལ་མཚན）两人。赛托吉江的转世为坚赞白，或连的转世索南坚赞，班旦桑布一生致力于本教的传承。“由此可以看出巴氏从亚美弟子巴·伟色坚赞开始传承，在佛教后宏期，教徒众多、寺院云集，雍仲本教得到了前所未有的发展。

二、巴氏的主寺

1. 尼囊达吉寺

藏历水马年（公元922年）修建，为较早的本教寺院，后来逐渐走向衰败。

2. 拉堆南的拉普德庆岗寺

藏历水马年（公元1234年）由巴敦·杰瓦谢热（སྤ་སྟོན་རྒྱལ

བ་ཤེས་རབ་）创建，又有人称此寺由班旦桑布（དཔལ་ལྡན་བཟང་པོ་）修建。在此兴起了本教的典籍学习，出现了巴·顿珠崩桑（སྤ་དོན་གྲུབ་འབའ་བཟང་）、班旦桑布、尼白桑布（ཉིད་དཔལ་བཟང་པོ་）等十三位高僧，大兴本教，后来逐渐断了该派的传承。

3. 巴仓雍仲热旦林

藏历火羊年（公元 1867 年）由巴敦·雍仲囊桑（སྤ་སྟོན་གཡུང་དྲུང་ནམ་བཟང་）修建，雍仲囊桑开始为霍儿主的上师。本教史书中载，大师把主寺从藏区上部迁移至下部。如今的霍业太巴仓寺为巴敦·雍仲囊桑（སྤ་གཡུང་དྲུང་ནམ་བཟང་）在该地讲经说本时，看到了该地无与伦比的自然环境后所修建的。最初只有六柱的大殿，到了尼玛真色和尼玛崩桑（ཉི་མ་འབའ་གསལ་）时期，印刷了完整的《甘珠尔》兴修了赛康殿及各大德的灵塔等，到了巴敦·雍仲丹巴主扎（གཡུང་དྲུང་བསྟན་པ་འབྲུག་གྲགས་）时期又修建了三层大殿、佛塔、辛饶大师铜像等，还修建了二十多柱吉祥多门塔、灵塔和杰瓦加措、谢热·玛伟僧伽等僧人的铜铸巨大灵塔，以及主殿众多的内供佛等，对雍仲本教的发展起到了重大作用。

巴仓的传承为雍仲·南卡桑（སྤ་གཡུང་དྲུང་ནམ་བཟང་）、巴敦·南卡珍桑（སྤ་སྟོན་ནམ་མཁའ་སྒྲོན་གསལ་）、巴敦·尼玛崩桑（སྤ་སྟོན་ཉི་མ་འབའ་གསུམ་）、巴敦·雍仲丹巴主扎。此外对巴仓寺的修复工作呕心沥血的住持巴喇嘛·达瓦坚赞（སྤ་བླམ་ཟླ་བ་རྒྱལ་མཚན་）和丹巴主扎（བསྟན་པ་འབྲུག་གྲགས་）两位虽不是巴氏的世袭，但对该派的弘扬立下了丰功伟绩。

第六节　智者米吾仓的世袭和主寺

一、米吾仓的世袭

《本波论世》载:"智者米吾仓的世袭来源于天神业仓坚大神,此神有二子为玛和米吾,米吾后代昂兰杰补修炼了灼法,骑白青龙从岗底斯山降到了雅砻,当上了聂赤赞普的古辛,又到了叶如香地方繁衍了米吾·堆瓦尊(མེའུ་འདུལ་བ་བཙོན་)和雍辛托噶(གཡུང་གཤེན་ཐོད་དཀར་)两人,在雪地方分为上下两派,上部的发展如日中天,下部由雍辛之子米杰伦布(མེའུ་རྒྱལ་གྱི་ལྷུན་པོ་),其子三人,其子东恰(སྟོང་ཆབ་)和白东(བད་སྟོང་),东恰有三子的次子米吾·若巴本(མེའུ་རོག་བལ་པོན་),其子喇日年布或玛伟僧伽,其子为赛喀喇嘛,其子塔达释迦丹,他长子称为米吾大修行巴。"虽然米吾世袭来源掺杂了许多神话色彩,但也不乏历史的真实成分,在《本教源流弘扬明灯》中有这样的记载:"米吾世袭为松巴崔罗的弟子至尊门更,其子那卡的化身为玛敦杰列,米鲁桑列的化身为香大师催城坚赞,他的弟子众多,有松敦拉崩,弘心部本教,他的弟子松敦堆瓦桑布白,由此,主、旭、巴、米吾、辛等派扬正派于雪域大地也。"米吾氏的许多大德,把本教弘扬于整个藏区。

二、米吾氏的主寺

1. 叶如香古雪寺

藏历火猴年(公元1046年)由米吾·敦喇日兴建,出现了众多的追随者,大兴本教的言、教、身、修、闻等法。在赛阔·罗杰布、赛喀喇嘛兄弟二人、米吾·益西坚赞等人的传播下,该派流传了两百多年，后来均遭毁灭，在三百多年前就已经荡然无存。

2. 香措聂嘎布岩寺和吴域扎噶寺

藏历铁鼠年（公元1060年）前后为至尊当巴贡赞的道场，同时在以吴域为主的上部桑桑、朵、穆、吉、达那和卫部的堆龙、旭、尼木，北部的纳木错、当雄、支那等地，至尊和四大弟子修建了无数本教寺院，后来均遭毁灭，如今只剩其名。

3. 尼木吉祥桑日寺（又称伦朱同门林寺）

藏历火鸡年（公元1096年）由米吾·大德崔成白钦桑布修建，广收弟子讲授了《般若部》等典籍，盛行内外密宗修炼。此后，住持搬迁至香门贡地方，在该寺历程中先后出现了巴敦·伟色坚赞的弟子香敦唐巴、香敦·崔成洛丹、松敦拉崩、松敦·堆瓦桑布、松敦桑布白及大德·坚赞确列、绒敦·谢热伟色等四十多位高僧的传承教法，如今该寺依然有五十多位僧人，寺内有珍贵的本教护法神的壁画。

4. 尼木帕布寺

修建于藏历火鼠年（公元1096年），琼郭巨雍大师等高僧曾在此讲经，后来成为该派的主寺。

5. 香措聂门贡寺

白钦大德和怙主玛敦父子时期修建，巴辛松钦巴也在此讲经、修法。后来在玛敦·杰瓦参见、松敦·堆瓦罗追、克尊·谢热罗追、玛敦·扎巴坚赞等大师的努力下，一时广行本教，后来走向衰败。

第七节 琼氏的世袭和主寺

一、琼氏世袭

《本波论世》载:”琼氏源于普贤上师的化身日囊·伟吉杰布为了救众生于轮回,化成了大鹏鸟降生于象雄的喀域梅朵蔡地方,孵四颗卵,分别为琼噶托拉白、琼塞拉隆、琼帕查木和穆琼坚四子。四人各自执掌修建灵魂石城、灵魂殿及灵魂湖等地,修建了一百二十八座琼波吉大殿:郭喇琼坚修建了索瓦琼喇殿、塔达琼帕殿,查穆修建拉孜贡南殿,穆琼坚修建了八大大殿,整救众生于苦海,鞠躬尽瘁、功不可没。“

从上述琼氏的源流可以看出,他们一脉传承当过象雄王室的古辛,到了第一代藏王聂赤赞普时期,藏地大兴本教,象雄的许多古辛都到了卫地当上了雅砻王室的上师,出现了君辛联合执政的形式。到了直贡赞普时期,赞普灭本后,布带贡杰吸取了父辈的教训,从象雄迎请穆琼和喇琼等琼氏派的高僧,为本教在藏地的发展作出了前所未有的贡献。穆琼生二子;达扎敦赞和白吉格底。达扎敦赞迎请众多本教大德到藏地,翻译了许多本教典籍。白吉格底子确吉珍玛·崩扎苏、其子扎杰、其子勒衮、其子琼波·杰钦达迈、其子热桑·鲁杰罗。达扎·敦赞子赞扎敦赞、其子杰囊苏子、其子东巨日穆与琼·杰达拉杰两人,达拉·杰子琼波乃觉、其子琼波米拉主或又称谢热坚赞,其子为闻喜,也就是噶举派祖师,得道者的米拉热巴也。

塔达·琼帕查穆在白若杂那时期到了金川地区娶当典玛

为妻，生布雍仲等人，在该地方大兴本教，到了佛教后宏期，琼氏派的众多教徒在全藏范围弘扬本教，兴建众多该派的寺院，琼氏本教风靡一时，如今许多寺院早已名存实亡。

二、琼氏的主寺

1. 索嘉桑雍仲林寺

该寺兴建于佛教后宏期，相传该寺出现过众多琼氏高僧，但具体情况史书均不详。后来在准噶尔侵藏的战争中全寺被毁于战火。

2. 琼噶扎玛日敦寺

大修行者尼玛坚赞在此修行时并无寺院，在噶如官的资助下兴建了小型修行观，后来逐渐成为琼噶派的主寺。尼玛坚赞大师、美朗坚赞、晋巴坚赞、衮噶坚赞和崔成坚赞等高僧大德都曾经在此讲经收徒。

3. 谢囊雍仲白日衮寺

藏历木兔年（公元1735年）由主系云旦嘉措修建，该寺为历代琼波氏的主寺，在白日修行者嘉扎·雍噶仁波切齐和绥巴·仁波切时期，该寺就已经声名远扬。该寺的琼波氏系由贡嘎伟旦，约与佛祖释迦摩尼同时，又到玉扎宁布、扎巴坚赞、伦朱坚赞、雍仲彭措、雍仲丹增彭措，如今的传承已到一位四岁多的琼氏小活佛。

该寺四周的朝拜圣地，后有旺波大雪山为章喀南卡、次旺仁增和莲花生大师的修行地，西边为亚赛山，东边为热东山，前有边尼日山及布唐湖泊。该寺位于谢雄河的东边，旺波大雪山的前面，四周云雾环绕、景色优美、鸟语花香，实乃独特的本教圣地。

4. 琼波丁青寺

又称琼噶·雍仲丹杰林寺，于藏历铁牛年（公元1061年）由琼波·谢热坚赞大师兴建。最初大师从安多到了丁青地方，该地的汉室土王尼玛主扎心想，上天的旨意或个人意愿，吾教应在琼波地方要大兴，欲请琼波·谢热坚赞大师，但大师当时已到了赤朵马地方，并在该地的琼赤唐地方广授教法。大师后来才到达丁青，兴建了显密无别的衮确林和丹杰林两座殿堂。丹杰林为戒律院，此院出现过众多的持戒律者。衮确林为密宗院，也出现了无数密宗大德。此时，尼玛主扎对大师曰：”吾汉室佛法在汉地，吾亦应前往汉地，该寺有大师住持为妙。“大师又曰：”贫僧早已云游四海，不懂得管理之事。就让自己的亲戚阿拉住持该寺。尼玛主扎把一切交给阿拉后返回汉地，琼波·谢热坚赞到了怒江边就圆寂。在拉噶大师的管理下，丁青寺远近闻名，大师于六十二岁圆寂。拉噶大师有四妃，其中的旦撒妃生有琼业杰瓦、旺朱杰和囊巴江谢三人。长子琼业杰瓦受戒出家，得到了不畏金刚和金刚杵等护法神的灌顶，弘扬本教直到七十岁之年。绒穆撒妃所生之子索南坚赞和仲钦·南卡坚赞两人和后来的仁青坚赞、达巴章松、克尊敦旦、丹巴坚赞、益西坚赞、伦朱·索南旺杰和旺吉坚赞等高僧都曾住持过该寺，使该寺成为重要的本教丛林。该寺的四周均为奇山圣湖，是广大本教徒朝思暮想的修身养心之地。

5. 琼波噶列雍仲寺

该寺位于念青唐拉南部，怒江和澜沧江的源头之地，也是本教重要史书《辛饶米沃齐详传》的撰写之地。南卡雍仲、比如本松和达擦·坚赞雍仲等高僧都曾在南卡雍仲讲经说法。于藏历铁鸡年（公元1381年）三月三日举行此寺兴建开工的仪式；藏历木狗年（公元1454），扎杂亚聂·索南坚赞大师修建了中心大殿等，形成较大规模。本寺是显密结合的本教重寺。

由于该地狭小，大师伦朱嘉措于藏历铁鼠年（公元1564年）将寺院迁移，并修建了中央大殿，内供本尊神像又设立了辩经制度。虽然当时只有二十五名僧人，但该寺在整个本教史上的地位非常显赫，先后出现过怙主丹巴主扎、伦朱喜（ལྷུན་གྲུབ་བཞི་）、雍仲米喜（གཡུང་མི་ཞིག）、益西·杰瓦崔成（ཡེ་ཤེས་རྒྱལ་བ་ཚུལ་ཁྲིམས）、索南伦朱（བསོད་ནམས་ལྷུན་གྲུབ་）、索南益西（བསོད་ནམས་ཡེ་ཤེས་）、崔成坚赞（ཚུལ་ཁྲིམས་རྒྱལ་མཚན་）、达瓦扎（ཟླ་བ་གྲགས）、彭措坚赞（ཕུན་ཚོགས་རྒྱལ་མཚན་）、丹增扎巴（བསྟན་འཛིན་གྲགས་པ་）、尼玛旦杰（ཉི་མ་བསྟན་རྒྱལ་）和雍仲坚赞（གཡུང་དྲུང་རྒྱལ་མཚན་）等高僧大德。

藏历木虎年（公元1914年），藏军头目达纳和他的军队焚烧了该寺，后来由那曲总管扎巴南杰出资对该寺进行了修复。该寺虽然有过很多的历史变迁，但在历代高僧的努力下，其独特的显密心幻传承流传至今，成为重要的雍仲本教主寺。

该寺四周圣地就像在《辛饶详传》中记载的那样，有奇特的岩石、六字真言的天成像、雍仲符号天成像等，还有章卡南卡的修行洞和次旺仁增（ཚེ་དབང་རིག་འཛིན་）的修行观等。该处不仅有独特的天葬台，同时还遗留着土葬的痕迹。

如今丁青境内有孜朱修行洞、杰塞央宗洞、琼波那如桑旦林和琼波郭衮寺等琼氏主寺。总之，上部有主、旭、巴和米吾四氏及辛氏等五派，中部的琼波白、黑和黄（ཁྱུང་པོ་དཀར་ནག་སེར་）三派，下部的布波和雍仲四子，诞生了众多高僧大德。他们对本教的发展乃至整个藏族文化的发展起到了巨大的推动作用。除了上述的六大派系之外，在佛教后宏期，新旧本教已经拥有五百多座寺院，这些在各种本教典籍中均有所记载。随着本教在政治上的失利，教法的传承也受到了打击，尤其在准噶尔入侵时，众多本教寺院遭受了灭门之灾。据统计，如今在西藏自治区只剩下了八十六座本教寺院，其中那曲地区有二十四座，昌都地区有五十三座，林芝地区有两座，阿里地区有一座，日喀则地区有五座，拉萨市一座。它们的历史及现状详载于本人撰写的《西藏本教寺院的历史与现状》一书中。

第六章　宁玛教派史

藏传佛教各派的名称由来，有些是按照各派兴起之地而取，有的按祖师姓氏而取，有的按道、见、修而得名。在此，首先讲述宁玛派的源流。

第一节　宁玛派名称的由来和新旧密宗之分

藏传佛教各派中宁玛派的历史源远最长。当今的一些研究者对“宁玛”一词有两种解释，其一为宁玛派在各教派中传入最早，因而为“古老”之意，另一则根据密宗传承的新旧之分来得出“陈旧”（即“རྙིང་པ་”）之意。其他学者将“古老”和“陈旧”两种概念混淆尚情有可原，但是一些本土学者竟然把两种概念相互混淆实乃笑柄。取名为“宁玛”，体现了祖先的良苦用心，藏语“宁玛”（རྙིང་མ་）为源远流长之意，是佛教史上具有举足轻重地位的教派之名。在密宗的新、旧之分上也只有“桑阿宁玛”（旧密）之称，并无“桑阿宁巴”（གསང་སྔགས་རྙིང་པ་）之说。“宁巴”在藏语中有过时、陈旧之意，因此，宁玛派也绝不会把自己的教派命名为“宁巴派”。

密宗在新旧之分上有许多分歧，《隆钦教法史》中道：“所谓新旧之分是指，从金刚座（རྡོ་རྗེ་གདན）翻译的为新密，从乌扎那（ཨུ་རྒྱན）翻译的称为旧密。从空行母（མཁའ་འགྲོ）传承的为新密，由持明者（རིག་འཛིན）传承的为旧密。也有观点认为，由因乘金刚持（རྒྱུའི་རྡོ་རྗེ་འཆང་）传为果乘金刚持的称新密。定为实有，果乘金刚持修圆满的理论为旧密。由持金刚延续的为新密，普贤佛延续的为旧密等。各说法都无严谨之论据，尤其是持金刚和普贤佛为同一性，不能辨别也。”《土观宗派源流》中载：“在显教方面，无新旧之分。新旧二派之说，乃是纯粹以密教宏传情形来划分的。对于这个新旧划分，其说法颇不一致，最著名的说法，是指以班智达弥底（པཎྜི་ཏ་སྨྲྀ་ཏི་）来藏以前所译续部，则称为旧派密咒；仁钦桑布（ལོ་ཙཱ་བ་རིན་ཆེན་བཟང་པོ་）译师以后所译续部，则名为新派密咒。那么《文殊根本续》亦在赤松德赞时所译，应当承许其为旧续，可是那些善为判分续部的大师，又认为它是新续，其理何在？可见这种说法还值得研究。新译密咒初期，虽应以仁钦桑布译师为首，然而卓弥、桂、安达玛巴等亦应属之。”综上所述，在密宗新、旧之分上各学者的意见不一，总体上可以归纳为三，分别是师传上的分类，密宗内容本身的分类，以及翻译典籍方面。较为通用的是以翻译典籍来划分，大班智达米扎·占巴益西（མ་ཧཱ་པཎྜི་ཏ་སྨྲྀ་ཏི་ཛྙཱ་ན་པ་ཡེ་ཤེས་གྲགས་）之前的称为旧密，大译师仁青桑布（ལོ་ཆེན་རིན་ཆེན་བཟང་པོ་）、卓米译师（འབྲོག་མི་འགོས་ལོ་ཙཱ་བ་）、桂译师和玛尔巴（མངའ་བདག་མར་པ་）译师等人翻译的则称为新密。但是在古天竺只有无上瑜伽部乘，而无新旧之分。密宗的新、旧之分也是佛教传入藏地后才出现的。

第二节　宁玛派的由来

在许多藏文典籍中记载，佛教在拉托托日年赞时期开始传入，松赞干布时期开始兴起，赤松德赞时期得到了发展。于藏历水蛇年(公元333年),班智达·洛桑措(པཎྜི་ཏ་བློ་སེམས་འཚོ)和译师李天师(ལོ་ཙཱ་བ་ལི་ཐེ་སེ)两人携《诸佛菩萨名称经》(སྤང་སྐོང་ཕྱག་རྒྱ་པ)、《宝箧经》(མདོ་སྡེ་ཟ་མ་ཏོག)、《百拜忏悔经》、《观音二十一续经》(སྤྱན་རས་གཟིགས་མདོ་རྒྱུད་ཉེར་གཅིག)和六字印模(ཙིན་ཏཱ་མ་ཎིའི་སྐོས་ཐོར)及金塔(གསེར་གྱི་མཆོད་རྟེན་མུ་དྲའི་ཕྱག་རྒྱ)等佛教本尊神物到了藏地,为藏地传入佛教之始。但是在本教的影响下,未能进一步传播佛教,上述器物皆供奉在宫殿之内,取名为“神秘玄物”。尼吾·班智达(ཉེལ་པ་པཎྜི་ཏ)称:“本教徒崇天而故称为从天而降之物。”从那时候起一直到松赞干布部的三百多年时间里,佛教没有什么实质性的传播,藏地文化还是以本教为主流文化。但是,本教的有些史书称“当时流传着少许的慈悲法(ཐུགས་རྗེ་ཆེན་པོ)”,应属事实。到了松赞干布时期,在内外条件成熟的情况下,佛教才有了真正的开始。松赞干布分别从两地迎娶两位信佛的妃子,雪域遍地是吟诵观世音功绩之经,并有许多修行佛法者。此时,汉地大和尚摩诃·德瓦次(ཧྭ་ཤང་མ་ཧཱ་དེ་བ་ཚེ),尼婆逻大师喜拉玛祖,天竺大师汨撒热(ཀུ་ས་ར),襄噶大行者(བྲམ་ཟེ་ཤང་ཀར),克什米尔的达努大师(ཁ་ཆེ་ཏ་ནུ),尼婆逻的大德希拉玛祖(བལ་པོ་ཤི་ལ་མཉྫུ),哈西·摩诃德瓦(ཧ་ཤི་མ་ཧཱ་དེ་བ)以及藏地的吞米桑布扎(ལོ་ཙཱ་བ་ཐོན་མི་སམ་བྷོ་ཊ)、达玛郭夏(དྷརྨ་ཀོ་ཤ)、拉隆·多吉白(ལྷ་ལུང་རྡོ་རྗེ་དཔལ)等人翻译了《宝箧经》、《月炬经》、《宝云经》和《般若十万颂》等,主要内容为观音二十一显密经。后又过了五代即赤松德赞时期,天多有灾难,红山遭雷击,彭唐宫被水迈,本教借此机会打击佛教。虽然天竺的高僧静护(མཁན་ཆེན་བོ་དྷི་སཏྭ)到了藏地也没能振兴佛教。静护对赞普道:“吾慈悲降不了藏地妖魔(ལྷ་སྲིན་གདུག་པ་ཅན),要从西方乌扎那地方迎请莲花主(དགེ་སློང་པདྨ་སམ་བྷ)。”莲花生(པདྨ

འབྱུང་གནས）在前往藏地的途中先后降服了象雄扎拉·穆杂米（དགྲ་ལྷ་མུན་ཙ་མེད་）、本神·南拉米噶（བོན་ལྷ་གནམ་ལྷ་དཀར་མོ་）、岗噶夏美（གངས་དཀར་ཤ་མེད་）、独眼金刚母（རྡོ་རྗེ་སྤྱན་གཅིག་མ་）、十二旦玛（བསྟན་མ་བཅུ་གཉིས）、十二亚玛（ཡ་མ་བཅུ་གཉིས）、亚拉香布（ཡར་ལྷ་ཤམ་པོ་）、本神德迥（བོན་ལྷ་བདེ་འབྱུང་）、念青唐拉（གཉན་ཆེན་ཐང་ལྷ་）、达灭（སྟག་སྨན་ཁྱི་གདོང་）等众多本教的护法神和夜叉，将他们归降法下，成为佛教的护法神。佛、本进行了辩经后本教失利，佛教势力修建了桑耶等佛教寺院，迎请了达玛·噶日达（སློབ་དཔོན་ཆེན་པོ་དྷརྨ་ཀཱིརྟི་）、毗玛拉·米扎（བི་མ་ལ་མི་ཏྲ་）、显嘎巴（ཤན་ག་རྦ་）、毗旭斯哈（བི་ཤུདྡྷ་སིཾ་）等显密法师，白若杂那（བཻ་རོ་ཙ་ན་）、阿难达（ཁ་ཆེ་ཨཱ་ནནྡ་）、旦玛孜芒（འདན་མ་རྩེ་མངས་）、聂·泪玛热（གཉགས་ཛྙཱ་ན་ཀུ་མཱ་ར་）、玛·仁青乔（རྨ་ཨཱ་ཙཱ་རྱ་རིན་ཆེན་མཆོག་）、昆·鲁益旺波（འཁོན་ཀླུའི་དབང་པོ་）、噶哇白孜（ཀ་བ་དཔལ་བརྩེགས　）、巨若·鲁伊坚赞（ཅོག་རོ་ཀླུའི་རྒྱལ་མཚན་）、祥·益西（ཞང་སྣ་ནམ་ཡེ་ཤེས）九人翻译了显密典籍。被称为九大译师。《土观宗派源流》载：“由此看来旧派密咒的法门，除松赞干布之世，有其小部分外，大部分是从赤松德赞时开始的。法系的来源主要固然是由莲花生大师（སློབ་དཔོན་པདྨ་འབྱུང་གནས）传出，但由上说诸大师所传出的亦是很多。”松赞干布时期，开始了佛教的发展，从汉地和天竺迎请班智达和译师，吞米·桑布扎等藏人也翻译了众多典籍，但是以显宗典籍为主，密宗的发展是由莲花生大师开始的。《土观宗派源流》载：“有些人说：‘莲花生大师入藏，仅住数月。即在藏时，亦只作了收伏天魔和为桑耶寺开光而已，未广传法要。莲花生大师回去后，有一外道，伪装为大师，头插鹫羽，身作近世人称作叫邬坚·萨霍玛（ཨོ་རྒྱན་ཟ་ཧོར་མ་）的装束，来到藏地，宏扬各种旧派法要。’此语显然是诽谤之辞。或说旧派教法，都是古汝却旺(法自在)所造,现在说的‘邬坚·萨霍玛’,就是却旺的装束。按却旺乃晚近所出之掘藏大师,连时间上相差很远也不知道,真是无稽之谈。”

实际上,莲花生大师到了藏地后,利用密法降服了许多藏地本教神魔,因此在宁玛派本跟的纯正问题上有许多说法,如在《土观宗派源流》中就有“旧派的法要,是完全纯正呢,或不是完全纯正,或正不正略有混杂,究竟如何?据仁钦桑布(ལོ་ཆེན་རིན་ཆེན་བཟང་པོ་)译师的《辨法与法论》,拉喇嘛·意协畏(ལྷ་བླ་མ་ཡེ་ཤེས་འོད་)、希瓦畏(静光)(ཞི་བ་འོད་)、咱米译师(ཙ་མི་ལོ་ཙཱ་)、洽译(ཆག་ལོ)师等人的书简,俄译师的《蒺藜论》、萨班(ས་པཎ་)的《三律仪差别论》诸书中,虽未明说旧派之过失,但对藏地所流传的宗派,不纯正的均加以驳斥,隐约中亦有一二语暗刺旧派之处。桂·库巴拉泽(天救)(འགོས་ཁུག་པ་ལྷས་བཙས་)、止贡白增(祥持)(འབྲི་གུང་དཔལ་འཛིན་)也提出了许多论点,证明旧派之法为不纯正。释迦乔丹(ཤཱཀྱ་མཆོག་ལྡན་)、迦玛巴·米觉多吉(不动金刚)(ཀརྨ་མི་བསྐྱོད་རྡོ་རྗེ་)等亦附合其说。”的记载。因此,有的教派认为宁玛派的本根不纯,掺杂着外道的见行,故而视其为外道。

当今国内外研究者对莲花生降魔一事有许多看法,有些学者认为他结合了佛教的密宗、天竺的外道咒术和本教的密咒而降服了各路本教护法神;另外一些学者则说莲花生大师开创的佛教宁玛派是建立在外道和本教许多密咒的基础之上,因此不属于纯正的佛教派别等,说法纷纭。许多人认为,大师到了藏地后,利用佛教密宗的咒术而降服各路妖魔,开创了旧密时期,宏传佛教。但是,在许多本教典籍中,尊父章卡南卡(ཡབ་དྲན་པ་ནམ་མཁའ་)、圣子次旺仁增(སྲས་ཚེ་དབང་རིག་འཛིན་)和上师莲花生三人均为本教徒崇敬的对象,至今在许多本教寺院也随处可以见到莲花生大师的塑像,教徒们并顶礼膜拜。

第三节　宁玛派的传承

密宗宁玛派的传承包括诸佛密意传、持明表示传、补特伽罗耳传、亲承语旨的授记传、有缘掘藏传、发愿的印付嘱传六种。大致上分为远传经典、近传伏藏、深净传承三类。此三种传入雪域后被称为幻、集、心三部。

一、远传经典派

幻、心、经三大部的师传尤为严谨,赤松德赞(ཁྲི་སྲོང་ལྡེ་བཙན)时期,由天竺大师毗玛拉·米扎(སློབ་དཔོན་བྲི་མ་ལ་མི་ཏྲ)讲授给玛·仁青乔(རྨ་རིན་ཆེན་མཆོག)。《土观宗派源流》载:“其中《幻变秘密藏续》类是无垢友传玛·仁钦乔而译出。玛又传给祖茹·仁钦迅努(རིན་ཆེན་གཞོན་ནུ)及吉热乔炯(ཀྱེ་རེ་མཆོག་སྐྱོང),此二师又传达吉·白吉扎巴(དར་རྗེ་དཔལ་གྱི་གྲགས་པ)和祥·杰卫云丹(ཞང་རྒྱལ་བའི་ཡོན་ཏན)二人。向所传者名要门传。达吉在康、藏、卫各地宏传教授,后遂分为卫派和康派两派。”《幻变秘密藏续》最初是由毗玛拉大师翻译给玛仁青乔,而译师玛仁青乔为赤松德赞时期“七试人”之一,也是九大译师之一,他对密宗的传播、弘扬做出了巨大贡献,在朗达玛灭佛后,装扮成女人藏于后藏吴域地方九个月之久,最后被杀于河边。毗玛拉大师又把该经典讲授给鸠摩罗(གཉགས་ཛྙཱ་ན་ཀུ་མཱ་ར),后来聂、努、素三人成为密宗传播的最大功臣。《隆钦教法史》中有记载称:“密宗传承早为聂、次为努、最后为素氏。”

1、鸠摩罗

鸠摩罗(གཉགས་ཛྙཱ་ན་ཀུ་མཱ་ར),父为聂·达扎拉囊(གཉགས་སྟག་སྒྲ

ཉ་སྣང་)，母为苏萨·卓玛吉(ཡུམ་སུ་བཟའ་སྒྲོན་མ་སྐྱིད་)，出生于雅砻地方，他的原名叫杰瓦罗追(རྒྱལ་བའི་བློ་གྲོས)，聂戛纳·汩玛热是法名。他在莲花生大师、毗玛拉大师(བི་མ་ལ་མི་ཏྲ)、白若杂那(བཻ་རོ་ཙ་ན་ཆེན་པོ་བཻ་རོ་ཙ་ན)大译师、努·南卡宁布(སྣུབས་ནམ་མཁའི་སྙིང་པོ་)法师和擦瓦绒的玉扎宁布(གཡུ་སྒྲ་སྙིང་པོ་)等处学习了显密典籍，成为了精通显密的大家。《隆钦教法史》："通显密二教者，胜言、其生起次第和圆满法乃四大法流之汇，集四大法源于一身者只有聂大师一人。"聂大师的弟子犹如夜空繁星之多，其中以四大支柱最为出名，即索伯益西(སོག་པོ་དཔལ་གྱི་ཡེ་ཤེས)、占·白吉宁布(གྲུ་དཔལ་གྱི་སྙིང་པོ་)、塔桑·白吉多吉(ཐག་བཟང་དཔལ་གྱི་རྡོ་རྗེ་)、卧章·白吉勋努(འོ་བྲན་དཔལ་གྱི་གཞོན་ནུ་)。又有史书称有八大弟子，他们是称智慧者三人的绕赛·仁波切(རབ་གསལ་རིན་པོ་ཆེ)、塔桑·白吉多吉、促那·益西白玛(མཚུར་ནག་ཡེ་ཤེས་དཔལ་མོ་)；称五大心诀主的卫地的格西·帕巴西饶(དབུས་ཀྱི་དགེ་བཤེས་འཕགས་པ་ཤེས་རབ་)、洛域的汩苏鲁·确吉西饶(ལྷོའི་སྤྲས་ཀུ་སུ་ལུ་མཆོག་གི་ཤེས་རབ་)、康区的白吉宁布(དཔལ་གྱི་སྙིང་པོ་)、亚卓索伯·白吉益西(ཡར་འབྲོག་སོག་པོ་དཔལ་གྱི་ཡེ་ཤེས)、尼木卧占·白吉勋努(སྙེ་མོའི་འོ་བྲན་དཔལ་གྱི་གཞོན་ནུ་)。聂大师同时把《珍宝极乐续》、《智慧法轮密根续》和《大圆满法续》、《智慧密宗空行母续》等讲授于阿若·益西窘乃(ཨ་རོལ་ཡེ་ཤེས་འབྱུང་གནས)而形成康派。《隆钦教法史》："阿若康派的六大部为阿若外类、内类、密类、肋痛类、部类和转世类。外类为大乘瑜伽部等、内类的显论注释为白若杂那求的法、密类为宝集类与七续部等，肋痛类有大中小三种，类部有四十二种，转世类为因阿若转世的降生而出现的心诀。"中可见详略。聂大师传给了娘·却热勋努(ཉང་མཆོག་རབ་གཞོན་ནུ་)，形成了娘派。大师又传给索伯白吉益西而成立了绒派。绒派又有四大派别，索伯·白吉益西传授给郭敦·谢热益西(སྒོར་སྟོན་ཤེས་རབ་ཡེ་ཤེས)的一派命称为郭派。

2、努·桑杰益西(གནུབས་སངས་རྒྱས་ཡེ་ཤེས)

父努拉列(སྣུབས་ལྷ་ལེགས)、母聂穆达娃(གཉགས་མོ་བློ་བ་)之子的努桑杰益西生于昂旭之地,七岁已能熟读经书,十一岁开始在大学者索伯·白吉益西、卧臣白吉勋努、扎·白吉宁布和聂·阿杂热白央(གཉའ་ཨཙྪ་ར་)等处学习各种显密经典。尤其成为鸠摩罗的得意门生,又到尼婆逻拜谒了天竺十一大师,还拜见了主夏的大译师齐赞奇(ཙེ་ཧྲུ་བ་ཆེ་བཙན་སྐྱེས)、天竺的大师达玛·菩提(དྷརྨ་བོ་དྷི)、祖拉·白吉格(གཙུག་ལག་དཔལ་གྱི་དགེ)、尼婆逻的苏达热拉(ཛོ་བོ་བ་སུ་དྷ་ར་ལ)等众多得道者,并翻译了许多密宗续部和护法心要的心诀,详细记载于《努氏传》。后来他到了努地,为了在藏地弘扬佛法而在此地历尽千辛。《隆钦教法史》中记:"大圆满法的续部和律部包括,上乘之法乃六加行、五次第、道果等相结合的修道次第,天竺的毗玛拉米扎(བི་མ་ལ་མི་ཏྲ)、乌扎那的莲花生、尼婆逻巴·苏达热(སུ་དྷ་ར)及鸠摩罗传授之精华。"他在天竺和尼婆逻等地苦学经典,把当地盛行的密宗典籍传授于藏地,又到天竺、拜十一智者,于一百二十岁时圆寂,详传见于《隆钦教法史》。

大师弟子多如繁星,其中以五大弟子最为著名,即索·益西旺久(སོ་ཡེ་ཤེས་དབང་ཕྱུག)、巴郭·大臣帕巴(པ་གོར་བློན་ཆེན་འཕགས་པ་)、丹·云旦确(དན་ཡོན་ཏན་མཆོག)、苏·列白卓美(སུ་ལེགས་དཔལ་སྒྲོན་མ)和库隆·云旦加措(ཁུ་ལུང་ཡོན་ཏན་གྱི་རྒྱ་མཚོ)。大师向他们承传了不同的法要。尤其是库隆·云旦加措在该时期有很高的地位。努大师后,一时间断了密宗的译经,库隆·云旦加措时期迎请天竺大密宗主达纳达玛等人,使佛法的宏传也出现青出于蓝而胜于蓝的景象。

3. 三素尔

三素尔为素·释迦窘乃(ཟུར་པོ་ཤཱཀྱ་འབྱུང་གནས)、素·谢热扎巴(ཟུར་ཆུང་ཤེས་རབ་གྲགས་པ་)、素·释迦僧伽(ཟུར་ཤཱཀྱ་སེང་གེ)三人。三人分别开创、弘扬和传播了佛教的后宏期。

○1 素·释迦窘乃

于藏历水虎年(公元1001 年)兴建了吾巴寺,因而也称吾派。为了继承和弘扬佛法而拜曲隆的娘·益西窘乃(མྱང་ཡེ་ཤེས་འབྱུང་གནས)、杰·贡杰释迦确(དགེ་གོང་གི་ལྡེ་ཤཱཀྱ་མཆོག),玉萨的聂那旺扎(གཉན་ནག་དབང་གྲགས)等智人。并从娘·益西窘乃处学习了幻部和心部、从杰·释迦确处得到了甘露经要,听聂那旺扎为其讲授了密灌和法门心要。又从托噶·南卡弟(ཐོད་དཀར་ནམ་མཁའ་སྡེ་)和旭索·释迦益西(ཞུ་བསོད་ཤཱཀྱ་ཡེ་ཤེས)学习了经部和八卦术等。此时,他把本续与释续相糅合,翻译了修炼法与仪轨,讲授予四平民、五大弟子和一百零八修炼者。四平民为热萨·小香郭、香措聂·桑贡谢热杰布、边·木雅迥扎、拓·叠西嘉措,五大弟子中的杂大师又有八小弟子,罗若、玛通夏杰、达若、杂喇嘛、孙波旺存、卫贡、雍巴珞珈、且敦南卡等人。大弟子乌巴隆时期,聚集卫藏、康区和安多的弟子,广授法要。拉杰乌巴隆(ལྷ་རྗེ་ཨུག་པ་ལུང་)时期,有叫聂仁玛·雍仲扎西的夫妇欲转法轮而聚众人问:“何处寻得大师?”有些人说:“密宗者为宜,有些说佛教僧人为妥,又有些说本教为纯”。最终从三大派别中各迎请一人为上师:即密宗派大师乌巴大师,本教者嘎子,佛教僧人曲米日莫(བཙུན་པ་ཆུ་མིག་རིང་མོ་བ་)。妇又问:“吾要修建大殿,应以哪位大神为本尊?”佛教僧人、本教徒和密宗主三人分别指出为,释迦牟尼(ཤཱཀྱ་ཐུབ་པ་)、辛饶米沃和金刚萨陲

(རོང་ཟོམ་སེམས་དཔའ་)三尊神像并且各自修建神殿。乌巴隆(ཟུར་ཕུག་པ་ལ་ཁུག་པ་ལུང་པ་)与本教大师(བོན་པོ་ལ་ཀེ་ཚེ་པ་)一起修建大殿,为了立镇殿之像而两人又起分歧,最终乌巴隆在卓普地方重新修建大殿,后于藏历水虎年(公元 1062 年)圆寂,衣钵传授予弟子素琼谢热扎巴(ཟུར་ཆུང་ཤེས་རབ་གྲགས་པ་)。

○2 素琼·谢热扎巴

旧密三尊之一的素琼大师生于藏历木虎年(公元 1014 年),自小由素·释迦窘乃的精心栽培,后成为显密大德。他利用长达十三年的时间修炼金刚萨陲心诀,被称为善逝杰博巴。他的弟子中有四大弟子、八大弟子、十六人、三十二智者、二贤者等。其中有精通心部者有觉敦·释迦益西(སྐྱོ་སྟོན་ཤཱཀྱ་ཡེ་ཤེས་),显部主央铿喇嘛(ཡང་ཁེང་བླ་མ་),精通善幻部者有兰·释迦桑布(གླན་ཤཱཀྱ་བཟང་པོ་),功德成就主达帝·觉卧释迦(མདའ་ཏི་ཇོ་ཤཱཀྱ)。八大弟子为玛妥巴(མ་ཐོག་པ་)、杰敦·确吉僧伽(སྐྱོ་སྟོན་ཆོས་སེང་)、兰·释迦降曲(གླན་ཤཱཀྱ་བྱང་ཆུབ་)、杂·释迦日(ཙགས་ཤཱཀྱ་རིངས)、努敦巴玛(སྣུབས་སྟོན་བག་མ་)、卫人萨托(དབུས་པ་ས་མཐོར་)、布顿达扎(བུ་སྟོན་ཟླ་གྲགས)、孜冲江白(རྩེ་ཐོམ་བྱང་དཔལ་),以及央玛赛钦(ཡང་འ་མ་གཟི་ཆེན་)、南巴宁布(ནམ་ཏ་སྙིང་པོ་)、热木敦·杰瓦(ར་མ་སྟོན་རྒྱལ་བ་)、巴郭帝玛(འབའ་སྒོམ་དིགམ་)、崩郭堆卧(བོན་སྒོམ་དོ་བའོ་)、斯旦索杰、巴郭日巴(ཕ་སྒོ་རི་པ་)、本郭帝巴(བོན་སྒོམ་དེ་པ་)等多位弟子。素琼巴宏传密宗之时,藏区所有的修炼者都折服于他精通的法术之下,无不五体投地。桂译师也曾称:“吾本无需向他致敬,但见到他的容颜又不得不向他致敬。”一时传说纷纭。

大师修建塔道观和五类殿两座寺院。于藏历木虎年(公元 1074 年)病逝。

○3 素·释迦僧伽

父素琼·谢热扎巴(ཡབ་ཟུར་ཆུང་ཤེས་རབ་)、母觉赛母·达姆祖多之子,素·释迦僧伽(ཟུར་ཤཱཀྱ་སེང་གེ་),生于藏历木虎年(公元1074年),母亲为其取名为大擦霍布(མདའ་ཚ་ཧོར་པོ་),修建卓普寺后被称为卓普巴·释迦僧伽(སྒྲོ་ཕུག་པ་ཤཱཀྱ་སེང་གེ་)。在母亲与舅舅的照料下在达普地方呆了十五年,后来在吉鲁地方学习修炼三年,十九岁时已名震各地。又迎请多位高僧为他讲经说法,听取了心、幻、经等密宗心要和灌顶,于兰·释迦降曲(སྨན་ཤཱཀྱ་སེང་གེ་)处听取了大圆满法论,又在拉杰·香巴纳布(ལྷ་རྗེ་ཤངས་པ་ནག་པོ་)处学习了大圆满终续等法门,其后到北方弘扬该派的密宗法门,广转法轮。他的弟子及历代大德继续弘扬该派。他有著名的十二大弟子,其中四纳布为素纳阔木(ཟུར་ནག་འཁོར་མོ་)、杰纳·吉喀瓦(རྒྱ་ནག་དཀྱིལ་མཁར་བ་)、娘纳多杰(སྨྱང་ནག་རྡོ་རྗེ་)、杰纳赛斯(ལྕེ་ནག་སད་སེང་ངེ་),四敦为聂敦(ཉེ་སྟོན་)、香敦(ཞང་སྟོན་)、杰敦(ཀྱབས་སྟོན་)、雍敦(གཡུང་སྟོན་),四密为藏巴金敦(གཙང་པ་བྱི་སྟོན་)、藏巴霍布(གཙང་ནག་ཧོར་པོ་)、雍敦杰巨(ཡོང་སྟོན་ལྕགས་ཀྱུ་)、卫巴曲僧(དབུས་པ་ཆོས་སེང་)。上述者的名字在其他史书中有不同的写法,他的许多传闻不再赘述。

在三素尔的艰辛与努力下,密宗在后宏期得到了更大的发展,素释迦僧伽大师于藏历木虎年(1134年)圆寂。

二、近传伏藏派

虽然吐蕃赞普赤松德赞时期佛教在藏地大兴,但是在许多人的心目中雍仲本教仍然占据着绝对的优势,加上佛教具有深奥的理论与系统,一时难以接受,因此莲花生(པདྨ་འབྱུང་གནས)大师等人便把从天竺迎请的佛教典籍伏藏。《土观宗派源流》中载:“莲花生大师及少数具德相大师,为了教化未来众生,将很多修习共与不共两种悉地的教授作为伏藏埋藏,大力加持，令不失坏，付与守藏护法神掌管，并发净愿，愿此法得遇有宿缘的化机。若到取藏之时，则先现取藏的预兆，由谁取藏，应将取藏者的名号氏族、容貌等记在取藏的简扎上。若时地与取藏人一切缘会具备，则将此藏取出，以之普传有缘，称为‘伏藏法’。”详细道出了何谓伏藏、伏藏的内容与将来的掘藏者等等。

近传伏藏为宁玛派的重要传承阶段，但是伏藏非宁玛派一派所独有，在天竺、本教中也有许多伏藏之说，尤其是雍仲本教历程多坎坷，其中的许多典籍也被认为是伏藏。又在《土观宗派源流》中载：“固然有一类名为掘藏者，他们是将自己所伪造之法，先事藏伏，后假作掘取，此纯系伪法；然而发掘的真实伏藏，亦为数甚多，切不可一概加以谤毁！真实掘藏大德，”可以看出从桑杰喇嘛到德庆林巴之间也出现过真正意义上的掘藏者，还有一些人虽不见经传也被可看做是掘藏者，这时期共出现过一百多位掘藏者，其中也包括一些自埋自掘的假掘藏者。在众多真正掘藏者中娘·尼玛伟色（ཉང་ཉི་མ་འོད་ཟེར་）与古汝确旺（ཀུ་རུ་ཆོས་ཀྱི་དབང་ཕྱུག）两人的名字最为响亮。

○1 掘藏之魁娘·尼玛伟色（གཏེར་སྟོན་ཉང་ཉི་མ་འོད་ཟེར་）

父娘敦·曲吉阔鲁（ཉང་སྟོན་ཆོས་ཀྱི་འཁོར་ལོ་）、母白玛德瓦（པདྨ་བདེ་བ་），娘尼玛伟色于藏历木龙年（公元1124年）生于洛扎当旭的孜萨斯地方。幼时就显视出许多与一般孩童不同之兆，在父亲处学习接受了马头明王灌顶，并得到了许多伏藏名录，此后在阔定、桑耶、斯加扎和扎日拉康等地掘出众多伏藏。又在娘敦（ཉང་སྟོན་ཆེན་པོ་）大师、杰疯子敦旦（རྒྱ་སྨྱོན་པ་དོན་ལྡན་）、喜布·尼玛僧伽（ཞིག་པོ་ཉི་མ་སེང་གེ་）和灭·噶哇坚巴（མལ་ཀ་བ་ཅན་པ་）、敦巴卡其（སྟོན་པ་ཁ་ཆེ）等人处学习密宗典籍，娶彭玛为妻而生南卡伟色(ནམ་མཁའ་འོད་ཟེར་)与南卡卫瓦(ནམ་མཁའ་དབལ་བ་)二子,一生勤于密宗的修炼和显教的著书立说,在众多的掘藏者中被称为掘藏者之冠。他还撰写了著名的《娘教法史》,于藏历水鼠年(公元 1192 年)圆寂,享年六十六岁。有的史书载娘·尼玛伟色生于藏历火龙年(公元 1136 年),卒于藏历木鼠年(公元 1204 年)。

娘·尼玛伟色(ཉང་ཉི་མ་འོད་ཟེར་)的弟子南卡·白瓦后来成为他的衣钵传承人,开创了修建拉萨河堤坝之事,又始创了巨幅毛织唐卡。怙主南卡白瓦(འགྲོ་མགོན་ནམ་མཁའ་དཔལ་བ་)有昂达洛丹(མངའ་བདག་བློ་ལྡན་)、昂达堆兑(མངའ་བདག་བདུད་འདུལ་)、聂·扎杰(གཉོས་གྲགས་རྒྱལ་)、悉布堆孜(ཞིག་པོ་བདུད་རྩི་)、门隆巴·米觉多吉(སྨན་ལུང་པ་མི་བསྐྱོད་རྡོ་རྗེ་)五大弟子,各个名震全藏。

○2 掘藏至尊古汝·曲吉旺久(གཏེར་སྟོན་གུ་རུ་ཆོས་ཀྱི་དབང་ཕྱུག)

山南洛扎地方邦敦·主巴宁布(སྤང་སྟོན་གྲུབ་པའི་སྙིང་པོ་)和噶撒衮吉(དཀར་བཟའ་མགོན་སྐྱིད་)之子,古汝·曲吉旺久(གུ་རུ་ཆོས་ཀྱི་དབང་ཕྱུག)诞生于藏历水猴年(公元 1212 年),四岁开始习字和背诵等,从小就闻思本教经典和理论,成为父亲邦敦·主巴宁布(སྤང་སྟོན་གྲུབ་པའི་སྙིང་པོ་)和怙主促敦(འགྲོ་མགོན་མཚུར་སྟོན་)父子的得力弟子,后拜谒了众多的密宗高僧,学习了显、密、伏藏、希解、能断、《那若六法》、《大圆满法》和《大手印法》等。十岁开始修炼新密金刚经及因明、俱舍论、《入菩萨行论》和《喜金刚修炼法》,十八岁从萨迦班智达(ས་སྐྱ་པཎ་ཆེན་)处听取菩提心和注释,后来从"疯僧"处得到了伏藏目录,于二十二岁时即藏历水蛇年(公元 1233 年)获取天书名录、即十八大伏藏、你、本藏等十九种伏藏,因而功勋卓著,得到了全藏僧俗的敬仰。衮钦帕伟、曲伟和布顿大师等人对他更是顶礼膜拜。修建了丛堆故木寺和桑朱德瓦拉康，于藏历水鸡年（公元1273年）圆寂。此后出现了诸多掘藏者。

○3 掘藏之冠热木谢门（གཏེར་སྟོན་ར་མོ་ཤེལ་སྨན）

热木谢门生于前藏亚堆热木地方，从小勤学《大圆满法》，在西扎山、门曲伟色宗等山洞中掘出许多大圆满、医药学和天文历算等典籍。青年时主习医药学而不得志，后来用水疗法治疗疾病，并发明了象皮肿病治疗心诀及药方而闻名。此时诸多班智达和译师到藏，与其进行广泛的思想交流。史书无见其详细生卒年代，约与古汝曲旺（གུ་རུ་ཆོས་དབང་）属同时代。

○4 大掘藏师桑杰林巴（གཏེར་ཆེན་སངས་རྒྱས་གླིང་པ）

父达隆疯子（སྟག་ལ་འགྱུར་པ་སྨྱོན་ལུང་སྨྱོན་པ་）、母阿胡坚（ཨ་ཧུམ་རྒྱན）之子，生于藏历铁龙年（公元1340年），取名仁增（རིག་འཛིན་），五岁时在住持勋努白处受居士戒并取名衮确仁青，在大师仁青处学习藏语基本知识。父去世后云游杂日，在伦朱寺住持强曲多吉（མཁན་པོ་བྱང་ཆུབ་རྡོ་རྗེ་）和释迦益西（སློབ་དཔོན་ཤཱཀྱ་ཡེ་ཤེས་）处受比丘戒并取法号为桑杰桑布（སངས་རྒྱས་བཟང་པོ་），续随两位高僧学习密法。后到了娘布地方拜谒直贡京俄大师等高僧大德。又于宗噶地方苦行修修三年，二十五岁时于布日普穆齐迎请贡堆喇嘛，向大师曲吉罗追供奉伏藏宝物，被称为大掘藏师。此后于松噶苏昌、吉博日、芒布噶达昌、公布、钦域、布日仁青巴瓦、杂日和桑耶钦布等地掘十八大伏藏，也有无数弟子如黑帽噶玛若白多吉（ཞྭ་ནག་ཅོད་པན་འཛིན་པ་ཀརྨ་རོལ་པའི་རྡོ་རྗེ་）、红帽卡迥旺波（ཞྭ་དམར་བ་མཁའ་སྤྱོད་དབང་པོ་）、乃东法王（སྣེ་གདོང་གོང་མ་ཆེན་པོ་）、萨迦索南坚赞（ས་སྐྱ་བླ་མ་དམ་པ་བསོད་ནམས་རྒྱལ་མཚན་）、亚弟班钦（གཡག་སྡེ་པཎ་ཆེན་）、觉顿大师索南桑布（ཇོ་སྟོན་མཁན་ཆེན་བསོད་ནམས་བཟང་

པོ་)、直贡曲吉杰布(འབྲི་ཆུང་ཆོས་ཀྱི་རྒྱལ་པོ་)等人和杰琼巴班旦僧伽(བྱ་ཁྱུང་པ་དཔལ་ལྡན་སེང་གེ་)等众多得道弟子。他在雪域高原广传密法,兴建尼普德庆桑珠(སྙིལ་ཕུ་བདེ་ཆེན་བསམ་གྲུབ་)衮寺作为主寺。他对医药学也颇有造诣。大师在藏历火鸡年(公元1396年)圆寂于伦朱丁(དགོན་པ་ལྷུན་གྲུབ་)寺,享年五十七岁。

○5 大掘藏主吾坚林巴

父尼敦桑达·赤列伦朱(སྨྲས་སྟོན་གསང་བདག་འཕྲིན་ལས་ལྷུན་གྲུབ་)、母喇孜·央坚卓玛(ལྷ་འཛིན་དབྱངས་ཅན་སྒྲོལ་མ་)之子,吾坚林巴小时名叫衮噶·欧珠仁青(ཀུན་དགའ་དངོས་གྲུབ་རིན་ཆེན་དབང་རྒྱལ་),四岁时从父亲处得到了八大圆满密宗灌顶,并在寺院学习藏语,十一岁在五世达赖喇嘛(རྒྱལ་མཆོག་ལྔ་པ་ཆེན་པོ་)处受戒,取名阿旺·白玛丹增(ངག་དབང་པདྨ་བསྟན་འཛིན་),十三岁后咏诵《根本续》、《宝性论》、《心性安息论》和《如意藏本释》等各种心诀。十八岁在亚麻隆掘《持明续》,二十二岁在西扎山洞掘《文殊伏魔金刚经》等。藏历火龙年(公元1676年)兴建敏珠林寺,开创了在各扎仓制作坛城等仪轨,该寺享誉全区,出现过诸多大贤者。

大师约三十岁之年在亚麻隆和桑耶钦布等地闭关修炼,静修三十五本尊神,修炼了大圆满法。藏历木鼠年(公元1684年)开始在拉章曲阔伦布、桑竹林、扎西热旦故崩通珍钦慕等地兴建佛塔和内供,还修建了坛城仪轨殿和密宗殿。

大师的父亲尼敦桑达·赤列伦朱(སྨྲས་སྟོན་གསང་བདག་འཕྲིན་ལས་ལྷུན་གྲུབ་)和五世达赖两人拜见前藏甚深妙道十八大持佛教者和通深教者三十五人,听授如今流传的旧密法门、伏藏名录、一百零八修炼法等言教和胜乐教等诸多显密理论。

五世达赖(རྒྱལ་མཆོག་ལྔ་པ་ཆེན་པོ་)和桑杰嘉措(སངས་རྒྱས་རྒྱ་མཚོ་)也从大师处学习了素氏理论,还有萨迦瓦、帕莫竹巴(ཕག་མོ་གྲུ་པ་)、直贡巴(འབྲི་གུང་པ་)、达隆巴(སྟག་ལུང་པ་)等得道众多弟子,以及在尼婆逻、布丹、锡金也有许多出众的弟子。主要著作有修、《灌坛城等注释》及《言教十五部》等,于藏历木马年(公元1714年)六十九岁圆寂。

此外还有掘藏者多吉林巴(གཏེར་སྟོན་རྡོ་རྗེ་གླིང་པ་)、衮迥林巴(གཏེར་ཆེན་ཀུན་སྐྱོང་གླིང་པ་)、热扎林巴(གཏེར་སྟོན་རཏྣ་གླིང་པ་)、悉布林巴、列杵林巴(གཏེར་སྟོན་ལས་འཕྲོ་གླིང་པ་)和尼玛扎(གཏེར་སྟོན་ཉི་མ་གྲགས་)等众多掘藏师发掘过内明学、医药学及史书等典籍。

三、深净传承

《土观宗派源流》载:"关于甚深净相的定中传承。这乃是已得道者面见本尊,由本尊亲口所说教授,祖祖相承。定传在他派亦有,不过旧派此类传承较多而已。"这乃是已得道者面见本尊,由本尊亲口所传授教授,祖祖相承。他派也有,不过旧派此类传承较多而已。"深静传承为宁玛派三大传承当中重要的一派,即集大成者亲睹本尊,得到法门后用文字记录、传播给一代的传承方式。虽然其他教派亦有此传承法,但在宁玛派的发展过程中实为特殊而重要的传承法系。

第四节　宁玛派的立论

宁玛派的立论条理非常精细,故不能一一赘述,以下主要论述该派在见修方面的立论。

一、大圆满法

《土观宗派源流》中载:"在《赫鲁迦格布》等续部中,也讲说与新派的六加行、五次第、道果等相合的修道次第。又《幻网》中的六次第、《三次第》的解脱道、《密点》的方便道等要门、《集经》中的任运修习,《修部八教中》的五次第等等的讲说,与新派所说,大多符合。但是晚年旧派多不注重这些法门的讲听和修习,“后期宁玛派的见修以特殊的大圆满法为重。何谓大圆满法? 在《土观宗派源流》中载:”此法说现前无有染着之觉性,明空赤露,为大圆满。若释其字义,说现有世界,生死涅槃,所包含的一切诸法,悉在此觉性空寂之内,圆满无缺,故名圆满,再无较此更胜的解脱生死方便,故名为大“大圆满法又分外心部、内界部和密要门部三种。

○1 外心部

《土观宗派源流》中载:”此中心部,说随现何境,唯是自心、自心的心性是自然智慧,除此自然智慧外,再无余法。其导入此道的方便,多与大手印派相同,唯大手印派是以心去印境,心部则是求直观能缘心性的觉空本净之实相,因此事义不同,有大差别。“这段文字对心部的定义及其与大手印法之间的区分等方面作出了明确的答案。称为大圆满法的精髓,法心部是由桑杰益西(སློབ་དཔོན་སངས་རྒྱས་ཡེ་ཤེས)大师亲睹文殊菩萨(རྗེ་བཙུན་འཇམ་དཔལ་དབྱངས)圣容而得到真传,此后由班智达谢热斯达(པཎྜི་ཏ་ཤྲཱི་ཧྣ་གསན)、白若杂那(བཻ་རོ་ཙ་ན)在康区进行广传,在金川传授予玉扎宁布(གཡུ་སྒྲ་སྙིང་པོ)和桑顿·益西喇嘛(ཡེ་ཤེས་བླ་མ)两人,又讲授予桑杰衮布(སངས་རྒྱས་མགོན་པོ)到了卫地后在宫廷之内讲授予赞普和王妃。心部十八部中的前五部由白若杂那(བཻ་རོ་ཙ་ན)传授,其余的十三部由毗玛拉米扎传授。《隆钦教法史》载:”古天竺共存七十七部心部要法,传于藏地的有《大乾坤法》、《大鹏鸟幻术法》、《明王杜鹃法》、《六修成道》、《无尚法》、《冥王法》、《朵拉斯旭》、《底拉查贵》、《菩提心要法集成法》、《德降宁布部》、《大圆满通修法》、《益辛诺布经》,《至尊当巴经》、《吉聚崩巴经》和《孜穆迥杰部》等。“白若杂那和毗玛拉(བི་མ་ལ)两人大兴心部的传扬,后来又有聂戛纳(གཉགས་ཛྙཱ་ན)、索布·白吉益西(སོག་པོ་དཔལ་གྱི་ཡེ་ཤེས)、扎·白吉宁布(གྲ་དཔལ་གྱི་སྙིང་པོ)、拉隆·白吉多吉(ལྷ་ལུང་དཔལ་གྱི་རྡོ་རྗེ)、卧陈·白吉勋努(འོ་བྲན་དཔལ་གྱི་གཞོན་ནུ)、年白央(སྙན་དཔལ་དབྱངས)、促那·益西白(འཚེར་ནག་ཡེ་ཤེས་དཔལ)、乌巴德·赛唐巴桑白吉多吉(ཨུ་པ་དེ་གསལ་ཐང་པ་ཟངས་དཔལ་གྱི་རྡོ་རྗེ)和格·帕巴谢热(དགེ་འཕགས་པ་ཤེས་རབ)等人一一传扬心部于藏地。

○2 内界部

界有中央、中心或范围、分寸之意,《土观宗派源流》中载:”界部说一切法性,不出普贤境界,遮破了除法性境界而外,别有余现。“大圆满法阿底瑜伽中的界部亦由大师谢热僧伽(ཤེས་རབ་སེང་གེ)与大译师白若杂那(ལོ་ཆེན་བཻ་རོ་ཙ་ན)两人延续,此法的见修是天成慧根一切法在宇宙中的表象解脱自见之绳,无任何分辨之责的应承大法。《隆钦教法史》:”关于界部,在天竺有十八界部之说,大悲心黑界有二传、白界有二海子传、隆钦热江有四子,三部传于藏地而成为界心相成法,心部十八部及由旬段部等也传入藏地。“可以看出,天空般浩瀚的大续九界部两万卷未能完整的传入藏地,次续九界部为见界部、道界部、坛城界部、灌顶界部、誓言界部、修界部、业界部、地道界部及果界部。界部为宁玛派独特的大圆满法为内容,据说该传承由大师谢热僧伽和白若杂那传授给八旬老道,老者虽年迈,但精心修炼而最终修成正果,他的弟子昂兰·降曲坚赞(ངན་ལམ་བྱང་ཆུབ་རྒྱལ་མཚན)在达孜城的邦米帕衮布处修行,邦又派他于瓦僧伽扎山并修炼于此地。他的弟子有桑玛·仁青易(ཟ་ངམ་རིན་ཆེན་དབྱིག)、其弟子雅砻·赛哇确、其弟子娘·降曲扎巴(སྒྲུང་བྲུང་རྩལ་གྲགས)等人,精此道者圆寂后多显知身。

○3 密要门部

《协钦加查教史》载:"大多认为由大师毗玛拉和谢热僧及莲花生大师等言传一派,又有说法认为白若杂那和谢热僧伽两位传授,关于该部有此两种说法,后者起于密伏而源流多见于伏藏。又在《青史》中载:"有普遍传承的'大圆满秘诀',其中秘诀部普遍传承为心滴,是由白若杂那所传来。"对要门部的理解各学者说法纷纭。心部、界部和要门部的内容天空般浩瀚,要门部在后宏期较为流行,但在莲花生大师和白若杂那(བཻ་རོ་ཙ་ན)时期众多典籍埋于伏藏,因此该系又由多为伏藏传承。

大师毗玛拉(བི་མ་ལ)传承方面,赤松德赞(ཁྲི་སྲོང་ལྡེ་བཙན)时期为了广传密宗,让噶哇·白则(ཀ་བ་དཔལ་བརྩེགས)、巨若·鲁伊坚赞(ཅོག་རོ་ཀླུའི་རྒྱལ་མཚན)和玛·仁青乔(རྨ་རིན་ཆེན་མཆོག)等人携重金前往天竺迎请毗玛拉大师。大师到了藏地后大兴因果法门,在玉扎宁布(གཡུ་སྒྲ་སྙིང་པོ)的帮助下翻译了《心部外要诀十三次续部》,把要门宁提法讲授予赤松德赞、穆尼赞普(མུ་ནེ་བཙན་པོ)、娘·定增桑布(ཉང་བན་ཏིང་འཛིན་བཟང་པོ)、噶哇·白则(ཀ་བ་དཔལ་བརྩེགས)及巨若·鲁伊坚赞(ཅོག་རོ་ཀླུའི་རྒྱལ་མཚན)等人。大师把许多宁玛派的深奥要诀,典籍埋于钦布山洞后,孤身前往五台山。娘大臣(སྙང་ཏིང་འཛིན་བཟང་པོ)习宁玛派的密要门部而成为国师,他在吐蕃佛教史上具有不可估量的历史地位。大圆满法的传承谱系中曾出现过众多高僧大德,在此不能一一详述,比较全面的历史载于《青史》、《土观宗派源流》和《协钦教史》。

二、宁玛派的九乘次第

正如前面所提到的一样,宁玛派是雪域各宗派中流传最早的一派，传承渊源、仪轨等独具一格，具有非常重要的研究价值。主要的见、修、道方面层次清晰，主要是九乘法门，即声闻、独觉、菩萨为佛祖讲授的三第乘；事部、行部、瑜伽部为密教外三部；大瑜伽、随类瑜伽和最极瑜伽为深密随传三乘。

○1 声闻第

声闻第为闻听佛祖教诲之意。七种解脱律仪者永守清规，虽承认五蕴等皆为法无我，但也不否定细无我的存在真理。主修四修行法、九大依存法和毗婆舍那十六谛，行于十二功绩，随预流果、不还果、一来果与阿罗汉四种分别有两个住向共八住向的独特道。

○2 独觉第

中觉悟道，以我成佛为目的。入门法与声闻相同，见为证补特伽罗无我的基础上证无自信因和半无我与倍无我道。修为阻衣法顺次十二缘起，修空逆次十二缘起法，道与声闻相同，果如坚韧犀牛角般犀利无比，钝根如欲修鹦鹉般妙语连珠。

○3 菩萨第

为具大乘心生背他人之苦的法门道。入门法为受圆、入两门戒而证得二无我法，修北方三十七要，道为入四聚法与六度，证得临时大乘菩萨十地与永久大光芒法，也称之为密宗小三乘法。

○4 事部第

为密宗外三部乘的一支。入门法为水及冠冕灌顶，即于身心中留植法身功能，及留植色身功能之相应种姓诸三昧耶手手印冠冕顶。

○5 行部第

为密宗外三乘的一支。入门为圆五灌，见与瑜伽部相同，修度有相四支与无相入住起修的菩提心，见与事部第相同，果为欲得四金刚持地。

○6 瑜伽部

是密宗外三乘的一支。入门以五智慧灌顶和得上师六灌顶而证一切无相世俗金刚界佛见，修为五现证、四神变和四手印法等来得入定智慧瑜伽，道以清净为伴得五姓密严正觉相。

○7 大瑜伽部

为无上三乘的一支。入门以外利乐十种灌顶、内功效五种灌顶及密深静三种灌顶等共十八大无上灌顶来证得续部。见为修得天成自性世俗三层坛城而增长谛的大法身，修证为三禅定、三圆真性道乃有戏论、无戏论和无上无戏论的近传得集四持明的五地道金刚持佛果。

○8 随类瑜伽部

入门为修得外灌顶续十种甘露法、内得灌顶十一种甘露法、修灌顶法的十三种甘露法、密法大圆满十二种甘露法、无上灌顶三十六种甘露法，见是立佛性三坛城相，道得随事无分别言教来修得无量近传续，以五地道、五瑜伽、十地等为圆满佛果。

○9 最极瑜伽

又称阿底瑜伽，有尖顶或无上之意。入者圆四观行，见持超明本法身、明自性报身和功德圆满化身三种，修本静观修因立本生者，处四大解脱法中，以本性自见、断定自觉、解脱自信之式、放任自然修正原是清净、无有造作、本来自有之法性也。

总之续部摩诃瑜伽(མ་ཧཱ་ཡོ་ག)、言阿努瑜伽和秘诀阿底瑜伽的内容犹如苍穹般浩瀚，故不能一一述之。

第七章　噶当派的源流

分裂割据时期的藏传佛教各派如雨后春笋般茁壮成长，其中噶当派属于较早兴起的一派。《土观宗派源流》中载：“噶当的这种独特宗风是如何兴起的呢？它是从觉阿吉·吉祥阿底峡（ཇོ་བོ་དཔལ་ལྡན་ཨ་ཏི་ཤ）创始的，仲敦巴（འབྲོམ་སྟོན་པ་རྒྱལ་བའི་འབྱུང་གནས་）建立宗规，三大法友昆仲宏扬流传，朗日塘巴、夏惹瓦、甲域瓦等使其更加发扬光大了。”从中可以看出该派是由阿底峡大师创派，仲敦立规，其弟普曲·瓦勋努坚赞（པུ་ཆུང་བ་གཞོན་ནུ་རྒྱལ་མཚན་）、波多瓦·仁青赛（པོ་ཏོ་བ་རིན་ཆེན་གསལ་）、京俄·崔成巴（སྤྱན་སྔ་ཚུལ་ཁྲིམས་འབར་）等人弘扬，而在朗日·塘巴、（གླང་རི་ཐང་པོ་རྡོ་རྗེ་）夏惹瓦（ཤར་པ་བ་）、甲域瓦（བྱ་ཡུལ་བ་）时期达到了该派的鼎盛时期。

第一节　“噶当”一名的由来

《土观宗派源流》中载：“噶当一词，过去大德的解释不同，吉仁波齐曾问京俄·仁钦培（宝增），所谓噶当的意义是什么？京俄答道：‘对如来教言，不舍一字，悉了解为教授之义。’大师闻解生喜，立称：‘如是如是。’回到僧舍，遂对人说：‘我得仁钦培大善知识给我带来了正法的大礼物，他作的这种解释，最为精当！’由此观之，此派乃是将如来的言教，即三藏教义，一切无遗地都摄入在阿底峡尊者三士道次第的教授之中，作为修习，所以名为噶当巴。”仲敦亦道：教言为三藏，由三圣人弘扬，噶当派犹如珍宝项链、乃众生解脱之道。基本上可看到大德们对该词较为明确的阐释。

第二节　阿底峡创立噶当派

仲敦巴立宗定规

阿底峡的出生和初到藏地的历史,前上面均有详述。大师到了阿里后,给拉喇嘛·降曲伟(ལྷ་བླ་མ་བྱང་ཆུབ་འོད་)等众多智者讲经灌顶,拉喇嘛·降曲伟请大师讲授不同于藏地的正宗天竺佛法后,大师撰著了简明通俗的经典著作《菩提灯论》。《菩提灯论》载:“由下中及上、应知有三土,当书比等相、各个之差别,若以何方便、唯有生死乐,但求自利益、知为下士夫,背弃三有乐、遮止诸恶业,但求自寂灭、彼名为中士,若以自身苦、彼他一切苦,欲求永尽者、彼是上士夫。”说明了入法的三次第:下士夫思死亡而为自己来世修炼;中士夫思轮回报应而修得自身解脱为小乘观;上士夫为解救众生于轮回苦海修炼的大乘法门。指明了以大乘观为先锋,思万变死亡而对今世产生厌恶之意,再皈依菩提心、习练和付诸显教典籍与实践,最后修炼密宗法门才能成佛的次第。

后来的库、俄、仲三位把大师的言教应用于现实,大师的言教也成为噶当派和后来格鲁派的理论依据。

此时,大译师仁青桑布(ལོ་ཙྪ་བ་རིན་ཆེན་བཟང་པོ་)把大师一行迎请至托林寺(མཐོ་ལྡིང་གཙུག་ལག་ཁང་),大师对墙上祖师壁画一一进行了解说,歌功颂德。大译师从此对阿底峡大师敬拜的五体投地,同时借此机会与大师一起校对了《般若部》、《二万颂》和《大般若诠释》等典籍。大师广传弘法,阿里地方持外道观的修行者也皈依其门下。他在阿里呆了三年,欲返回天竺之际与仲敦相遇。大师在藏地有五大真传弟子，为大班智达·波多瓦（པཎ་ཆེན་པོ་ཏོ་བ）、吾玛僧伽（ངར་མ་ཀ་ར་མ་ཏི་དབུ་མའི་སེང་གེ）、格西桑瓦（དགེ་བཤེས་གསང་བ）、戛纳玛弟（ཧྣ་ན་མ་ཏི）、大班智达地藏果（སའི་སྙིང་པོ）。其他弟子还有降曲伟（ལྷ་བཙུན་པ་བྱང་ཆུབ་འོད）、大译师仁青桑布、谷米大修行师（ཀུ་མི་སྒོམ་ཆེན）、纳措·崔成甲瓦（ནག་ཚོ་ཚུལ་ཁྲིམས་རྒྱལ་བ）、贡唐·贡巴崔成（ཀུང་ཐང་སྒོམ་པ་ཚུལ་ཁྲིམས）、谢热窘乃（ཤེས་རབ་འབྱུང་གནས）、洛扎巴·恰赤确（ལྷོ་བྲག་པ་ཆགས་ཁྲི་མཆོག）、尊巴格迥（བཙུན་པ་དགེ་སྐྱོང）、嘉·尊追僧伽（རྒྱ་བརྩོན་སེང）、格瓦罗追（དགེ་བའི་བློ་གྲོས）、崔成窘乃（ཚུལ་ཁྲིམས་འབྱུང་གནས）、库敦（ཁུ་སྟོན）、俄·列白谢热（རྔོག་ལེགས་པའི་ཤེས་རབ）和仲敦·杰瓦窘乃等四十多人，其中以库、俄、仲三人最著名，尤其是仲敦成为阿底峡大师的法脉继承人。

父达松布西（རྟ་གསུམ་བུ་བཞེར），母库·喇萨兰吉玛（ཁུ་ལྷ་བཟའ་ལན་གཅིག་མ）于藏历木蛇年（公元 1005 年）在堆龙地方生下了仲敦巴，有些史书称藏历木蛇年（公元 1009 年）。由于父早逝又与继母不和仲敦巴远走他乡，在旭地方的永确衮大师（དགེ་བཤེས་གཡུང་ཆོས་མགོན）处学习，十七岁幸会前往南方游历的塞尊强曲大师（ཇོ་བོ་སེང་བཙུན་བྱང་ཆུབ་གཞོན་ནུ），大师向他传授了六字真言诀。此后又在祥·那囊多吉旺久（རྒྱལ་གྱི་ཞང་སྣ་ནམ་རྡོ་རྗེ་དབང་ཕྱུག）处受比丘戒，取法名为杰瓦窘乃。后来听闻塞尊没去南方游历就前往康区拜见塞尊大师，学习了诸多佛法的修、闻、道法门。在康区日夜习练典籍的四年时光里，已经成为塞尊大师门下最著名的弟子，声名远播各地。此时，库敦·尊追雍仲、俄·列白谢热等人也到此学习。库、俄、仲的盛名此时已享誉全藏。仲敦巴在班智达才玛（ཚེར་མ）和米日底（སྨྲྀ་ཏི）处学习了梵文，后闻阿底峡大师已经到了阿里就决定前往阿里拜谒阿底峡大师，塞尊大师应允了仲敦巴，并赠送他一驮经书，仲敦巴便孤身一人徒步前往阿里。途中在索卡曲（སོག་ཁ་ཆུང་）地方遇见了名叫章卡白穷（བྲང་ཁ་བེར་ཆུང་）的牧民头人，头人以礼相待，赠送良驹作为坐骑，头人并在热振（ར་སྒྲེང་）资助修建寺院，让仲敦巴进行开光祝福，但是仲敦巴以礼推辞，应允日后定会修寺开光。此时的阿底峡离返回天竺的期限只剩三天，大师亦准备返回，途中在布让嘉兴（པུ་རངས་རྒྱ་ཞིང་）地方与仲敦巴相遇，两人一见如故，大师对仲敦巴灌了许多密宗绝顶，两人秉烛论谈，通宵达旦。此时天竺有乱事，加上拉尊请求阿底峡大师继续在藏地弘法，仲敦也向大师道出卫藏急需宏佛之求，若大师前往定是卫藏众生之福、是藏地佛法之福。最终仲敦把大师一行迎请到卫藏，卫藏僧俗也到白塘地方迎驾大师，对大师五体投地。大师到了卫藏后广授法门、大转法轮，在桑耶青朴（བསམ་ཡས་མཆིམས་ཕུ་）地方对仲敦巴讲授了许多密宗心诀，在聂唐（མཉེས་ཐང་）地方讲授了三士夫心诀。

情景在《贤者喜宴》中载："吾若涅槃，阿底峡之法有尔掌脉，又转一年，雪域北方，佛法再兴，尔之宏业不定有三贤者继承，尔亦坦然前往兜率宫，与吾会面。"仲敦巴不敢接此重任而推辞，大师道：既然已成定论，无需再推辞，就把法脉传授于仲敦，于藏历木马年（公元 1056 年）圆寂于聂塘地方。仲敦巴于藏历火猴年（公元 1059 年）修建热振寺，并塑造了许多本尊神像，包括阿底峡大师亲传的文殊金刚像等。仲敦巴因精通密宗和因明学而声明远扬，并创建了噶当派。后来的噶当三传享誉全藏，他们为波多瓦 · 仁青赛（公元 1031 – 1105 年）、京俄 · 崔成巴（公元 1038 – 1103 年）和普曲 · 勋努坚赞（公元 1031 – 1109 年），他们三人继承了仲敦法脉广传噶当教法。

仲敦巴于藏历水兔年(公元1063年)圆寂于热振寺,享年六十岁。

第三节　噶当三传大兴噶当派

噶当三传对该派的弘扬起到了至关重要的作用,普曲·勋努坚赞创立了噶当教典派,波多瓦创建了噶当教授派,京俄·崔成巴创立了噶当教戒派,这一时期该派得到了如日中天的发展。

一、普曲·勋努坚赞

普曲·勋努坚赞在三传当中年纪最长,藏历铁羊年(公元1031年)生于番域吉热孜喀(འཕན་ཡུལ་རྒྱལ་གྱི་སྐྱིད་ར་རྫིང་ཁར་),于祥·钦布(ཞང་ཆེན་པོ་)和朗村降(སྣམ་ཚོན་བྱང་)处授戒,取法名为勋努坚赞。曾在阿底峡大师、库敦等众多高僧贤者处学习佛经,尤其在仲敦处学习和听取了长达十一年之久的佛法。著有《教诲祖师问道录》和《教诲弟子问道录》,库、俄和仲将秘密教诲以问答的形式讲授予普曲,因此而得名,创立了教诲派。

二、波多瓦·仁青赛

仲敦巴的亲传弟子,噶当三传中的次传。波多瓦生于藏历铁羊年(公元1031年),在潘域扎塘地方(འཕན་ཡུལ་སྦྲས་ཀྱི་ཐང་)。有些史书称藏历火兔年(公元1027年)其父名叫斯布(སྲིན་པོ་),母为列母(ལེ་མོ)。从小具善根,拜俄·降曲窘乃(རྔོག་བྱང་ཆུབ་འབྱུང་གནས)为住持、朗存江为上师,受比丘戒取名为仁青赛。精习噶当教义,在库敦·尊追雍仲等贤者处学习三藏,在仲敦巴处学习显密典籍长达七年,仲敦巴圆寂后继续修行了五十年之久。曾在坎扎(མཁན་གྲགས)、卓喇寺(སྒྲོ་ལས་དགོན་པ་)、塔托

（མཐར་ཐོག）和达隆（སྟག་ལུང་）等地讲经说法，其追随者有千人之多。习《菩提灯论》和《三士夫论》，以及《本生经》、《集法句经》、《菩萨地》、《大乘庄严经论》、《入菩萨行论》和《集菩萨学论》噶当六书的讲授和钻研。滴字不漏、重于实践，为普曲大师讲经说道之宗旨，"噶当"一词也是从这时正式被使用，噶当派系统理论也是由他奠定基础。噶当理论派由仲敦·杰瓦窘乃、格西·波多瓦、格西·夏热瓦（དགེ་བཤེས་ཤ་ར་བ་）、聂扎廓·堪钦确觉桑布（གཉལ་གྲ་སྐོར་མཁན་ཆེན་ཆོས་སྐྱབས་བཟང་པོ་）等人一一相传，以噶当六书进行传承法脉。早年兴建波多寺，广传宏教，弟子多不胜数，其中包括聂地方的朗嘉热巴（སྣང་རྒྱ་རབ་པ་）和扎廓瓦（གྲ་སྐོར་བ་），堆地方的彼门普琼（རྡོལ་འབེ་མོན་བུ་ཆུང་པ་）和若玛旭瓦（རོག་དམར་ཞུ་བ་），后藏的嘉（རྒྱ་）、帕（ཕག་）二位，热玛定玛瓦（རམ་སྡིང་མ་བ་）和囊·支吾列巴（སྣང་དྲེའུ་ལྷས་པ་）二人，娘堆地方的喇（ལྷ་）、西（ཤེས་）两人，雅德（གཡག་སྡེ་）的索布瓦（སོག་པོ་བ་）、桑地方的楚汨隆巴（བཟང་ཡུ་གུ་ལུང་པ་），卡热地方的桂·那敦塔达（ཁ་རག་སྒོམ་ཆུང་གནས་ཁང་གི་འགོས་ནགས་སྟོན་མཐའ་དག）、洛堆巴（ལྷོ་སྟོད་པ་）、娘·布日咔哇（སྨྱང་པོ་རི་ཁས་པ་）等两千多人。波多瓦于藏历木鼠年（公元1105年）圆寂，享年七十五岁。弟子把波多瓦的著作进行注释，整理成书，名为《青册子》（བེའུ་བུམ་སྔོན་པོ་）。

三、京俄·崔成巴

京俄大师的父为崴·释迦多吉（དབས་ཤཱཀྱ་རྡོ་རྗེ་），母为黎母·益西珍（ལི་མོ་ཡེ་ཤེས་སྒྲོན་），藏历土虎年（公元1038年）生于念囊热岗（ཉན་སྣང་ར་སྒང་）地方。小时名为达擦巴（སྟག་ཚབ་འབར་），十八岁时在达隆擦托寺（སྟོད་ལུང་ཚ་ཐོག་དགོན་）的门·谢热森白大师（མལ་ཤེས་རབ་སེམས་དཔའ་）处受戒，取名崔成巴，由于小时就聪慧过人，又笃信佛法，谢热僧白大师让他到热振寺拜仲敦大师门下，仲敦巴与他一见如故，把阿底峡大师留下的宝瓶赠送给他。京俄大师侍奉仲敦巴长达八年，犹如仲敦巴的双眼般形影不离故称京俄（近侍）。仲敦教诲道，定要修空见而，京俄大师从小就善于钻研空见，因此如鱼得水，加上天资之高，精通了梵文，也翻译过一些典籍，善于幻术，堪与米拉热巴大师媲美，创立了要门派。要门也有见、修、道，见为阿底峡大师法脉崔成巴传承的四谛义、由普曲传承的缘起义、由瑜伽师阿梅·降曲窘乃（ཨ་མེས་བྱང་ཆུབ་འབྱུང་གནས）传承的二谛义。要门派视大师的心诀要门与见、修、道相结合为重中之重。由于京俄巴的牛皮僧服多补丁，故有补丁大师之称。于藏历水羊年（公元1103年）六十六岁时圆寂。

大师有八百多弟子，其中包括吴域巴·阿米（འུ་ཡུག་པ་ཨ་མི་）、嘉孜卓瓦（རྒྱ་རྩེ་གྲོ་བ་）、汩松敦巴（སྒྲ་བསྒྲུངས་སྟོན་པ་）、隆旭热巴（སླུངས་ཤོད་རལ་པ་）、堆孜·萨拉汩敦巴（འདུལ་འཛིན་ས་ལ་སྒུར་སྟོན་པ་）、次敦（འཚེར་སྟོན་）、唐堆（ཐང་འདུལ་）、仲堆西（འབྲོམ་འདུལ་བཞི་）、萨瓦巴贡（ཟེར་བའི་འབག་སྒོམ་）、切齐巴·益贡巴（ཆེད་ཆེར་བ་གཡེ་སྒོམ་པ་）、都巴嘉贡（དུག་པའི་རྒྱ་སྒོམ་）、堆龙巴·钦布（སྟོད་ལུང་པ་ཆེན་པོ་）和嘉玉巴·钦布（བྱ་ཡུལ་བ་ཆེན་པོ་）。

第四节　朗、夏和嘉玉瓦等人继续弘扬该派

一、朗日·唐巴多吉僧伽（གླང་རི་ཐང་པ་རྡོ་རྗེའི་སེང་གེ）

为波多瓦的左右双肩之一，生于藏历木马年（公元1059年），家乡为番波聂贡萨马雄（འཕན་ཡུལ་གཉའ་གྲོང་གི་གསར་མ་གཞུང་）地方，后在卓喀巴（གྲོགས་མཁར་པ་）处出家受戒。从小就肤如黑炭，

亦称是文殊菩萨转世，故取名为多吉僧伽（རྡོ་རྗེ་སེང་གེ），以咏诵噶当八字真言而传法，又修炼《弥勒五部经》，修建朗唐仁青岗寺（སྣང་ཐང་རིན་ཆེན་སྒང་དགོན་པ），弟子如繁星般众多，著名的有雅砻·嘉兴（ཡར་ལུང་ལྷུགས་ཞིང་པ）、巴亚·堆孜（བ་ཡགས་ཀྱི་འདུལ་འཛིན）、隆·莫瓦多底（ལུང་མོ་བ་མདོ་སྡེ）、囊尊念（ནང་བཙུན་གཉན）、噶热·象雄巴（འགར་ཞང་ཞུབ་པ）、玛唐巴（མ་ཐང་པ）、聂朗巴喇（ཉེ་ལམ་བ་ལ）等人。大师于藏历水兔年（公元1123年）圆寂。

二、夏巴·云旦扎（ཤར་པ་ཡོན་ཏན་གྲགས）

为波多瓦的卫藏二弟子之一，于藏历铁狗年（公元1070年）生于北方绒布（བྱང་གི་རོམ་པོ）地方牧民家中。小时家里为其娶妻而抗拒之，十九岁时拜于波多瓦门下，勤奋学习长达八年，成为波多瓦最得力的弟子之一，后来有三千多人拜于其门下。建番波岗厦达囊寺（དག་སྟང་དགོན），后来与巴擦译师尼玛扎（པ་ཚབ་ལོ་ཙཱ་བ་ཉི་མ་གྲགས）一同前往天竺，并著有《中观注释》，与巴擦译师一同翻译和校对过许多典籍。在热振当上了施主并让咋玛雅那（ཁ་ཆེ་ཛ་མ་ཡ་ཨ་ནན）、巴擦·尼玛扎和库·多底巴（ཁུ་མདོ་སྡེ་འབར）等人翻译阿底峡大师的《大乘宝要义论》，成为享誉全藏的大成就者。其他噶当者从未能把中观论与唯心二论相容，大师乃第一人，后来的宗喀巴大师也依大师的法脉创建了格鲁派。这时期噶当派正兴门徒多达三千多人，其中包括巴热戛纳、纳旭白顿（ནགས་ཤོད་དགེ་སྟོན）、丹·班钦吉普（ལྡན་གྱི་བན་ཆེན་སྐྱེས་བུ）、旭·谢热多吉（གཞོན་བའི་ཤེས་རབ་རྡོ་རྗེ）、纳唐巴·东敦（སྣར་ཐང་པ་གདུམ་སྟོན）、嘉扎巴·僧伽（བྱ་གྲགས་པ་སེང་གེ）、景巴·吉隆巴（འཛིང་པ་དགྱེ་ལུང་པ）、玛追·降曲扎（མ་གྲོད་པ་བྱང་ཆུབ་གྲགས）、娘迈·孜巴（མྱང་སྨད་ཀྱི་རྗེད་པ）、香·聚布噶巴（ཤངས་ཀྱི་རྒྱུ་ཏུ་ག་པ）、藏噶聂巴（གཙང་གད་གཉོས་པ）、娘堆·觉赛（མྱང་སྟོད་ཀྱི་ཇོ་སྲས）和夏巴·罗追扎

(ཤར་པ་བློ་གྲོས་གྲགས)等高僧大德。大师于藏历铁鸡年(公元1191年)圆寂,享年七十二岁。

三、嘉玉瓦·勋努伟(རྒྱ་ཡུལ་བ་གཞོན་ནུ་འོད)

藏历木兔年(公元1075年)生于堆龙贡贡隆(སྟོད་ལུང་ཀོལ་ཀོ་ལུང),父雍仲丹巴(གཡུང་དྲུང་བརྟན་འབར),母江萨江崩(ལྗང་བཟའ་ལྕམ་བུ),系钦氏。从小失父,母携《宝箧经》另嫁他人,由姑母尼尼莫掌家。嘉玉瓦十二岁在京俄巴的弟子益西杰(ཡེ་ཤེས་རྒྱལ)和乃觉巴的弟子将扎(བྱང་གྲགས)两人处出家受戒,取法名勋努伟,先后在堆龙仁青巴·宁布(སྟོད་ལུང་རིན་ཆེན་འབར་སྙིང་པོ)和京俄瓦·崔成巴大师处精心学习,并得到了许多要门心诀。欲建寺院,后夏巴瓦大师送了一片空地予他。又在夏热瓦大师、谢桑贤者及夏热众僧的援助下,历尽千辛修成顶层十二柱间、回廊四十二柱的大殿。在此广转法轮、召集门徒,使噶当要门派得到了巨大的发展。此时,塔波尼贡(དྭགས་པོ་སྒོམ་ཚུལ)咨大师问其:大师如何修二谛。嘉玉大师答:事谛菩萨心和论谛菩萨心皆有续部生延。又问:空见柳吾心即生或空间即生。又答:空见随心而生,外部不能左矣。再问:何时才生空见法。大师又答:吾在京俄大师处修行时已生此见。不仅解答所问之事,还讲授许多噶当法门。后期继续弘扬佛法,名声大振,于藏历土马年(公元1138年)圆寂。

大师门徒五百,得道者百人,并有九大成就者,其中康区热卡瓦钦布(རབ་ཁ་བ་ཆེན་པོ)、塔波夏瓦林巴钦布(ཤ་བ་གླིང་པ་ཆེན་པོ)、卧唐巴钦布(འོ་ཐང་ཆེན་པོ)、嘉日瓦钦布(རྒྱ་རི་བ་ཆེན་པོ)、后藏翁唐巴钦布(འོམ་ཐང་པ་ཆེན་པོ)、穆免恰钦布(མུ་སྨན་ཕྱར་ཆེན་པོ)、聂穆瓦钦布(ཉག་མོ་བ་ཆེན་པོ)、达钦布(ཏ་ཆེན་པོ)、囊帕钦布(རྣམ་འཕར་བ་ཆེན་པོ)和昂仓钦布(ངང་ཚང་བ་ཆེན་པོ)等九人为外九大成就者;衮

钦布(དགོན་ཆེན་པོ་)、恰·免巴钦布(ཆག་མལ་བ་ཆེན་པོ་)、扎西岗巴钦布(བཀྲ་ཤིས་སྒང་བ་ཆེན་པོ་)、杰贡钦布(དགྱེར་སྒོམ་ཆེན་པོ་)、充喜钦布(ཁྲོམ་བཞེར་ཆེན་པོ་)、布·巴瓦钦布(བུལ་བ་བ་ཆེན་པོ།)、邦·热瓦钦布(བང་ར་བ་ཆེན་པོ།)、汩·觉瓦钦布(ཀུ་རྡོལ་བ་ཆེན་པོ།)和东布·日瓦钦布(དུམ་པ་རི་བ་ཆེན་པོ།)为中九大贤者;还有三嫡传者为后藏贤者多吉米觉(གཙང་པ་ཕྱིན་པོ་ཆེ་རྡོ་རྗེ་མི་བསྐྱོད་)、日穆·坚巴嘉(རི་མོ་ཅན་པ་རྒྱ་)、恰杰瓦·努曲乃(ཕྱག་རྗེ་བ་བསྣུབས་མཆོད་གནས་);此外还有聂巴敦(གཉལ་བར་སྟོན་)、藏巴巴日(གཙང་པ་འབའ་རིམ་)、藏巴格如(གཙང་པ་ཀེ་རུ་)、洛巴扎西(ལྷོ་པ་བཀྲ་ཤིས་)、都巴永西(དུར་པ་གཡུང་ཤེ་)等众多弟子,噶当派也在这时得到了空前的发展。总之,据《噶当教法史》载:"五十载春秋,智者涌进,建热振寺,宏阿底峡大师言教,二十余年,三传者法露浴藏北方,波多瓦弟子有两千人,京俄、普曲二大师桃李遍天下,朗唐、夏热瓦、那唐、藏瓦、亚格和嘉玉等人继三传法脉各自门徒也有千余人,此时噶当正旺。"

第五节　正说噶当派立论

噶当由阿底峡大师开创,由仲敦巴订立门规,是藏传佛教重要的一派。就连赫赫有名的噶举派、萨迦派和格鲁派等都系于阿底峡大师,噶举祖师玛尔巴大师也曾在阿底峡大师处学习经典,尤其是塔波拉杰最初从阿底峡大师的弟子、大修行者阿梅·降曲迥乃处听取噶当教义,后来才从米拉热巴处学习噶举大手印法门而称为为噶恰(噶当和大手印法),犹如通源江水。

他的弟子帕莫竹巴·多吉杰布(འགྲོ་མགོན་ཕག་གྲུ་རྡོ་རྗེ་རྒྱལ་པོ་)也从师格西堆瓦(དགེ་ཤེས་དོལ་བ་)而收徒立著,以及直贡巴(འབྲི་གུང་

འཛིག་རྟེན་མགོན་པོ་）从师朗隆巴，达隆巴从师于切噶瓦，噶玛·堆松钦巴也从师于夏热瓦的弟子乃觉·谢热多吉（རྣལ་འབྱོར་ཤེས་རབ་རྡོ་རྗེ་），学习噶当教法并行于实践。噶举派的精髓法门《大手印法》和《那若六法》等也源于噶当乃公认之事。《土观宗派源流》载："仲敦巴大师说：'能知将一切佛教用四面道贯串起来的，这只有我的上师了。'朗觉巴钦布说：'师能够把握教授的精英，不是说他仅得如掌心般大的小册，乃是说他能了解，并把一切佛语，都归纳成为教授。'"道出了识一切佛法者为上师的阿底峡大师，并讲明了一切心诀熟记于胸中的方式，从而理顺了戒律与密宗心诀的关系，即显密结合的修行法。

又在《土观宗派源流》载："诸如上所说，总起来是指能将佛教经典，不欠不余，一切取来作为一个补特迦罗成佛的必需条件。这就是噶当的特派法，故噶当派内没有不包容的法要。但此派最有名者分为教典、教授二派，或再分为要门派共成三派。教典派又分为三：一、重在明见；二、重在明行；三、见行双重。重明见者，即觉阿所造之《入二谛论》与中观教授等。重明行者，即《摄行炬论》与《发菩提心论》、《律仪轨则》等。见行双重者，即《菩提道炬论》。"不仅讲清了噶当教派的特点，也阐明了噶当传承的三大派系。

一、噶当派教典

见为阿底峡大师所著的《入事谛》、《论谛二谛论》与《中观要诀即甚深空性概要》等。行主要以集行明灯、发心及戒轨等。见行双重为《菩提灯论》，总的来说经、律、论、事部、行部、瑜伽部和无上瑜伽部等不漏践于一身者乃雪域二世宗喀巴矣。以及噶当教典为本生论、集法论、菩萨地论、大乘六严经、集菩萨学论和入菩萨行论。其中大部分以入菩萨行法为主，阿底峡著的细法百部为噶当教典派，还有龙树大师的《中论》、《中观理聚六论》中的七十空见等也称为教典派。

二、噶当教授派

1　见　阿底峡大师传于京俄·崔成巴的四谛训诫，普曲·勋努坚赞所传承的十二缘起训诫，以及阿梅·降曲窘乃传下的二谛训诫。四谛与缘起训诫的精髓为法细无我训。

阿底峡大师的精通二谛者乃觉阿梅·降曲窘乃把二谛观密授于卓隆瓦和嘉玉巴·勋努伟，堆龙巴·仁青宁布明授或密授并著许多理论经典。如且喀巴·益西多吉的《教派理论》和拉隆旺久的《教派全注释》等记载了各教派的见行，还有龙树大师的中观论，流露着出噶当派的点滴。

《土观宗派源流》载："阿底峡尊者是持中观应成派见的，这从他的《道炬论本释》及《中观要门论本释》等可得而知。听说仲敦巴对月称论师派见有所领悟，曾以此求尊者印证，尊者大为欢喜，合掌恭敬，而作是言：'稀有稀有，现在东天竺亦纯以此见是尚。'在善知识博多瓦等即有名的三大昆仲的《道次第论》和他们的言论中，大多是和月称派的中观见相符顺。惟有俄洛师弟，虽广为引据清辨与月称的著述，然其所持之见而又大半和静命师徒相符顺。"从中可看出后噶当派有了独特的讲解之法。

2　行　大乘修心系金洲大师（བླམ་གསེར་གླིང་པ་）传授予阿底峡大师的因果七要门的入菩萨修心法门和弥勒佛传授予阿底峡大师的自他相换菩提心的修心法两种法门。他胜心的生到更胜的如法为地道法，大乘经部，尤其以《华严经》、《中观宝箧经》、《如意宝言梦经》、《劝生经》和《寂护言行节选经》等和上师达玛热噶达的《修心剑轮论》、《孔雀化毒论》和《铲除分别论》等经书为主。以及七大修心法为前行思维人身法义、正行修习菩提心、转诸恶缘为菩提道、总贯讲述一生的修持之法、心调之量、修心的誓戒和修心应学处。此法门由朗日唐巴授予俄大师,又密传予仲敦巴到了三传,波多瓦密授予朗日唐巴·多吉僧伽和夏热巴·云旦扎。

仲敦巴的《要门八座法》被由康巴隆巴常常讲于经堂之上,亦称为康巴修心八坐法。仲敦巴传下的缘起心要也属于教授派,此外夏热瓦所著的发心律仪轨也属此派。

3 见行双重 《土观宗派源流》载:"见行双重的教授之王者,此即有名的《三士道次第》。其主要典籍即为《菩提道炬论》。上述重见重行之各种论典及要门,都是属于这个《道次第》的分支,所以这一切都统摄在《道次第》之中,《道次第》者,乃尊者汇集深观和广行两大派要门成为一体,是最完备的修持教授,故名为见行双重之教授。"

见行双重是阿底峡大师讲授三士夫次第的精髓《菩提灯论》,上述的诸多见、行论也是三士夫观的一种,应属三士夫次第。由佛祖、弥勒佛、无著和法称等人传承的广行和文殊菩萨及龙树一脉传承的深观融为一体为见行双重。

三、噶当教戒派

《土观宗派源流》载:"如上所说,教典、教授、要门,分成三派。为什么名为要门?本来教授与要门并不相违,然分为三派的要门派,这乃是指觉阿师徒的秘密法,即有名之《噶当经卷》。这个要门是觉阿在耶巴神山宁波(ཡེར་པ་ལྷ་རི་སྙིང་པོ་)传授与库、俄、仲三人的。父仲敦巴所请问者名为父法。子俄勒比协饶及库敦尊追雍中二人所请问者名为子法。"从中可看出教授派和教戒派的区分,此时的教授为阿底峡大师用答问的形式传给库、俄和仲三人，称之为父法，要门是阿底峡大师临近圆寂之时传给仲敦巴、普曲瓦、波多瓦和京俄巴等人的。《土观宗派源流》载："迅努坚赞（童幢）得全分。楚逞拨师（戒然）获大半。仁钦塞瓦（宝明）得一隅。现今唯有我一人。"

噶当派有无密宗法门之说为，十六明点要门乃显密结合法即五随念：念师皈依处、念身本尊性、念语常持诵、念生为父母、念心性本空；四行门：入门行、方便行、修行行和圆满行；四本尊：释迦、观音、空行母和不动明王及经、律、论三藏。阿底峡大师授予仲敦巴《四本续》，尤其是父续《集密》和母续《胜乐》等无上续部的总教授，使仲敦巴成为显密两家的教主。

第八章　噶举派的源流

噶举派在藏传佛教史上占有重要的位置，其内容浩瀚，支系繁多。始于金刚持，师传于天竺大修行师帝洛巴与那若巴。噶举派在藏区分裂割据时期，由琼波传下的叫做香巴噶举，由玛尔巴译师传承的则称为塔波噶举。由于历史的原因香巴噶举在十四世纪时逐渐走向衰落，塔波噶举则如雨后春笋般蓬勃发展支系，可分为四大支和八小支四大支即：拔绒·达玛旺久（འབའ་རོམ་པ་དར་མ་དབང་ཕྱུག）的拔绒噶举，帕竹·多吉杰布（ཕག་གྲུ་རྡོ་རྗེ་རྒྱལ་པོ་）的帕竹噶举，噶玛·堆松钦巴（ཀརྨ་དུས་གསུམ་མཁྱེན་པ་）的噶玛噶举，向蔡巴·尊追扎（ཞང་ཚལ་པ་བརྩོན་འགྲུས་གྲགས་པ་）的蔡巴噶举；帕竹噶举又分八小支：直贡噶举、达隆噶举、主巴噶举、亚桑噶举、绰布噶举、修赛噶举、耶巴噶举和玛仓噶举。

第一节　“噶举”一名的来源

由金刚持佛（རྒྱལ་བ་རྡོ་རྗེ་འཆང་）的密宗教言传承的称为噶举，在《土观宗派源流》中载：“晚近主巴的一些书中有写‘白传’的，这是因为仅考虑到玛巴、米拉日巴、林热巴（གླིང་རས་པ་）等曾穿著白衣的原故。实际它的名字应当是普遍流传的‘语传’二字较为合理。因为此派是以领受语旨教授而为传承的原故。”

第二节　综述噶举派的传承

源流系天竺的帝洛巴(ཏཻ་ལོ་པ་)和那若巴(ན་རོ་པ་)两位大师，后又有藏地洛扎玛尔巴译师多次前往天竺拜那若巴为师，听取许多密宗法门，回到藏地后逐渐形成了噶举派。

一、大修行者帝洛巴

帝洛巴大师，其父为婆罗门·赛哇(བྲམ་ཟེ་གསལ་བ་)，母为婆罗门女·赛旦(བྲམ་ཟེ་མོ་གསལ་ལྡན་)，藏历土鼠年(公元988年)生于天竺东部的杂郭(ཤར་ཕྱོགས་ཛ་གོ་)地方，从小被父母和姐妹宠爱。此时，龙树大师正在那噶那地方修行，在前往天竺东部的路上遇见几个牧童，便想从中寻找成大乘法门者，后得知有一孩童灵性异常，属于刹帝利族，就为其取名为“帝洛巴”。帝洛巴在舅父处出家受戒，取法名为谢热桑布(ཤེས་རབ་བཟང་པོ་)。云游各地，与外道诸贤者辩经争论，成为名震各地的大家，并常称：“吾无人上师，吾师乃便一切者。”在密宗乘的事论、行论、瑜伽论和无上瑜伽论上都有独特的造诣，以要诀修成大手印法，于藏历土鸡年(公元1069年)圆寂。

二、大师那若巴

在克什米尔地方，父克什王杰瓦郭切(དགེ་བའི་གོ་ཆ)，母白吉罗追(དཔལ་གྱི་བློ་གྲོས)，生于藏历火龙年(公元1016年)，名为衮都桑布(ཀུན་ཏུ་བཟང་པོ་)。从小就学习婆罗门派，成为外道的佼佼者，后来在父母的规劝下皈依佛门，在该地的五百阿罗汉及密师孜那米扎擦(ཛི་ན་མི་ཏ་ཚ)处出家受戒，取法名为曲吉坚赞(ཆོས་ཀྱི་རྒྱལ་མཚན)。那若心想，我即便成为理论通晓者也不能解脱烦躁的外界之苦，当时得知帝洛巴大师在天竺讲经，便询问自己的朋友婆罗门·仁青多吉(བྲམ་ཟེ་རིན་ཆེན་རྡོ་རྗེ)，我已通晓各理论，但仍不能脱离外界烦躁之苦，因此吾二人前往帝洛巴处进行身心践学如何？仁青多吉道：你一人去就足矣。而自己未往。那若巴辗转天竺各地追寻帝洛巴大师而未见，又在杂热彼哈达热寺(ཕུལ་ཧི་ཧ་ཏ་ར)滞留许久，终于见到了帝洛巴大师。帝洛巴问：尔又何必如此艰辛呢？那若巴曰：吾不求别的，就求身心脱离外界烦躁苦难法。于是帝洛巴向他传授了完整的密宗独门心诀，又告诫勿与他人争论，否则会有坠入两极之苦。后来那若巴在杂热彼哈热寺的东面的小庙潜心修行时，当地有一外道叫赤身者，与所有佛教僧人争辩过，名震天下。当地的国王也向该外道献花圈致敬，其他班智达都不敢与该人争辩。有人商量迎请那若巴与该外道进行争辩，两人争辩了许久，不相上下。此时帝洛巴大师也到了该地，并击败了外道者，又向那若巴传授许多心诀。后来那若巴当上了那烂陀寺的住持，为弘扬佛教鞠躬尽瘁。于藏历铁虎年(公元1100年)圆寂，享年八十四岁。

三、噶举祖师玛尔巴译师

玛尔巴译师·曲吉罗追(མར་པ་ལོ་ཙཱ་བ་ཆོས་ཀྱི་བློ་གྲོས)之父叫玛尔巴·旺久伟色(མར་པ་དབང་ཕྱུག་འོད་ཟེར)，母为杰姆伟色(རྒྱལ་མོ་འོད་ཟེར)，于藏历水鸡年(公元1012年)在洛扎卓卧龙(ལྷོ་བྲག་ཕུ་ཆུ་ཁྱེར་གྱི་གྲོ་བོ་ལུང)地方出生。他在兄弟五人中排行老三，玛尔巴家族是享誉远近的大户人家。玛尔巴从小嗜酒成瘾，品性粗暴，大家惧而远之。十二岁拜当地的一名怪僧学习基本的知识，十五岁拜卓弥大师(འབྲོག་མི་ལོ་ཙཱ་བ་ཤཱཀྱ་ཡེ་ཤེས)学习梵文，又到天竺寻名师，最初见到了班智达益西宁布(ཡེ་ཤེས་སྙིང་པོ)，听取了事部、行部灌顶，后来在格崔谢热僧伽（དགེ་ཚུལ་ཤེས་རབ་སེང་གེ）的带领下到了那烂陀寺，在五瓣莲花簇拥的热舞赛吉寺（གྲོང་ཁྱེར་རི་བོ་གསེར）与那若巴大师相遇，大师将手放于玛尔巴的头部，并道：从前的预言，可塑玛尔巴，从北边为在雪域弘扬佛法而至，甚哉。把喜金刚秘诀授予他。之后又在班智达益西宁布处得到了密集金刚灌顶、续和秘诀。与上师汩汩热巴（སློབ་དཔོན་ཀུ་ཀུ་རི་པ）相遇后得到了嘛哈嘛呀灌顶，后取密名为德瓦多吉（བདེ་བའི་རྡོ་རྗེ）。又在如火焰般的尸林山巧遇大师弥扎巴，大师又取密名为图吉多吉，听取了圣名赞、朵热和大手印法等法门。返回藏地的途中遇到了大婆罗门撒热哈（བྲམ་ཟེ་ཆེན་པོ་ས་ར་ཧ），给玛尔巴讲授了四字经，使他得到了通天的觉悟。回藏后先后迎娶了达梅玛（བདག་མེད་མ）等九位夫人，达梅玛生了朵底（ཇོ་སྲས་མདོ་སྡེ）。又经尼婆逻到了天竺，拜见了那若巴等本尊上师，对从前的法门心诀进行了校正。玛尔巴大师共有天竺、克什米尔和尼婆逻地方的上师一百一十二位、持续师五十位、十三位本师、五位修行师、二圣等高僧大贤上师。二圣为那若巴和弥扎巴，五位修行师为二圣、益西宁布（ཡེ་ཤེས་སྙིང་པོ）、汩汩热巴和智噶玛曲·星吉尼玛坚（ཊ་ཀི་མ་ཚུ་ཤིང་གི་སྙེ་མ་ཅན），从他们处学习了文殊金刚、胜乐、能怖金刚和金刚露等密宗要法。返回之时那若巴一再预祝师徒的再次相遇，在郭列等人的迎请下返回藏地，到卫如江地方淘金，携着重金又一次前往天竺。此时那若巴等几位上师已圆寂，玛尔巴大师悲痛至极。后到了弥扎巴大师的身边，得到了灌顶，也显现许多祥兆。又到了益西宁布大师跟前，学习了许多密宗法门。玛尔巴大师第三次到天竺时未能与那若巴相见，自己虽身患疑症，但从弥扎巴和益西宁布两位大师处得到了许多噶当心诀，也圆了此行的心愿。

玛尔巴大师先后三次到天竺，前后历时二十一年，与众多大师高僧相见，得到了噶当、密宗等心诀。回来后大兴佛法，门徒如云，主要有堆巴阔敦（དོལ་པ་གོག་སྟོན）、智米吾琼（གྲིའི་མིའུ་ཐུང）、曲贡白列（ཚུ་གོང་དཔལ་ལེ）和格西克盖（དགེ་བཤེས་ཁེ་གད）四大嫡传，俄·曲汩多吉（རྔོག་ཆོས་སྐུ་རྡོ་རྗེ）、簇敦·旺吉多吉（མཚུར་སྟོན་དབང་གི་རྡོ་རྗེ）、米存布·索朗坚赞（མེས་ཚོན་པོ་བསོད་ནམས་རྒྱལ་མཚན）和米拉热巴（མི་ལ་རས་པ）四大柱。玛尔巴大师先后翻译了《密集七十七续》、《双身无畏经》、《法轮仪轨》和《吉祥诃如噶续》等密宗典籍，开创了噶举派，于藏历火牛年（公元1017年）圆寂，享年八十二岁。

四、至尊米拉热巴

四大柱之一的米拉热巴，生于藏历铁龙年（公元1040年），父米拉·谢热坚赞（མི་ལ་ཤེས་རབ་རྒྱལ་མཚན），家乡是阿里贡塘嘉阿杂（ཀུང་ཐང་སྐྱ་རྔ་རྩ），琼波氏为本教系，取名为闻喜（ཐོས་པ་དགའ）。幼时父亲去世，母亲娘擦噶坚（མྱང་ཚ་དཀར་རྒྱན）正值年轻，叔父想纳为妻而未遂。于是叔父和姑母两人平分了米拉家的财产，霸占了房屋，使米拉母子流落街头。米拉热巴十六岁时，召集熟悉当年父亲遗愿的邻居，想让叔父和姑妈归还家产，但是叔父和姑妈执意不肯，米拉母子束手无策。母亲命他学幻术来报仇，他便在兰琼译师（ལོ་ཙྪ་བ་གླན་ཆུང）处学习基本知识和持金刚续等。又在雅砻聂·雍敦绰杰（གཉགས་གཡུང་སྟོན་ཁྲོ་རྒྱལ）处学习幻术和密咒，雍敦后来派他到藏绒（གཙང་རོང）地方的神医努琼（ལྷ་རྗེ་གནུབས་ཆུང）处，学习了凶咒撒东马纳的心诀，十四天后他便运用自如，又学会了幻术。为了达成母命，学会下冰雹之术，再次回到雍敦处，雍敦向他传授了完整的下冰雹之术。有一天他利用幻术使天空下起了冰雹，而此时叔、姑两人正在摆宴庆祝，当场击毙了三十五人，叔父和姑妈却逃亡他处。米拉深知罪孽深重而前往努琼大师处，大师道：你若想改过自新，唯有皈依佛门。并派他到绒智敦喇噶（འབྲི་སྟོན་ལྷ་དགའི་）处学习大圆满法和噶当心诀。此后又让他到洛扎玛尔巴译师处，他一听到玛尔巴大师的名字便汗毛直竖，心生敬佩，两人相遇后，玛尔巴大师让他忏悔醒悟，并让其独自修建赛康古托四角寺，也就是奠基了现在的赛康古托寺。最初让他修建七层高楼，不让别人帮忙，并且总是以谩骂相待。米拉丝毫没有放弃之意，在大师处呆了六年零八个月之久，得到了许多法门心诀，取密名为谢巴多吉（གསང་མཚན་དུ་བཞད་པའི་རྡོ་རྗེ་）。玛尔巴大师向他讲授了喜金刚、嘛呀、四谛、佛闻续及灌顶、修行法、康卓念句等秘诀后，让他在洛扎年山地方闭关修行。此时，他因想念家人，向玛尔巴大师恳请回家探亲，玛尔巴大师教导他做有利于佛法和众生之事，并准许米拉前往家乡。米拉热巴得知母早已逝去，妹妹也在他乡乞讨后，悲痛至极，想一心潜修佛法，在家乡的扎噶达索（བྲག་དཀར་རྟ་སོ་）地方修行三年，期间只进食荨麻。又在伟色洞（འོད་ཟེར་ཕུག་）、热玛洞（ར་མའི་ཕུག་）、萨沃洞（ཟ་འོག་ཕུག་）等地修行了六年之久，玛尔巴告诫：“修行到岗底斯，此山乃佛法修炼之所。”米拉经过布让到了岗底斯，到了玛旁雍措湖边，遇见一本教僧人，此人精通各种秘术，名为那若本琼（ན་རོ་བོན་ཆུང་），那若本琼让米拉热巴与他较量幻术，又曰：你乃何人，该往何处？米拉道：吾名米拉热巴，前往岗底斯山修行。那若本琼又道：岗底斯和玛旁圣湖都是本教圣地，你既前往，必须皈依本教。米拉热巴道：二圣地乃我佛钦点的修炼之地，从前尔等在此修炼已是不敬，此后要继续修炼必须皈依我佛等等，争辩许久，最终两人以皈依作为筹码而较量幻术。

那若本琼用幻术横跨玛旁湖，又骑鼓而登岗底斯顶峰，但是被米拉热巴一一击败，最终本教徒皈依佛门。米拉热巴在岗底斯修行了一年，虔心修法，名震远近。总之，米拉热巴大师的一生大多脱离世间，进行潜修，成为噶举派的教主。他有众多弟子，其中有上首者二人即塔波拉杰（དྭགས་པོ་ལྷ་རྗེ་）和热穷巴（རས་ཆུང་པ་），又有直贡热巴（འབྲི་སྒོམ་རས་པ་）、斯本热巴（སེ་བན་རས་པ་）、热巴·西哇伟（རས་པ་ཞི་བ་འོད་）、齐热热巴（ཁྱི་ར་རས་པ་）、昂宗热巴（ངན་རྫོང་རས་པ་）、热孜热巴（ར་ཛི་རས་པ་）和德瓦迥（བདེ་བ་སྐྱོང་）等八大热巴，六大至尊、十二热玛、六大修行者等等。至尊于藏历水兔年（公元 1123 年）圆寂，享年八十四岁。

总之，噶举派传于大师帝洛巴、那若巴、班智达·益西宁布、汩汩热巴、弥扎巴等人。藏地玛尔巴大译师不辞艰辛多次前往天竺，寻求真经，从那若巴等大师处得到了无上法门，开创了噶举之源，此后，至尊米拉热巴传承法脉，他的弟子塔波拉杰开创了塔波噶举。同时，琼波乃觉（ཁྱུང་པོ་རྣལ་འབྱོར་）也前往天竺拜师、学经，开创了香巴噶举，但是该派在十四世纪逐渐走向衰落，如今噶举一名多指塔波噶举，塔波噶举发展壮大，有四大支和八小支。

第三节　举各派的源流

前文已经谈到历史上噶举派有两支，一为香巴噶举，另一则为塔波噶举，各派详情如下。

一、香巴噶举

那若巴之妻尼古玛的传承传于藏地乃琼波乃觉大师，琼波乃觉父为琼波达吉（ཁྱུང་པོ་སྟག་སྐྱེས་），琼波乃觉生于藏历铁虎年(公元990年)尼木(སྙེ་མོ)地方。一出生就遵照天竺大修行师阿芒噶巴杂的预言,在雍仲杰瓦(གཡུང་དྲུང་རྒྱལ་བ)处学习本教法门,后来听取大圆满法的心部。但是未能满足求他的知欲携重金前往尼婆逻的班智达·苏麻底(པཎ་ཆེན་སུ་མ་ཏི)处学习梵文,班智达为他讲授了事部、行部心诀。后又在阿如喇亚玛杂的陪同下前往天竺,与多吉旦钦布大师(བླ་མ་རྡོ་རྗེ་ཆེན་པོ)相遇,在大师处受了居士戒。之后拜见了谢热巴杂戛纳和卡奇·衮巴瓦(ཁ་ཆེ་དགོན་པ་བ)、弥扎巴的弟子邢吉多吉(ཞིང་གི་རྡོ་རྗེ)、米年多吉(མི་མཉམ་རྡོ་རྗེ)、仁青多吉(རིན་ཆེན་རྡོ་རྗེ)和婆罗门热那阿拉等人,学习独特法门。回藏后恰遇黄金开采之时,得到重金后又前往尼婆逻,拜那若巴的弟子达钦布(ད་ཆེན་པོ)、弥扎巴的弟子那直噶哇(ན་ཏིང་ཀ་བ)等人学习了密宗法门,尤其是与弥扎巴大师相遇,得到了许多秘诀心要。琼波乃觉在长达五十年的时间内,奔波于天竺、尼婆逻、克什米尔以及藏地的许多地方,先后拜谒了一百五十多位大贤大德,并精通了显密典籍。众多上师中以多吉旦大师、弥扎巴、白贝乃觉(སྦས་པའི་རྣལ་འབྱོར)和热侯玛(ར་ཧུ་ལ)四大师,尤其是那若巴之妻古玛(ཀུ་མ)和苏卡斯达(སུ་ཁ་སིདྡྷ)六人为根本上师。尼古玛为奇特空行母,在她处学习了六字金刚、因身次第灌顶、术次地道和其他修行法门。从弥扎巴处学习智慧怙主法轮,又在弥扎巴的弟子处翻译了大手印法。他所翻译的大手印法分为早、中、晚期三种,中期又分为上下两部。在白白乃觉和白如的弟子康卓玛苏卡(མཁའ་འགྲོ་མ་སུ་ཁ)处又学习了许多心要。藏历铁牛年(公元1121年)到了叶如香地方,在三年之内修建了以香香寺(ཞང་ཞང་གི་དགོན་པ)为主的一百零八座寺院,僧众过万人,从此香巴噶举的美誉传遍四方。在该地琼波大师住持长达三十年之久。

琼波大师的得力弟子有直美·谢热东波(དྲི་མེད་ཤེས་རབ་སྟོང་པོ་)、弥吾敦巴(མེའུ་སྟོན་པ་)、耶噶·业波杰莫其(ཡལ་ཀ་གཡོལ་པོ་རྒྱ་མོ་ཆེ)、俄敦仁旺(དངུལ་སྟོན་རིན་དབང་)、拉堆·贡确喀(བྱམས་པའི་མེ་ཏོག་ལ་སྟོད་དཀོན་མཆོག་མཁར་)、伟色宁布、香贡曲僧(ཞང་སྒོམ་ཆོས་སེང་)及仁青尊追(རྨོག་ལྕོགས་པ་རིན་ཆེན་བརྩོན་འགྲུས་)六大亲传。持金刚密续精通者乃仁青尊追矣,香敦立嘉寺、桑顶·勋努主(བསམ་ལྡིངས་གཞོན་ནུ་གྲུབ་)建桑顶寺,从此香巴噶举分为嘉、桑两派。在香敦弟子杰钦坚赞崩(རྒྱལ་མཚན་འབུམ་)和其弟子嘉钦·强巴白(འཇག་ཆེན་བྱམས་པ་དཔལ་)处,格鲁派的宗喀巴也曾听过教言。嘉弟子穆钦·南卡乃觉巴(ནམ་མཁའི་རྣལ་འབྱོར་བ་)得到了琼波教主的六臂怙主法,帕贵·衮噶桑布(པ་གོད་ཀུན་དགའ་བཟང་པོ་)修建了达纳多吉旦寺(རྟ་ནག་རྡོ་རྗེ་གདན་),出现了其子占曲·敦乐坚赞(ཐུན་མཆོག་དོན་ཡོད་རྒྱལ་མཚན་)、杰瓦·根敦嘉措(རྒྱལ་བ་དགེ་འདུན་རྒྱ་མཚོ་)和其父衮噶坚赞(ཡབ་རྗེ་ཀུན་དགའ་རྒྱལ་མཚན་)等众多大贤。后来众所周之的大德汤东杰布或真名衮巴尊追(གྲུབ་ཐོབ་ཐང་སྟོང་རྒྱལ་པོའམ་དཀོན་པ་བརྩོན་འགྲུས་)精通上下部法脉,又近传三次,一直传到现在。琼波乃觉的著名护法智慧怙主也分布于各派,尤其是成为格鲁派的护法神,藏、印、霍三地都敬奉。

香派主要之法有《胜乐》、《喜金刚》,《土观宗派源流》载:"香派主要之法,有《胜乐》、《喜金刚》、《摩诃摩耶》、《密集》、《布畏金刚》等五部本续各各的灌顶,戒灌《幻身大灌顶》、《空行五教》、《尼古六法》、《幻身道次》、《不灭幻轮》、《转为道用》类等。《大手印盒》、《六臂大黑天》法类,《胜乐五尊》、《亥母秘修》,《观世音》、《摧破金刚》、《金刚手》、《不动尊》等的灌顶教敕,和吉冈派传规的《观音马头金刚法》等,这些法要也普遍宏传于其他派别中。"

琼波乃觉于藏历土羊年(公元1139年)圆寂,享年一百五十岁。琼波大师圆寂后的三百年间,香巴噶举得到了蓬勃的发展,此后逐渐走向衰败。

二、塔波噶举

塔波噶举源于玛尔巴大译师时期,传承到了塔波拉杰达伟勋努时正式形成,此处重点讲解塔波拉杰和他的法脉传承。

至尊米拉热巴的得力门徒,塔波拉杰父宁哇杰布(སྙི་བ་རྒྱལ་པོ་)、母旦桑(དལ་བཟའ་),他生于藏历土羊年(公元1079年)塞隆地方,在兄弟三人中排行最末,名为达伟勋努(ཟླ་འོད་གཞོན་ནུ་)、冈波瓦·罗追扎巴(སྒམ་པོ་བ་བློ་གྲོས་གྲགས་པ་)、香达玛扎·索朗仁青(ཞང་དར་མ་གྲགས་བསོད་ནམས་རིན་ཆེན་)等等。青年时期曾拜天竺高僧杰米(སྐྱི་མེད་)等天竺、汉地、尼婆逻尤其是藏地的神医彼孜(པི་ཛི་)等高人门下,学习大小五明,在医学领域有神医称号,培养了香纳(ཞང་ནག་)和主巴拉杰等许多得意弟子。三十二岁(有些史书称二十六岁)时由于妻子突然逝世而悲痛莫名,从此前往下塔波地方在芒域·洛丹谢热(མང་ཡུལ་བློ་ལྡན་ཤེས་རབ་)等人处学习胜乐和六彩宝乐经等。

此后到了卫如汀地方,在嘉玉(བྱ་ཡུལ་བ་)、穆绒玛(སྙུག་རུམ་པ་)、嘉日·贡咔哇(ལྕགས་རི་བ་གོང་ཁ་བ་)等处学习噶当法门,尤其是侍奉穆绒玛大师间听取了菩提道,精通了三士夫次第,后来返回故乡进行修炼。《主巴教法史》载:“有一天他在城墙南部休憩之时,见三个乞者正在论,一曰:吾何时才能有天降一碗荨麻粥和一件大衣。一曰:这非吾所愿,吾要当孜德土王,享尽天下荣华,此乃美事矣。又一曰:吾想拥米拉热巴之事,身不穿着,腹无食物,上应空行母,下同阎罗,才柳吾所望矣。听后对米拉热巴敬佩尤佳,施食物于三乞者,向大师辞行,前往米拉热巴处。”塔波拉杰一听到米拉热巴大师的名字就倍加敬佩，心想马上飞身前往拜访，经过后藏辗转到了米拉热巴大师的跟前，师徒二人相见恨晚，秉烛夜谈。塔波拉杰共呆了三年，得到了许多秘诀要法。米拉热巴让他前往卫藏地方并且亲自相送，临走还谆谆教诲，并预言六年之后精通大手印法的教言。此后在前往雅砻地方时听闻上师圆寂的噩耗，看见空中显现各种米拉热巴大师的祥兆，心中悲痛和敬佩同生，为了遵循上师的教诲广传噶举法门。藏历铁牛年（公元 1121 年），塔波拉杰建立了冈波寺，以噶当心要和大手印法结合而著《塔波解脱道庄严论》，从此以噶恰（噶当门和大手印法）同流的教授法来执掌教鞭，创立了独特的塔波噶举派，名震天下。于藏历（公元 1153 年）圆寂，享年七十五岁。

塔波拉杰一生弟子众多，其中有四大行者旭热帕巴（ཤོ་རོལ་འཕགས་པ་）、僧西 · 益西宁布（ཟེམ་ཤེང་ཡེ་ཤེས་སྙིང་པོ་）、赛滚 · 益西宁布（གསེར་སྒོམ་ཡེ་ཤེས་སྙིང་པོ་）和热玛 · 尼玛曲（རམ་ཉི་ཆོས་）；传承者四人塔波衮存、帕莫竹巴（ཕག་མོ་གྲུབ་པ་）、拔绒巴（འབའ་རོམ་པ་）和噶玛 · 堆松钦巴（ཀརྨ་དུས་གསུམ་མཁྱེན་པ་）。四近侍者为塔波堆曾（དྭགས་པོ་འདུལ་འཛིན་）、噶衮嘎布（འགར་སྒོམ་དཀར་པོ་）、玛亚觉赛（མ་ཡག་ཇོ་སྲས་）和杰瓦益多（སྐྱོ་བོ་ཡེ་རོར་）；四红人为觉敦（ཇོ་སྟོན་）、列孜（ལེགས་མཛེས་）、赛央（གསལ་དབྱངས་）和赛耶（གསས་ཡེས་）。上述十六人称为冈波十六子。塔波拉杰将玛尔巴译师和米拉热巴大师的法脉传承弘扬光大，从他传下来的噶举四大支和八小支的详情如下。

三、噶举四大支和八小支的源流

1 噶举四大支

塔波噶举分为四大支，即：

(1)帕竹噶举源于塔波拉杰的亲传帕莫竹巴(ཕག་མོ་གྲུབ་པ་རྡོ་རྗེ་རྒྱལ་པོ་)。其父亲叫崴伟阿达尔(དབས་ཕྱེར་ཨ་དར་),母亲叫热益萨尊(རེ་དབྱི་བཟའ་བཙུན་),生于藏历铁虎年(公元1110年),系崴氏。九岁时在嘉齐拉康(བྱ་ཁྱི་ལྷ་ཁང་)地方的住持图布崔成(སྙིང་རེ་ཡན་ཐུབ་པ་ཚུལ་ཁྲིམས་)和伟色坚赞(སྙིང་རེ་ཡན་ཐུབ་པ་ཚུལ་ཁྲིམས་)处出家受戒,取法名为多吉杰布(སྙིང་རེ་འོད་ཟེར་རྒྱལ་མཚན་),从小聪慧过人,读经书能过目不忘,在康区总共拜十六位大师学习显密法门,对入菩萨行论进行注释,大师们议定让他前往卫藏。十九岁时,与父同行到了堆龙,在格西·嘉玛瓦(དགེ་བཤེས་རྒྱ་དམར་བ་)和恰巴·曲吉僧伽(ཕྱྭ་པ་ཆོས་ཀྱི་སེང་གེ་)等人处学习显密经要,又在嘉玉瓦·勋努伟色(བྱ་ཡུལ་བ་ཆེན་པོ་གཞོན་ནུ་འོད་)等人处听取了噶当心要。二十五岁时,在孙布嘉东寺(ཟུམ་ཕུར་དགོན་པ་)的住持、格西嘉玛瓦等人处受比丘戒,从两位处学习了《俱舍论》,在桑顿大师处听取《现观庄严论》,还在娘占(མྱང་བྲན་)大师处学习《入菩萨行论》等经典,成为大贤。后来又在布让大师(སྤུ་ཧྲངས་ལོ་ཆུང་)的弟子玛·曲吉坚赞(དམར་ཆོས་རྒྱལ་མཚན་)处学习胜乐灌顶及其本续,从布衮纳布(སྤུར་སྒོམ་ནག་པོ་)处学习心门法,修此法八个月并得到了大极乐的幻术。

到了萨迦拜于至尊衮噶宁布门下,听取了续部和道果次第法,显示出过人之兆,萨钦·衮噶宁布(ས་ཆེན་ཀུན་དགའ་སྙིང་པོ་)欣喜而经常赞叹不已,后来师徒两人在多吉洞(རྡོ་རྗེ་ཕུག་)修练风脉法门并结果圆满。他又拜在菩萨心达瓦坚赞(ཟླ་བ་རྒྱལ་མཚན་)大师门下,大师曰:上旬修炼,下旬讲法,此乃成道之道。后来拜谒了麻吉夏玛(མ་གཅིག་ཞ་མ་)等十三位修行师。《达隆教法史》载:"诞生于弥药地方的天竺经刚座住持,杂米大译师的弟子噶译师图多旺久与胜乐无分别,听闻了时轮经、密宗续等众多密宗要门和各种显宗经典为主的大小五明学，后期授予帕竹许多法门。”帕莫竹巴多吉杰布精通各大法门，成为噶举派的重要传承人。

到了冈波后与塔波拉杰相见，在塔波处学习了许多内门法要，尤其是精通了大手印法，后来到了文库地方修行，为时长达五年之久，期间广收门徒，广传塔波噶举的法门，并常告诫弟子守道兴佛之道。他把塔波拉杰的教言和米拉热巴的大手印法相结合，成为独特的噶举法脉传承者。于藏历土虎年(公元1158年)建立了丹萨替寺，广传塔波拉杰的噶举法门，并将其与自己多年参悟的独特法门相结合而创立了帕竹噶举。按照吉祥·达瓦坚赞的教诲，划分了上旬修行练术，下旬讲经授法。其门下弟子大都成为得道高僧。从藏历土虎年(公元1158年)到藏历铁虎年(公元1170年)间，往丹萨替寺求法者不断，门下弟子有八百，其中乘大宝幢者就有五百多人，此后的噶举八小支也从该派承传。帕莫竹巴于藏历铁虎年(公元1170年)十月二十五日圆寂。

至尊帕莫竹巴，其弟子多如繁星，其中有衮旦·藏巴热穷(ཀུན་ལྡན་གཙང་པ་རས་ཆུང་)、撒热·格旦益西僧伽(ཟ་ར་སྐལ་ལྡན་ཡེ་ཤེས་སེང་གེ་)、多旦·弥药衮日(རྟོགས་ལྡན་མི་ཉག་སྒོམ་རིངས་)、修行者聂日色卧(གྲུབ་ཐོབ་ཉག་རེ་སོ་སོ་)四大嫡传；有道歌第一达隆瓦(སྟག་ལུང་བ་)、缘起第一直贡巴(འབྲི་གུང་པ་)、参悟第一囊普瓦(ཉང་ཕུ་བ་)以及智慧第一巴普(པ་ཕུ)四人；还有敦巴本主(ཆོས་རྗེ་ལྷུམ་)、敦喇嘛(བླ་མ་གཏུམ་)、郭普瓦(འགོལ་ཕུ་བ་ཕུ་)、耶吾瓦(ཡེའུ་བ་)、马尔(སྨར་པ་)、朗·僧伽坚赞(རླངས་སེང་གེ་རྒྱལ་མཚན་)、热钦桑珠(རས་ཆེན་བསམ་གྲུབ་)、热巴敦日(རས་པ་སྟོན་རིན་)八大尊者以及格西·仙仲巴(དགེ་བཤེས་ཤན་གྲོང་པ་)、尼乃江耶(ཉེ་གནས་བྱང་ཡེས་)、衮尼贡达(དཀོན་གཉེར་སྒོམ་དར་)、衮

尊(སྒོམ་བརྩོན་)、索仁(བསོད་རིན་)、僧敦(སེང་སྟོན་)、敦云(སྟོན་ཡོན་)等八大近侍;此外还有格西坚擦(དགེ་བའི་བཤེས་གཉེན་རྒྱལ་ཙ་)、香敦巴(ཞང་སྟོན་པ་)、曲吉喇嘛(ཆོས་ཀྱི་བླ་མ་)、格西具普(དགེ་བཤེས་ཛོ་འབུམ་)、布·多吉钦布(བོས་རྡོ་རྗེ་ཆེན་པོ་)、香敦·普孜日巴(ཞང་སྟོན་ཕུ་རྫི་རི་པ་)、扎波·格瓦白(ཛི་བོ་དགེ་བ་དཔལ་)、孜具僧伽(རྩགས་དབྱུག་སེང་གེ་)、桑杰年贡(སངས་རྒྱས་གཉན་སྒོམ་)、娘贡钦布(མྱང་སྒོམ་ཆེན་པོ་)、藏巴觉赛(གཙང་པ་ཇོ་སྲས་)、宇妥巴(གཡུ་ཐོག་པ་)、丁青巴(སྡིང་ཆེན་པ་)、基隆巴(ཅི་ལུང་པ་)、夏斯贡巴(ཤ་ཟི་སྒོམ་པ་)、吾央衮确(དབུ་ཡང་དཀོན་སྐྱབས་)、吾衮喇嘛(དབུ་སྒོམ་བླ་མ་)、达德瓦(སྟག་སྡེ་བ་)等众多高徒。

(2)拔绒噶举拔绒噶举的创始人达玛旺(དར་མ་དབང་ཕྱུག)久父为敦巴·窘乃罗追(སྟོན་པ་འབྱུང་གནས་བློ་གྲོས་),母为觉穆·罗穷瓦(ཇོ་མོ་ལོ་ཆུང་མ་),藏历火羊年(公元 1127 年)生于潘域噶哇玉那地方(འཕན་ཡུལ་དཀའ་བ་ཡུལ་སྣ་),小时名为崩嘉(འབུམ་སྐྱབས་)。相传他是吐蕃时期占喀白云的第十或十一位转世,是家中兄弟三人中的次子。八岁时在住持噶哇·达玛僧伽(ཀ་བ་དར་མ་སེང་གེ)和上师旺久勋努(དབང་ཕྱུག་གཞོན་ནུ་)两人处出家受戒,取法名为达玛旺久(དར་མ་དབང་ཕྱུག)。后在格西嘉玉巴(དགེ་བཤེས་བྱ་ཡུལ་བ་)、勋努伟(གཞོན་ནུ་འོད་)和波多瓦仁青赛的弟子主布隆巴(གྲུབ་འབུ་ལུང་པ་)处学习诸多噶当教言,又在一位云游僧的指引下,于二十一岁之年到达了塔波拉杰身旁,成为了塔波教主的弟子,并学习了各种噶举派的教言。他生性聪慧加上刻苦勤奋,得到了塔波拉杰的赏识。二十八岁时按照上师的旨意,携众多经典前往北方拔绒地方,修炼达七年之久。此时修成了定增法,又讲授了噶举祖师颂等二十九大道歌。此后前往康区,得到了土官益西赛(དཔོན་ཆེན་ཡེ་ཤེས་གསལ་)的敬奉,在觉都扎卡(སྐྱོ་རྡུ་བྲག་དཀར་)地总共呆了三年,聚集了达衮等诸多高僧,广传法门。

他前后三次前往康区，创立了郭措寺（ཀོ་མཚོ）和穆德寺，到了其瓦拉康时，施主达查向其赠送财物。前往拔绒后在红岩下修建了大殿，并将乐空大手印法与实相大手印法相结合，对众徒进行引导，从此拔绒噶举正式创立。藏历土马年（公元1198年）与直贡教主（ཆོས་རྗེ་འབྲི་ཁུང་པ）三万教众一行相遇在那热地方，从直贡教主处听取了心生法门和大手印法等，给直贡巴敬献谢热降曲等供奉，于藏历土羊年（公元1199年）随着诸多祥兆圆寂，享年七十三岁。

拔绒达玛旺久有许多弟子，如孜仲·旺久僧伽（རྩེ་སྒོམ་དབང་ཕྱུག་སེང་གེ）、扎喀觉尊（ཟྲག་ཀ་ཇོ་བཙུན）、大喇嘛洛巴（བླ་མ་ཆེན་པོ་ལྷོ་པ）、敦巴·仁青喇嘛（སྟོན་པ་རིན་ཆེན་བླ་མ）、扎卡拉敦（ཟྲག་ཀ་ལྷ་སྟོན）、贡巴·勋努扎（སྒོམ་པ་གཞོན་ནུ་གྲགས）、其尼·阿热雅德瓦（ཁྲི་མཉེས་ཨ་ར་ཡ་དེ་ཝ）、拉吉罗追（ལྷ་རྗེ་བློ་གྲོས）、热巴·仁布齐（རས་པ་རིན་པོ་ཆེ）、喇嘛尼衮巴（བླ་མ་ཉི་མགོན）、喇嘛白杰（བླ་མ་དཔལ་རྒྱས）、僧伽坚赞（སེང་གེ་རྒྱལ་མཚན）、文布·谢热降曲（དབོན་པོ་ཤེས་རབ་བྱང་ཆུབ）等。

（3）蔡巴噶举香卓伟衮布玉扎（ཞང་འགྲོ་བའི་མགོན་པོ་གཡུ་བྲག་པ）之父为阿巴·多吉僧巴（སྔགས་པ་རྡོ་རྗེ་སེམས་དཔའ），母为芒吉（མང་སྐྱིད），藏历水兔年（公元1123年）生于拉萨擦哇主的密术师家中，取名为达玛。从小笃信佛法，七岁时由母亲和哥哥给他讲授基本的藏文，九至十八岁之间在玖敦巴处学习《俱舍论》，在辛大师处听取《百颂经》，又在俄多底（རོག་མདོ་སྡེ）处学习《喜金刚》、《勇猛宝账怙主母经》和《密语经》，以及从桑普译师（སམ་འབུ་ལོ་ཙྪ་བ）处学习了《般若部》、《因名学》等等。十八岁那年因受到亲戚的凌辱而修炼密咒击溃之。此后，他厌恶俗世，与人前往康区，二十三岁在罗敦大师处受戒，二十六岁自显《宝箧经》而心生敬奉，在住持喀郭瓦（མཁར་སྒོམ་བ）大师、卓喀瓦

(སྤྱིལ་མཁར་བ་)和桑顿素姜(གསང་སྟོན་གཟུང་ལྗང་)等人处正式出家，取名为尊追扎(བརྩོན་འགྲུས་གྲགས་པ་)。又与白・噶洛大师(དཔལ་ཀ་ལོ་)在前往索布地的途中相遇，大师向他讲授了许多心门，后拜于耶巴(ཡེར་པ་)门下，三年后与白噶洛大师重逢，继续听闻心门法要。三十三岁时拜塔波拉杰之弟岗巴瓦・崔成宁布(སྒོམ་པོ་ཚུལ་ཁྲིམས་སྙིང་པོ་)为师，听闻了大手印法，得到了噶举派的真传。拜沃卡大师后圆菩萨心。此时大师远离尘世修炼真传，于藏历木羊(公元1175年)年建立了贡塘大殿、回廊和本尊大神像等，后建立了蔡巴寺，大兴佛法，于藏历水牛年(公元1193年)圆寂，享年七十二岁。香・尊追扎巴有众多弟子，其中有南卡伟(ནམ་མཁའ་འོད་)、卡热瓦・堆瓦伟(ཁ་རག་པ་འདུལ་བ་འོད་)、拉曲瓦・尼达伟(ལྷ་ཕྱུག་པ་ཉི་ཟླ་འོད་)和直热・夏瓦伟(འབྲི་རབ་ཤཱཀྱ་འོད་)四大真传弟子，南卡伟建立了拉热喀(ལྷ་རི་ཁ་)、公布拉热江多寺(ཀོང་པོའི་ལྷ་རིངས་ཀྱང་ཐོ་)以及卓亚定寺(འབྲོག་ཡང་སྟེང་)等，拉曲瓦建拉曲喀寺，卡热瓦立鲁堆寺。在他外甥时期，蔡巴噶举处于鼎盛时期，僧众过万，由释迦益西(ཤཱཀྱ་ཡེ་ཤེས་)、江伟(བྱང་ཡེས་)、拉曲巴(ལྷ་ཆུ་པ་)、桑杰崩(སངས་རྒྱས་འབུམ་)、桑杰宁布(སངས་རྒྱས་སྙིང་པོ་)、桑杰热巴(སངས་རྒྱས་རས་པ་)和色康定(གསེར་ཁང་སྟེང་པ་)等人执掌该寺，又出现过玛尔伟等大贤，由此蔡巴噶举世代相传。

(4)噶玛噶举噶举派三祖之一塔波拉杰的得意门生，第一世噶玛巴或康巴吾色(ཀརྨ་པ་དུས་གསུམ་མཁྱེན་པ་)，其父衮巴・多吉杰布(སྒོམ་པ་རྡོ་རྗེ་མགོན་)，其母拉托萨岗(ལྷ་ཐོག་བཟའ་སྒང་)，于藏历铁虎年(公元111年)生于安多哲旭岗的热瓦(མདོ་ཁམས་ཀྱི་ཏོད་སྒང་གི་ར་བ་)地方，名为格陪。十六岁时在俄译师的弟子智吾(ཙྭ་རི་མཚོག་)处出家受戒，取法名为曲吉扎巴。在阿底峡大师弟子玉曲旺(ཡོལ་ཆོས་དབང་)等处听闻阿底峡大师的独门法门。十九岁时到了卫藏地方，从堆龙赛唐·杰玛瓦（སྟོད་ལུང་སེ་ཐང་）和恰巴·曲吉僧伽（ཕྱྭ་པ་ཆོས་ཀྱི་སེང་གེ）等处习弥勒和中观等，长达六年拜夏热瓦为师，修噶当次第道的法门，于巴擦译师处习中观。三十岁时玛对曾为住持、益西罗追为上师和门弟为密师正式出家。在塔波拉杰处最初听闻菩提道，得到许多独门灌顶，成为了白搭修行者的佼佼者。在冈波呆了三年，成为塔波拉杰最重要的弟子。先后在桑日、沃卡等地讲经修练，后到了后藏地方从米拉热巴的弟子格存两兄弟、迪穆日巴、边普巴敦杰、杰布邦喀等处听闻噶举无上法门，又在潘域嘉桑喀地方修炼三年。后冈波巴命他前往门禺，在门禺拜土王噶同为上师，期间出现了被虎群簇拥等现象。在巴卓达仓的深静之地修行一年，后到罗荣地方与热穷巴和孜穆·南卡色真等相遇，得到了那若六法等心诀要义，拜江穆·邦喀瓦、辛·多吉僧伽和达域巴等大贤为师，此后辗转到了冈波，从教主塔波拉杰处继续听闻无上法门，冈波巴派他到悉迈喇日杰布地方讲经说法，又在上师毗卢、白·噶落（དཔལ་ཀ་ལོ）、阿僧（ཨ་སེང་）等处习修行密术。藏历火兔年（公元 1147 年）在日卧齐地方建立噶玛喇丁寺，噶玛派系从此流传开来。五十岁时又到康区，杂迈地方建立扎当帕崩拉康和佛塔。五年以后到了冈波，修成了黑帽和骨饰怙主法。六十岁时被迎请至杂寓岗噶布地方，讲授了许多缘起法，立德阳普寺，为众生大转法轮。藏历火羊年（公元 1187 年）七十七岁时到南部卫藏吉宗域大兴佛法，并为耶巴普的僧众讲解噶举心诀，以金汁经书供奉。藏历土鸡年（公元 1189 年）修建了楚布寺，称为上下驻锡地，聚集新旧弟子上千人，噶玛噶举派的美名从此流传四方。一代教主噶玛·堆松钦巴大师于藏历水牛年（公元 1193 年）圆寂，享年八十八岁。

蒙古王储赠送第二世噶玛巴·噶玛巴协一顶黑帽，他承传的黑帽系从此名声远扬。此外从多旦扎僧开始的红帽系也占据了重要的历史地位。噶玛堆松钦巴的弟子中有预言第一底琼桑杰、幻术第一白大德瓦、道歌第一扎瓦·噶当巴、觉悟第一扎·益格西尊，利他第一热钦五大弟子。杰瓦冈波、让窘桑杰、藏·索瓦衮僧、卓衮仁青传者四人；南卡伟、益西伟、云旦伟、根敦伟近侍四人；益西喇嘛、美朗喇嘛、窘乃喇嘛和坚赞喇嘛四大喇嘛；格隆尊追、仁青坚赞、多克巴、米格觉赛四子；藏敦崔僧、智瓦衮确白、多吉谢热和岗译师四大再传弟子等等。

2 噶举八小支的源流

噶举八小支，为帕竹噶举的支系，详情如下；

(1)玛尔巴噶举　玛尔巴噶举的创始人为玛尔仓·谢热僧伽，生于藏历木兔年(公元1135年)安多直隆境内的玛尔旭格杰切玛隆地方，父为衮巴鲁祖，为家中幼子。从小敬仰佛法，心生菩萨心，与喇嘛白噶罗相遇后，得到了《心生法》和生涅灌顶及教言。藏历土蛇年(公元1149年)从白上师崩嘉处得到了密宗和因明学的诸多知识，闻修许多法门，尤其是拜于喇嘛白钦布、喇嘛阿色和喇嘛布衮等人门下，得到了胜乐灌顶，以近人师直布瓦法轮、五蕴分说法、本性论等法门。二十五岁时在崩嘉、白尊谢杰的上师住持吾色、巴主·谢热扎等处出家受戒，取法名为谢热益西。当年欲往卫藏时，大师巴敦谢杰道：卫藏有吾知音多杰，尔应往他处。遂与格西达玛崩一同前往卫藏，在藏那处学习了中观等法要。藏那大师云：吉祥龙树之法，虽有听闻者众多，而乏践行之士，吾乃第一人。由嘉堆为住持、恰巴为上师、藏那为密师受比丘戒。于嘉堆处学习了戒律之法八个月。桑普拜于恰巴和藏巴两大高僧门下，精通了显密而法。玛尔巴谢热益西大师由于生性聪慧而得到了大师们的宠爱。后来到了拉萨又拜衮崔大师学习了大手印法，于噶当大师隆穆瓦、亚格巴、敦东巴、恰噶瓦和钦布巴等处听闻噶当法门。在伟赤僧伽白的帮助下到了帕莫竹巴教主身旁，听闻各种法要，但不幸身患疾病，病情好转后继续学习教言，其间到了吉雪，后又在帕莫竹巴处学习了噶举祖师教言等诸多噶举法门，长达五年之久。此时，辞别帕莫教主而往康区心生不安，大师曰：继弘法大任、行众生之道、生菩萨心肠，三者柳吾教诲，爱徒切记。途中与衮崔又一次相遇，得到了许多噶当教言。藏历火猪年（公元 1167 年）回到了久别的故乡并建立了俊夏寺，僧众逾两千人。此后，央衮巴、京俄大师、夏吴孜巴和囊仁青林巴等大贤大德相聚此地，大兴噶举之法，玛尔巴噶举的美名从此传遍四方。他的弟子有益西坚赞等等。

(2)耶巴噶举　该派的创建人桑杰耶巴（སངས་རྒྱས་ཡེལ་པ་），其父为衮巴・阿巴密咒师（སྒོམ་པ་ཨ་འབར་），母亲为贡巴・桑尊玛（དགོངས་པ་བཟའ་བཙུན་མ་སྒྲོན་ལྷམ་），桑杰耶巴为长子。于藏历木虎年（公元 1134 年）生于安多达色龙（མདོ་ཁམས་ཟླ་སེལ་ལུང་）地方。系东汩崩汩杜，名为普巴主（ཕུར་པ་སྐྱབ་）。从小天资聪慧，为很多同龄人所不及。于白噶洛处听授了许多教言真经，基本掌握了各种简单的藏文读写功夫。藏历水猴年（公元 1152 年）十九岁时到了素达地方，在仲大师（མཁན་པོ་འབྲོམ་）和门觉顿大师（མལ་ཇོ་སྟོན་པ་）处出家，取名为益西孜巴（ཡེ་ཤེས་བརྩེགས་པ་），二十岁时在上述二师和密师多衮处受比丘戒，从仲、觉顿二处学戒律理论和实践法。其间先后从阿里的曲切、格西达绒巴（དགེ་བཤེས་ཟླ་རོང་པ་）等处学习基本的内明理论。藏历火鸡年（1156

年）二十三岁时与孜穆和格曲同往卫藏，途中广听法门，在恰巴大师处听闻中观和具舍等法。由于天资极高而厌恶小乘，只敬仰大乘中观法。并分别在俄大师处听闻法轮灌顶续、雄·达玛僧伽（འོང་དར་མ་སེང་གེ）处听因明学、喜热·吾曲瓦（སྒྲེ་དཔལ་ཆུབ）处修五尊和无我法以及普·巴罗追僧伽（ཕུར་བ་བློ་གྲོས་སེང་གེ）处学习许多噶当教义。藏历水马年（1162 年）二十九岁时拜于帕竹教主门下，教主见他非凡僧就让他壁山修炼，下旬出关后给他传授许多定增等灌顶，又授无上瑜伽部，从此正式修炼成了中观大乘法。在帕竹身旁学习时间长达七年，其间听闻了噶举派的法门，尤其是帕竹噶举的许多独门法术，成为大贤者。帕竹教主见他已成大器，就让他前往康区，拯救众生于轮回之苦。出发前他双眸含泪道：时常念师恩、恩师教言、伴无我定增法、乃师之教，如幻一生、杂念横飞、只有真言、才能断其。帕竹大师曰：尔出发之际，吾让众人相送，吾亦目光相送。后来由达隆唐巴等师兄弟送他到远处，离别之际彼此以礼相别。辗转到了挖补第（ཕ་ཏིར）地方、玛悦阿鲁（མ་ཡོ་ཨ་གླུ）地方广讲法门，藏历铁兔年（公元 1171 年）三十八岁时于康区建立了耶普寺，在这奇妙的圣地广收弟子，大兴噶举法，执掌耶巴住持宝座长达十八年之久，独特的耶巴派也从此开始流传。藏历土猴年（公元 1188 年）五十五岁时建立了达纳寺，该寺的周围聚显七珍宝兆，聚集许多高僧大德，又迎请玛尔巴教主（ཆོས་རྗེ་སྨར་པ་ཤེས་རབ）到旭衮寺，两位噶举派的教主相聚于此，切磋法门，秉烛夜谈。两人又一同到了达纳，在江伟（བྱང་འོད）和赛崩（སེར་འབུམ）两位施主的供奉下，于藏历水鸡年（1192 年）创建了罗堆江衮寺，聚众徒而大兴噶举法，尤其是耶巴派的恩惠普照四方。桑杰耶巴创建了耶巴寺、达纳寺和江衮寺，讲经说法长达二十四年之久,也出现了许多得道弟子,其中巴·孜摩瓦(འབག་རྗེ་མོ་བ་)亦徒亦友,还有普巴瓦(མཁན་ཆེན་ཕུ་བ་)、喇伟色(བླ་འོད་གསལ་བ་)、卡唐·央衮巴、东窘哇·孜摩(སྟོང་འཛོང་བ་རྗེ་མོ་)及索觉哇·邦钦(གསོལ་ཇ་བ་སྤང་ཁྲིམས་)等许多高僧。藏历木虎年(公元1194年),耶巴教主圆寂。

教主圆寂后,如何迎请法体,三寺的意见不一,施主热西(རག་ཞི་)力争迎往达纳寺,途中显现各种奇妙之兆,供奉中央殿时法体变成了舍利等奇观。藏历土羊年(公元1199年)在达纳修建灵塔,开光典礼由大修行者聂色(གྲུབ་ཐོབ་ཉ་ག་སེ་)和住持吉西郭瓦(མཁན་པོ་སྟོ་བཞི་འགོ་བ་)共同完成,巴孜摩成为第二代耶巴教主。三大主寺的住持普巴瓦(མཁན་ཆེན་ཕུ་བ་)于藏历水猴年(公元1173年)生于吉堆瑜汩丁(སྐྱི་སྟོད་ཀྱི་གཡུ་སྒྲ)曲其地方,系朗拉塞,名为琼钦太,八岁就掌握基本的藏文读写能力。后在俄多底大师的弟子旺钦(ཡང་ཆེན་པ་)处得到了无我母、持金刚阿如亚、鹰头怙主和古衮等怙主灌顶和教言,十一岁就进行了壁山修炼。于宗域夏热(ཚོང་ཡུལ་ར་ཤོག་རོག)地方的喇嘛耶巴益西孜(བླམ་ཡེལ་པ་ཡེ་ཤེས་བརྩེགས་)处听闻法门,大师赐给他一件黄色布匹。十五岁在藏巴宗郭瓦(གཙང་པ་རྫོང་འགོ་བ་)和上师当底(ཏང་ཏི་བ་)处出家,取名为伟色白(འོད་ཟེར་དཔལ་),学习了《俱舍论》等。十六岁到了耶巴吉堆地方,按桑杰耶巴的教言,在达纳得到了喜金刚灌顶,于耶巴洞得到了《五尊》、《无我甘露法》及《百字经》和《坛城法》的讲学。藏历铁狗年(公元1190年)十八岁时在藏巴宗郭瓦哈当丁大师处受比丘戒,两位大师也遵照帕竹教主的教言让他前往康区讲经说法,在康区成为三大寺的住持,又在耶巴教主处得到了独特法门,尤其是得到了深静法的秘传。二十二岁时候,耶巴教主圆寂,他在完成了教主的后事之后，连续从上述两位上师处听闻许多教言。藏历木兔年（公元1195年）二十三岁时修建了吉纳寺，广收门徒，于杰日（རྒྱ་ཁྲམ་པ་）大师处学习了希解派教言和医药学知识，还在扎西岗巴（བཀྲ་ཤིས་སྒང་པ་）处听闻《喜金刚》、《密集金刚》、《无畏金刚》、《瑜伽部》、《天王部》、《护法部》、《多闻天王》及《入菩萨行论》等。拜冈波瓦的五大弟子及帕竹的十三大弟子。此时的普巴瓦名声远扬，也遭到了聂本波敦巴（གཉོས་བོན་པོ་སྟོན་འབུམ་）的嫉妒，但是他执掌三大寺却毫无偏见，弟子中有尊文萨、喇嘛扎巴伟色等。到了洛宗（སྟོང་འཛོང་），藏历火猴年（公元1234年）时身体日渐不适，弟子和施主虽百般救治，但都无效而终。普巴瓦时期正是耶巴噶举最鼎盛的时期。

（3）绰布噶举至尊帕莫竹巴的弟子衮噶谢热（རྒྱལ་ཚ་ཀུན་དགའ་ཤེས་རབ་ 又名仁青衮）和衮旦热巴（ཀུན་ལྡན་རས་པ་）两人相传，藏历土狗年（公元1118年）在夏脉（ཤབ་སྨད་）地方出生在努·南卡宁布（གནུབས་ནམ་མཁའི་སྙིང་པོ་）氏家。五岁就掌握书写能力，从小就对佛心生虔信。拜于努尼玛（གནུར་ཉི་མ་）等大师门下，广闻大法，十九岁时到了卫藏地方，与布让译师的亲传弟子玛尔曲吉杰布（དམར་ཆོས་ཀྱི་རྒྱལ་པོ་）相遇，按照喇嘛玛尔的旨意前往帕竹教主身旁，听闻了许多噶举心要，尤其是心生大手印法的证悟。藏历铁兔年（公元1171年）五十三岁时建立绰布寺（ཁྲོ་ཕུ་），从此形成了噶举小支绰布噶举派。年过六旬身体患疾病，虽有众人劝其留下，但他执意前往东方，在玛吉劳准（མ་གཅིག་ལབ་ཀྱི་སྒྲོན་མ་）之子退宁桑朱（ཐོད་སྨྱོན་བསམ་འགྲུབ་）处学习觉派法。于藏历木兔年（公元1195年）圆寂，享年七十八岁。

其弟衮旦热巴·西哇崔成（གཙང་ཀུན་ལྡན་རས་པ་ཞི་བ་ཚུལ་ཁྲིམས་）于藏历土龙年（公元1148年），为了与兄相见到了卫藏，正遇其兄在帕竹教主大门下听经学法，讲经内容正是米拉热巴的道歌，遂心生神秘与敬佩，当下即向帕竹大师三次叩拜，得到了噶举派的真传。返回康区并在绰布修炼，并在帕竹各大弟子相聚修建大殿之时，担任西大殿的总工。他精通各种幻术密咒，于藏历火牛年（公元1217 年）在杰（འཇད）东部的加布地方圆寂。

绰布噶举创始人衮旦谢热和衮旦热巴两人的弟弟即绰布译师・江巴白（ཁྲོ་ཕུ་ལོ་ཙཱ་བ་བྱམས་པ་དཔལ）生于藏历水蛇年（公元1173 年），其父为觉番（ཇོ་འབན），母为赛玛赛杰（བསྒྲིགས་མ་གསལ་བྱེད）。六岁开始学习基本的文字书写和朗诵，八岁与衮旦谢热相遇，十岁在兄长处出家，取名为江巴白（བྱམས་པ་དཔལ）。十九岁在住持衮旦谢热、上师藏喀瓦（ཙང་ཁར་བ）、衮旦热巴等处受比丘戒，当年就开始从舅父格瓦（ཞང་དགེ་བ）处学习翻译，后来成为译师。后来从两位兄长处听闻了不同的三十六心诀、十三法旨。二十四岁时杰擦衮旦谢热圆寂，那年他到了尼婆逻，于班钦・布达谢热处听闻了许多密宗心要。藏历土马年（公元1198 年），大修行师者扎佐噶（སྒྲུབ་ཆེན་ལི་ཧྭ་ཛོ་ཀི）将其迎请到驻地，第一次翻译了《法王热解部》、《心性安憩部》及《法舟部》等。他在后藏地方呆了十八个月，后前往汉地的五台山。六十一岁迎佛陀室利（ཁ་ཆེ་པཎ་ཆེན་ཤཱཀྱ་ཤྲཱི），造天母大像，云游卫藏各地，讲经说法，大转法轮。将《现观庄严论注释智慧明灯》、《入菩萨道》和《观音百大修行法》等将译成了藏文。藏历木鼠年（公元1204 年）迎请克什米尔班智达释迦室利，在藏地开创了一切有部派律统或班钦律统的传统。建立绰布大殿，绰布译师遵照噶举祖师的旨意，再一次前往康区，在类乌齐广讲佛法，普渡众生。又把原先以帐篷搭建的庙逐渐修建成绰布如衮达杰林大寺，使此寺成为了绰布上下主寺。绰布译师在主寺迎请境内外班智达和高僧一同讲经说法，一时间绰布寺法号不断，尽显佛法圣地之景。《土观宗派源流》载："降巴白所持的宗派与上述诸宗不同，似乎另成一个流派。超浦译师所说的法门有《九字要门》、《三四一十二种心言》、《大手印九义》等。所成立见宗方面的理论，又纯是噶举大印之见。此外超浦译师的《百种要门》，其中收有释迦室利为四方大众所开示的散论，金刚座寺座主腻迦楞伽提婆所传之《解缚论》，彼中所谈见解，亦与大印相契合。"从中可以看出，绰布译师将把噶举独门大手印法的传播又提升了一次。绰布噶举由杰擦衮噶谢热开创，衮旦热巴进一步传承，绰布江巴白时期从天竺、尼婆逻和克什米尔等地迎请许多贤者高僧，使该派得到了最快的发展。总之，绰布译师时期也是该派发展的鼎盛时期。大译师于藏历木鼠年（公元 1225 年）圆寂，享年五十二岁。其弟子如云，主要有喇钦索朗旺久（བླ་ཆེན་བསོད་ནམས་དབང་ཕྱུག）、坎钦江久白（མཁན་ཆེན་བྱང་ཆུབ་དཔལ）、桑杰协钦（སངས་རྒྱས་ཞིག་ཆེན）三大喇嘛，以及江巴 · 主久丹增（བྱམས་པ་སྒྲུབ་རྒྱུད་བསྟན་འཛིན）、央孜瓦 · 仁青僧伽（ཡང་རྩེ་བ་རིན་ཆེན་སེང་གེ）、俄 · 擦扎巴白（སྔོ་ཚ་གྲགས་པ་དཔལ）、聂洛孜巴（གཉོས་ལོ་རྩེ་བ）、喇嘛多吉旺（བླ་མ་རྡོ་རྗེ་དབང）、热玛僧杰（རས་མ་སེང་རྒྱལ）和绒巴噶落（རོང་པ་ཀ་ལོ）等。

（4）直贡噶举源于觉巴 · 吉天衮布（སྐྱོབ་པ་འཇིག་རྟེན་མགོན་པོ），其父为系主杰汩热的密宗世家的俄强多吉（སྔགས་འཆང་རྡོ་རྗེ），母为尊玛（བཙུན་མ），藏历水猪年（公元 1143 年）生于康区旦堆宗（ཁམས་འདན་སྟོད་ཚོང）地方，到了卫藏后，在帕竹教主身旁学习各种显密法长达三年之久，取名为仁青白（རིན་ཆེན་དཔལ）。成为大德，期间身患麻风而苦不堪言，着一身山羊皮的粗糙外衣，众人因而称其为热土(着山羊皮衣者)居士。教主也欢喜不已,预言道:将来会成为大修行者。二十五岁时,在教主、基隆大师和年巴堆孜等人处出家受比丘戒,靠他勤奋好学的心与天资,很快成为享誉各地的大师,在许多弟子和施主的建议及物资帮助下,大师于藏历土猪年(公元1179年)建立直贡寺,该寺后来逐渐发展壮大,聚集了成千上万的僧众,最多时,达五万五千人,从此直贡噶举派正式形成,直贡教主于藏历火牛年(公元1217年)圆寂。

主要弟子有四近侍、聂噶曲松、十二大白钦等,住持谱系为京俄大师(རྗེ་སྤྱན་སྔ་རིན་པོ་ཆེ)、文大师(དབོན་རིན་པོ་ཆེ)、迥大师(གཅུང་རིན་པོ་ཆེ)、聂杰瓦·拉囊巴(གཉོས་རྒྱལ་བ་ལྷ་ནང་པ་)、噶当巴·曲定巴(མགར་དམ་པ་ཆོས་སྡིངས་པ་)、白钦曲益(དཔག་པ་ཆེན་ཆོས་ཡེ་)和文谢迥(དབོན་ཤེར་འབྱུང་)等。

(5)修赛噶举创建者为杰郭崔成僧伽(དགྱེར་སྒོམ་ཚུལ་ཁྲིམས་སེང་གེ་)或杰郭曲僧,其父为将军衮确觉(དཀོན་མཆོག་སྐྱབས་),母为杰擦玛朵底坚(རྒྱལ་ཚ་མ་མདོ་སྡེ་རྒྱས་),藏历木鼠年(公元1144年)生于雅砻兄阿宗(ཡར་ལུང་ཤོང་ང་རྫོང་)地方,取名为曲吉僧伽。当过昌珠寺的内总管,在格西霍(དགེ་ཤེས་ཧོར་)处得到密集金刚灌顶,取密名为多吉杰布,又听闻密集金刚注释等。藏历水马年(公元1162年)拜于帕竹教主膝下,学习那若六法等噶举法门,回到故乡时,得知父被敌擒等,族人祸乱不断,此时又闻帕竹教主归天一事,心生悲痛。到处寻良师高僧,在迈·噶哇坚巴(མལ་ཀ་བ་ཅན་པ་)处学习,用一个多月时间修行。后到了沃卡的曲永大师处,又勤学留法等噶举法,得到了一切灌顶和心诀法而成为了行者。藏历铁牛年(公元1181年)三十八岁时建立修赛寺,从此形成了独特的噶举派系修赛派。在主寺呆了长达二十四年之久，其间大转法轮，讲授佛法救渡众生于轮回之苦。于藏历木鼠年（公元 1204 年）圆寂。该寺后来成为尼姑庵，传承法门以宁玛派居多。

他的弟子有上部的嘉、玛佐玛瓦（དམར་མཛོད་མར་བ་）、佐松和下部的得道者三人等，后来逐渐发展成为希解派，在《青史》等中把它列为希解派。

（6）达隆噶举源于达隆·唐巴其（སྟག་ལུང་ཐང་པ་ཆེན་པོ་），其父为噶斯世袭的伦巴波（བློན་འབར་པོ་），母为扎喜萨·格松绰穆（བྲབ་ཤི་འཛའ་དགེ་གསུམ་ཁྲ་མོ་），藏历水狗年（公元 1142 年），生于央旭崩热（གཡང་ཤོད་པོང་ར་）。出生后不久母亲去世，父纳后母后生有衮巴达伟（སྒོམ་པ་ཟླ་འོད་）、郭亚（མགོ་ཡག་）及郭杰悉（མགོ་རྒྱལ་）。唐巴其到了八岁时能够书写和朗读藏文，父亲勤奋于世俗之事而他却厌恶尘世、心随佛法，于是前往唐杰地方。藏历土兔年（公元 1159 年）十八岁时从住持噶敦拉岗瓦·谢热多吉（དགེ་སྟོན་གླ་སྒང་པ་ཤེས་རབ་རྡོ་རྗེ་）和上师擦敦·郭芒瓦（ཚར་སྟོན་སྒོ་མང་བ་）两人处出家受戒，取名为扎西白（བཀྲ་ཤིས་དཔལ་）。于两人处听闻了居士戒的各种戒律。从扎衮大师处学习了《菩提灯论》等噶当次地道、《入菩萨行论》、《集学论小释》、《道歌集》和《皈依言》等法。逐渐证悟大乘菩萨心生法到脱世成佛之道，又想佛法的根源在天竺，吾应前往该地听闻纯正法，就与玛热热巴（མང་ར་རས་པ་）一同前往天竺，但是因途中多遇灾难而未遂，后来到了阿里，在阿里娶妻，虽然前往天竺的心愿未变，但是在妻子的阻挠下再一次未尝。后来返回卫藏，在扎衮大师（ཟབ་དགོན་པ་）处学习了许多教言真经，从拉堆（ལ་སྟོད་）到此的大贤者云旦处听闻了希解三空行母法等。云旦大德离开之时他将其送往远处，得到了《嘎喇巴》和《据有缘》的心要。继续在扎衮处学习修炼，闻帕竹多吉杰布美名，欲往该处学习，但遇诸多阻挠，在格西莫曲（དགེ་ཤེས་སྨོག་ཆོས）处学习了《心生皈依法》、《本尊第》、《念诵身性法轮》等，并见莫大师床前的帕竹教主塑像后，决定动身准备第四次前往帕竹教主身旁。

藏历木鼠年（公元1195年）二十四岁时驮一马钱财前往卫藏，辗转到了帕竹教主身旁，向大师敬献了重金礼品。教主问：路上可顺利？他把几次出发、几次遇阻的情况一一道之，教主深感欢喜，把他留在身旁，并让他成为了帕竹多吉杰布教主的近侍，对其恩宠胜于他人。他从教主处得到了《进传如意宝贝部》、《据有缘大手印法》、《那若六法》、《时轮经》、《胜乐经》及《金刚修行母部》等密宗心要。一天在草丛中禅坐而入定，生起特殊证悟，教主也往此并道：祖师那若巴说，当修行者法性自空而无我，即在此无奈无我之中同时兼修四无量心和诸方便法门，才是得无住涅槃之道。藏历铁虎年（公元1170年）十月二十五日，主衮帕竹教主圆寂，弟子们圆满后事后，达隆巴于二十九岁之年离开了帕竹寺而前往北部，经过墨竹时遇见切喀·益西多吉，听闻法轮经，在香夏热瓦处受比丘戒。按照教主的遗言前往康区，三十三岁时应达、白、绒三人和普多瓦（香敦康奇摩）之邀，达隆巴到了北达隆，于藏历铁鼠年（公元1180年）建立达隆寺，员额有三千人，达隆唐巴的美名享誉各地。从此，噶举派系达隆噶举正式形成。达隆唐巴向尊师起誓，出家后远离尘世，拒酒肉和女色于千里之外，从此达隆噶举蒸蒸日上。他于藏历铁马年（公元1210年）圆寂。由文仁青衮（དཔོན་རིན་ཆེན་དགོན）执掌法座，修建寺院大殿和回廊初具规模。此后由桑杰亚君掌法座，以及后来的扎西喇嘛和桑杰本先后当上住持，桑杰本还建立了类乌齐寺，从此，达隆寺也有了上下寺。上下寺院僧众人数猛增，上下主寺逐渐发展壮大。尤其是出现了名叫达隆·阿旺扎巴（སྟག་ལུང་ངག་དབང་གྲགས་པ་）等大德，此间达隆巴和直贡巴两派得到了巨大的发展。后来的达隆·阿旺南杰（སྟག་ལུང་ངག་དབང་རྣམ་རྒྱལ་）时期，教派发展如日中天，自己还著有《达隆教史·幻海》等许多显密经典。

（7）主巴噶举由帕莫竹巴的弟子林热白玛多吉和其弟子教主藏巴嘉热（ཆོས་རྗེ་གཙང་པ་རྒྱལ་རས་）传承。首先，林热·白玛多吉（གྲུབ་ཐོབ་གླིང་རས་པད་མ་རྡོ་རྗེ་）的父亲为杰布嘉白（རྒྱལ་པོ་སྐྱབ་པེ་），精通于密咒与医药学，母亲为年轻貌美的素穆达琼（གཟུགས་མོ་དར་ཚུང་），藏历土猴年（公元 1128 年）生于后藏娘堆（གཙང་མྱང་སྟོད་）地方，家有姐弟四人，小时取名为觉赛白玛多吉。九岁时开始学习藏文，父亲去世后，在热门（ཉ་རེ་ར་སྨན་）医师处学习医药知识。十七岁在林喇嘛处受居士戒，于白央大师处听闻六空行母经等，娶门玛为妻。在娘堆日囊寺拜喇嘛祥和热译师的弟子学习了空行母加持和六法等，在叶如西部的赛巴隆（གཡས་རུ་ནུབ་ཀྱི་སེག་པ་ལུང་）地方与热译师（ར་ལོ་）相遇，得到了时轮、胜乐和金刚亥母修炼法等，同时在该地的高僧琼仓瓦处修成了那若六法，在格西文唐（དགེ་བཤེས་འོན་ཐང་པ་）处授比丘戒，拜谒了许多贤者高僧。三十八岁与帕竹教主相遇，在三个夜晚通晓了所有心诀。在文弥定（འོན་གྱི་སྨི་དེངས་）地方与妻子同住一宿，其间看到了妻子喜爱钱财而与自己的求经之道相斥，于是携经书弃妻子而前往教主身旁。教主曰：你二人是前世的机缘巧合，你应送她到卡热地方，他送妻子于卡热之后又返回。经过娘浦（ཉང་པོ་）地方时得到了许多噶举派的道歌、心要，还有众人的钱财供奉，但是他执意说：我不能成为噶举派的经商者，拒绝收下。又有人奉上一匹宝马作为坐骑，到了帕竹后献给帕竹教主，帕竹教主道：此马送给聂洛大师为宜，于是他前往聂地方把宝马献给了聂大师。与林热白玛多吉一同前往帕竹，一路上给众人讲授轮回的苦难、人生无常和噶举祖师传等许多道歌，众人听后潸然泪下，又在文和扎央宗（བྲག་གི་ཡང་རྫོང་）等地修行讲法，又纳普喇嘛邀之邀到了罗荣地方，此时，聚集了众多高僧信徒来听他讲法。一时连热穷巴也产生嫉妒之心。洛大师圆寂后，他供奉了许多修建灵塔的钱财，想云游天下，而众徒道：应把纳普（སྣ་ཕུ）作为驻悉地，大师不要云游各地。此时，主巴大师名震各地，证悟无人能及，精通显密典籍。在纳普地方为众生广兴佛法，大收门徒。到了六十一岁时，身患疾病，众徒哀求他入关修行，但他道：我已年迈体弱，宁愿给众人多讲一次经，也不愿入关修炼。继续讲经说法，普渡众生于轮回之苦。于藏历土猴年（公元 1188 年）圆寂，享年六十三岁。

他的得意弟子藏巴嘉热·益西多吉（གཙང་པ་རྒྱ་རས་ཡེ་ཤེས་རྡོ་རྗེ་），其是父嘉素瓦擦白（རྒྱ་ཟུར་པ་ཚབ་བེ་）和母马萨德吉（མར་བཟའ་དར་སྐྱིད་）之子，藏历铁蛇年（公元 1161 年）生于后藏娘堆普列（གཙང་མྱང་སྟོད་ཕུ་ལེགས）地方，小时名为雍仲白列（གཡུང་དྲུང་དཔལ）。七岁时母亲离开人世，父子二人由姐姐照顾。此时他已经掌握一些藏文的书写。十二岁时在卡隆巴（མཁར་ལུང་པ་）大师处学习了各种内明基础知识。那年春天到了文唐（འོན་ཐང་）的一位衮钦身旁，听闻了扎底米（དགེ་བཤེས་འབྲི་ཏི་མི་）大师的教言。此时由本大师剃度，取名为谢热白（ཤེས་རབ་དཔལ）。十三岁在达塔洛松处听闻世界《观世经》、瑜伽理论及希解派的医药典籍等。十五岁时大病一场，身体康复后，前往卡隆喇嘛处学习了大圆满法和冈波大师的《俱生法》等心要。在阔日大师（སློབ་དཔོན་ཁ

རེ་བ་)处习《中观》、赞萨巴(སྤྱིལ་དཀོན་བཙན་ས་པ་)处修《幻化》及《大悲心经》等。二十二岁时,父亲迎请卡隆大师,让大师收藏巴嘉热为徒,大师道:三年云游各地,三年后则收其为徒。他携一斗食盐前往林热大师处,两人彼此互深谈,得到了许多要诀。又与达塔大师相遇,也得到许多噶举心法。此后前往拉萨和桑耶等地,又返回纳普的李若大师处,精修了《俱生经》,出现了七天之内应运自如的奇象。又修炼密法,得到了很高的水准。掘出了至尊热穷巴的《平等一味法》的伏藏经。藏历土猴年(公元1188年)二十八岁时到了洛扎(ལྷོ་བྲག)。此时闻听林热大师圆寂噩耗,迅速赶回纳普寺进行了料理后事的法师活动。之后就带着四名弟子前往热龙寺,三十三岁在祥大师处受比丘戒,取法名为益西多吉,其中的三位弟子也一同出家。在祥大师处呆了一个月之后,按照大师的旨意到了隆堆地方并修建隆堆寺,各弟子也在周围修建了小寺,建立了僧伽团体。又修建热龙寺,在此广行善事,大转法轮,讲授了林热大师的《五尊教言》、《幻蕴》、《光明经》、《中阴续梦》、《移魂经》、《因缘经》和《大悲心经》。

于藏历水牛年(公元1193年)在纳普地方修建了主寺,举行奠基仪式时,上天响起龙声,故取名为主(龙)寺。在该寺讲经说法长达两年,期间无任何偏见之意给众徒讲授无上噶举法门,给许多僧众灌顶。后来又在热龙(ར་ལུང་)地方讲经,聚集众多僧俗徒众,包括牧羊人、渔夫和石匠等,他也一一进行讲经和灌顶法事。当年夏天起闭关修炼,成为精通显密家的大家,后来在主寺继续收徒讲法,最繁盛时门徒超过万人。林热白玛多吉和弟子藏巴嘉热·益西多吉两人开创的主巴噶举派正式形成,也出现了"藏人半为主徒、主徒半为乞者、乞丐半为得成就者”的奇妙景象。素有那若大师转世之称的藏巴大师于藏历铁羊年(公元1211年)圆寂,享年五十一岁。

他的弟子多不胜数,有得成者十三人、普渡众生者百人等,其中有初期大弟子巴、姜(ཚེབ་སྦ་རྒྱང་)二人、中期大弟子嘉、哲二人和后期大弟子洛、郭(ཐ་མར་ཚེབ་ལོ་རྒོད་)两人。巴、姜中的巴热瓦最初为祥大师(གླམ་ཞང་གི་གཏེར་སྟོམ་པ་)的随从,藏巴大师出家受戒之时,见巴热瓦非同他人而倍加宠爱,而巴热瓦也当下对藏巴大师生起敬佩之心,后来祥大师让他跟随藏巴大师而成为藏巴大师的得意弟子,后来巴热瓦建巴热降曲林寺。姜洛喀瓦(རྒྱང་ལོ་ཁབ་)最初为德瓦坚的格西,后来巧遇藏巴大师便拜他为上师,建有姜穆喀寺。中期弟子中的哲穆瓦最初在娘堆哲穆寺学经而取名为哲穆瓦,后来大兴噶举法门,普渡众生。后期弟子洛、郭两人中的法主洛热传承称为下主巴,郭仓巴衮布多吉传承则称为上主巴,主巴法脉遍布之广,传说上主巴犹如上空的繁星,下主巴犹如地上的花草树木。总之,上、中、下主派传承犹如大江源源不断。

(8)亚桑噶举由萨热瓦·格旦益西(ཟ་ར་བ་སྐལ་ལྡན་ཡེ་ཤེས་)和弟子曲吉门朗(གཡའ་བཟང་ཆོས་རྗེ་ཆོས་ཀྱི་སྨོན་ལམ་)两人创建。萨热瓦于藏历第二绕迥年末生于门噶(སྨོན་འགར་)地方,小时为牧羊人,一天从远处看见帕竹寺而顿时醒悟,前往帕竹拜帕竹教主。教主讲授了他的上世和许多因果来世,给他取名为益西僧伽,成为帕竹四大弟子之意。藏历土虎年(公元1158年)建立扎热(ཁྲ་རབ་)的萨热寺(ཟ་ར་དགོན་པ་),有亚桑曲吉门朗等众徒,于藏历火兔年(公元1207年)圆寂。

主要弟子亚桑曲吉曲门朗,其父衮纳(མགོན་ནེ་)、母为香江崩吉(ཞང་ལྕམ་འབུམ་སྐྱིད་),藏历土牛年(公元1169年)生于山南乃东亚堆藏协麻木(ཡར་སྟོད་གཙང་ཞལ་གྱི་དམར་མོ་)地方,系努氏。在强噶地方拜见上师听闻了许多真经、教言,十八岁时到了嘉噶衮寺,在住持鲁噶(སྨོན་འགར་)、大师本贡噶巴·聂达玛色吉(སོང་གད་པ་གཞལ་དར་མ་གཟི་བརྗིད་)、密宗大师米切(གསང་སྔེ་བ་སློབ་དཔོན་མི་ཚར་)等处出家,精修戒律经,因重于实践而被人称为努持戒者(གཉུབས་འདུལ་འཛིན་)。三十岁时在崩喜地方修炼,后拜于萨热大师门下,精通了大手印法,得到了《观世音武女支系法》的心诀。在格旦江页(སྐལ་ལྡན་བྱང་ཡེ་)处学习希解派的医药学,并在觉穆拉珍(ཇོ་མོ་ལབ་སྒྲོན་)之子康布亚美(ཁམས་བུ་ཡེ་མ་)处学习"觉"法,上述四人也成为亚桑四大上师。藏历火虎年(公元1206年)在亚堆修建亚桑寺,并住持该寺。萨热瓦和亚桑教主两人开创独特的亚桑派,亚桑教主执掌该寺共二十四年,期间亲见仙人罗睺罗(དྲང་སྲོང་རཱ་ཧུ་ལ་),得到了《护蠷法》要门。后期应各大施主的邀请到了聂上下地(གཉལ་སྟོད་སྨད་)、错那(མཚོ་སྣ་)、洛扎(ལྷོ་བྲག་)、雅砻(ཡར་ཀླུང་)和聂(གཉལ་སྨད་)等地讲经说法、大兴噶举之法,于藏历水蛇年(公元1233年)圆寂,享年六十五岁。此后由近侍仁青觉赛、多旦杰布、坎曲瓦、萨热瓦和东居巴等弟子先后执掌法座。教主的四大弟子为聂迈白日瓦·桑杰嘉衮(དཔལ་རི་བ་སངས་རྒྱས་བྱ་སྒོམ་)、郭热东巴·桑杰拉衮(སོ་ར་གདོང་པ་སངས་རྒྱས་ལྷ་སྒོམ་)、色得瓦·桑杰色衮(གསེར་ལྡེ་བ་སངས་རྒྱས་སེ་སྒོམ་)和衮萨瓦·桑杰嘉衮(དགོན་གསར་བ་སངས་རྒྱས་རྒྱ་སྒོམ་),也被称为四大修行者。

总之,噶举四大支和八小支之间也有许多区分之辩,《达隆教史奇妙大海》载:"一切教授皆以小乘之出离心,大乘的发菩提心,密宗的清净三昧誓戒,作为基础,此上加以噶举大宝的他书教授,如玛、俄的本续讲解,米拉的坚毅和教授,冈波的《扫除本性垢障》，噶玛巴的《风心无别》，向蔡巴的《究竟胜道》，拔绒巴的《融迁小道》，帕竹的《总持陀罗尼》，达隆巴的《三十九本事》，直贡巴的《三戒一要》，藏巴嘉热的《缘起与一味》，洛郭的《诚信与厌离》等，其所标胜处共分，虽在各派中亦均具有，不过为了特重某种方便，以之引导和培植后学，也可以立为各派的特殊胜法。”从中可以看出噶举各派系、各大师修炼的重点法门区别所在。

第四节　正说噶举派的见、修、论

一、中观应成派

此见源于塔波噶举祖师玛尔巴大译师之见，最初系玛尔巴大师的上师那若巴和米扎两位之说，尤其是在见上断疑，得力于米扎大师。在玛尔巴的道歌中可以详见。此见最初源于龙树大师（མགོན་པོ་ཀླུ་སྒྲུབ་），大师传于圣提婆（འཕགས་པ་ལྷ་）、鲁伊·降曲释迦谢（ཀླུ་ཡི་བྱང་ཆུབ་ཤཱཀྱའི་དགེ་བཤེས་）和月称（ཟླ་བ་གྲགས་པ་）大师等。月称大师乃公元6世纪时期天竺的中观大师，系婆罗门，皈佛后从桑杰江（སངས་རྒྱས་བསྐྱངས་）的弟子处精修了《中观四百论》的心诀要门。此见后来传于那若巴和米扎大师，由玛尔巴和米拉热巴等人继已传之。玛尔巴的道歌中；“东至恒河边，仗弥勒师恩，悟法性无生，心把握空性，见离戏本元。现证三种身，从此断戏论。”上面的话乃表其依弥勒的大恩，通达心性胜义无生。所谓本元的心体，即把握着由谛实空的心之法性，此心性复配合圆满次第的《甚深道》而为修习，总的见到三身，别的见到光明母子相会，立名为法身，依此究竟断离一切戏论。“为土观大师的见解。

除了那若和米扎两位的中观见以外，也传承了月称大师的独特见解，《土观宗派源流》载："'此次第依据，龙树及胜天，龙智释迦友，月称诸教授，'故续疏中有这些话。"还有，米拉热巴的道歌的证见基本上继承了中观应成派，《土观宗派源流》载："'顺汝劣慧想，佛说一切有。若于胜义中，无魔亦无佛，无能修所修，无所行地道，无所证身智，故亦无涅槃，唯名言假立，三界器情世，无生本非有，无体无俱生，无业无异熟，故无轮回名，究竟义如是'。这是说由色法乃至一切种智，所有一切诸法，在胜义中非有之理。道歌中又说：'如无有众生，三世佛何出？离因岂有果，故依世俗谛，佛说染净法，一切皆为有'。这是说胜义中虽然无有，在名言中，轮回涅槃，能所因果，一切皆有。道歌中又云：'如是了悟诸智者，不见根识见智慧。不见众生见如来，不见境相见法性。'这是说由圣者之定智，于所见境现证空性，不见由识所错乱之境，而是不错乱的智慧所显之境。由智慧而见到法性的境界中，无境相有情，而只有正觉，即只有名为法身的法性。其见所定界限，与中观应成派见极相契合。"但是，玛尔巴大师号称上师有百人，因此仅凭几位弟子的证见来断定为唯识派实属牵强。此外，在米拉热巴的道歌中也出现一些唯识宗的见解。

总之，那若巴、米扎、玛尔巴、至尊米拉热巴等人也不是完全继承了中观应成派。

二、大手印法

在《教史如意宝树》中载"大手印"一词的含义："手印为名，无上之意，与法、善和教言为一体。手为空性，印为标示其内证之三昧境界。"大手印法又为用不同手势密修的方法。"大"为聚一切内涵而圆满之意。"

大手印法也有显密两种分别，密宗方面的说法如《教史如意宝树》载：“风息入住，融于中脉后所生的光明。由白玛巴杂齐瓦、萨热哈、龙树、帝洛巴、那若巴、米扎及藏地的琼波、玛尔巴、米拉热巴和冈波智者传承，被萨班等人认之。”可以看出大手印法的密宗之说由天竺的龙树大师、帝洛巴、那若巴及藏地高僧琼波乃觉（ཁྱུང་པོ་རྣལ་འབྱོར་）、玛尔巴（མར་པ་）、米拉（མི་ལ་）、塔波拉杰（དྭགས་པོ་ལྷ་རྗེ་）和帕竹等人传承一说完全符合了萨班等人的观点。另外显教之说又分几种，其一，香巴噶举的祖师琼波乃觉认为修空性和大乐二无分别，如盒函盖相合，从而现证光明的教授为《大手印盒》，还有《六臂大黑天》法为大手印。塔波噶举则在先行法门中认为：境相俱生法身广，心境无别是俱生。以及《五俱》、《八大引导》者：一、上师三身引导；二、大慈大悲引导；三、因果缘起引导；四、五具甘露的引导；五、俱生和合的引导；六、那若六法的引导；七、八法等齐的引导；八、密行回修的引导。《一味六注》者。转妄念为道用，转烦恼为道用，转疾病为道用，转鬼神为道用，转痛苦为道用，转死亡为道用。此中前五是修大手印与修菩提心转为道用的法门，后一所谓转死亡为道用，是从《那若六法》的中阴教授中分出来的。和《四严》者为山法普生功德、秘密灌顶大舟、金刚身的隐秘说和中阴引导四严。大手印法在显教上内容繁杂，对大手印法上部派在藏地的传承又分为早、中、晚三期，中部派的传承分上、下两派等等。《青史》载：“此中由大手印上宗诸人将大手印传来西藏，计有初、中、后三类法门。初传法门，系从汝巴所传诸法；中传法门，有上下二译系中，上译系由洽纳来到西藏，对诸大导师所说诸法；下译系是由阿苏在前藏度日时所说诸法。”

初传为阿底峡大师把《大乘续上师部》和《朵哈部》从米扎大师处听闻，后来到了桑耶时也随其传到了该地。《朵哈修炼法》和《入阿难行》灌授于仲敦巴，仲敦巴心想藏人生性倔犟而没能广传。《大乘上师部》在耶巴地，由俄强曲窘乃习练并作注释。最初传为玛尔巴译师，后传于汝巴，中期又分上、下两派，最终由热穷巴和阿里的纳布谢旦等人一一传之。总之，显教大手印法的传承尚有说法，实际上主要以玛尔巴、米拉热巴、塔波拉杰和他们的门徒帕竹、直贡巴、林热巴和噶玛巴等人传播之说符合实情。噶举《六法》有玛尔巴译师的《那若六法》和琼波大师的《妮谷六法》两种之分。

三、那若六法

源于那若大师的重要修炼法门，由玛尔巴大师传到藏地，可与大手印法相媲美的噶举独门修行法。《六法》有三根本三干支分。三根本为：源于喜金刚胜乐部的拙火，源于父续密集部的身，幻与大光明三部。三干支：源于母续四谛的往生和夺舍以及中阴教言。米拉热巴讲授了六法为：生起次第、拙火、玛嘉、空见、象征第的大光明和象征的幻梦六种。

《隆堆阿旺洛桑文集》载："六法为拙火自燃，身幻自解，梦幻自唤，光明自醒，往生极乐和中阴享乐报身。"也从胜乐和喜金刚来讲授拙火如基石，靠自燃而达到密集所讲授的身、幻、光明。次第支系为由四谛讲授的往生、夺舍和中阴三种。拙火又分内外两种修炼法。身幻亦分本身幻、显像身幻、梦幻身幻和中阴虚幻修炼等四种，梦幻身幻分四种和中阴身幻分为两种修炼法，大光明也分为两种修炼法等。总之，《那若六法》内容如天空般浩瀚无边，故不能一一详述。

第九章　希解派的源流和“觉”的法脉

第一节　希解派的源流

1、《土观宗派源流》中载“希解”一名的来源：“昔人对于希解的字义，说正法能息苦恼，故依此义而安的名，即依于正法能息灭由往昔业力感召以致在此中得下劣身，多诸疾苦，贫穷空乏，乃至为非人所损害的种种苦恼，而使其成为堪修瑜伽之行，所以名为正法能息苦恼。且尚不止此，谓由修习波罗蜜多，能令三有涅槃一切苦恼皆得寂灭，而此教授的精要，亦是在修习波罗密多行。据依这一点而安立名为能寂。若仅能止息暂时的恶缘，别无所有，则亦不能成为殊胜的教授。又有说：‘能息灭一切苦恼的明咒，这是依经言而立的名。关于希解法的来源是从何处来的？说是从帕当巴桑结传出的。”上述记载可看出，“希解”并非消灾避祸法门——分类之意，而是通过佛祖教言能将一切轮回苦恼逐一静止之意。

2、希解传承

源于天竺的帕当巴桑结（ཕ་དམ་པ་སངས་རྒྱས），父日坚尊追郭洽（རྡོར་བུ་ལེན་པའི་རིགས་ཅན་བརྩོན་འགྲུས་གོ་ཆ）、母热萨哈（སྤོས་སྒྲུང་བའི་རིགས་པ་ར་སད）。帕当巴桑结生于南天竺杂热斯的春巴林（ཙ་ར་སེང་གེའི་བྱེ་བྲག་ཁྱོན་པའི་གླིང་）之地，一出生就有与别人不同的许多奇妙特征，小时学习了梵文等知识。在彼噶玛寺（བི་ཀྲ་མ་ལ་ཤི་ལར་）的住持格瓦喇（མཁན་པོ་དགེ་བའི་ལྷ་）处受戒出家，又在金洲大师（བླམ

གསེར་གླིང་པ་)处受大乘生起灌顶。先后拜于因明和梵文的上师十一人、父续动风上师十一人、母续乐受上师十一人、大手印表传上师十一人和直指心性的上师十人总共五十四位高僧为上师,掌握密宗许多教言心门和灌顶。有人称:帕当巴桑结为龙树(ཀླུ་སྒྲུབ་)门徒。可以看出他在世的时间非常长。《达隆教史》载:"帕当巴桑结在世五百年。"《土观宗派源流》载:"吾师汤吉勤巴说:'传当巴为龙树弟子,这话在汉地的一些史籍中亦有,恐系真实。‘"

帕当巴桑结在各地修炼的时间:分别在东部狮子城(སེང་གེ་རྫོང་)修炼六年,金刚座(རྡོ་རྗེ་གདན་)地方修炼十五年,天成塔(རང་བྱུང་མཆོད་རྟེན་)四年,汩日汩列山五年,恒河(ཆུ་བོ་གང་ག་)边五年,东部密林处五年,南部尸林五年,寒尸林(བསིལ་བ་ཚལ་)七年,又在金刚座三年和妙喜地十年。为了普渡众生五次前往藏地,《教史如意宝树》中载:"也说七次前往藏地,五次到卫藏;初次从珍塘列郭到杂日山(ཙ་རི་),修炼轻功直达康区。第二次从克什米尔出发到阿里,给象雄林喀瓦(ཞང་ཞུང་གླིང་ཁབ་)和本波查仓(བོན་པོ་ཁྲ་ཚང་)大师讲授许多法门。第三次从尼婆逻与商队一并前往,与雅砻金胡子(སྐྱ་ར་སེར་པོ་)相遇,两人一同到了后藏,给杰敦索朗喇嘛(སྐྱོ་སྟོན་བསོད་ནམས་བླ་མ་)和雅砻金胡子两人讲授心要。第四次从夏吾大郭(ཤ་འུག་སྟག་སྒོ་)到聂地方。第五次直到汉地,在汉地云游了十二年之久,在亚堆定热地方修建寺院,广转法轮。"他的弟子满天下,包括著名的有希解初、中、后三传。

初传为帕当巴为克什米尔的戛纳汩热讲授希解空行母部和阎罗修炼法,后传于沃布译师。此后逐渐被仁琼喇嘛伟色(བླ་ཆུང་འོད་ཟེར་)、曲巴达尊(འཆུས་པ་དར་བརྩོན་)、曲巴尊僧、若·谢伟

(རོག་ཤེས་རབ་འོད་ཟེར་)等传播，又由戛纳汩热传于布让译师(སྤུ་རངས་ལོ་ཆུང་)和玛曲杰(དམར་ཆོས་ཀྱི་རྒྱལ་)等人。

中期传承有玛、索、岗三派，三派传播十六指讲、发心、正行、散行、默念和后广等心要。

后期传承为帕当巴从汉地到了上部定热朗郭地方，给当巴恰钦、恰琼、巴杂郭达、定热瓦姜僧衮旦四大弟子讲授《四修行法》等法门和教言。其中姜僧衮旦成为得意弟子，一生跟随其师。姜僧衮旦有巴擦衮巴(པ་ཚབ་སྒོམ་པ་)、杰瓦寒底(རྒྱལ་བ་ཏན་དེ་)、若谢热伟色和希布·尼玛僧伽(ཞིག་པོ་ཉི་མ་སེང་གེ་)等弟子。希解派的见系显宗典籍上均源于龙树中观部。希解派在历史上出现过众多得道高僧，丛林诸多，其中以桑旦白(བསམ་གཏན་དཔལ་)建立的亚曲丁寺(ཡབ་ཆོས་སྡིངས་)和郭穆曲寺(སྒོ་མོ་ཆོས་གཉིས་)最为著名。该派到了十四世纪前后逐渐淡出历史舞台。

第二节　希解旁系觉派的传承

1、"觉"一名的来源是依教授之作用而立的名。以慈悲菩提心能断自利的作意，以空性见能断轮回根本，合断四魔而故名为"觉"。

2、觉派的传承由帕当巴桑结第三次到藏地时，与雅砻金胡子(ཡར་ལུང་སྐྱར་སེར་པོ་)相遇，两人一同前往后藏，给杰敦索朗喇嘛和雅砻金胡子两人讲授觉的心诀。从此，觉派分为父觉和母觉两派。

(1)父觉雅砻金胡子传弟子色绒疯子，色绒疯僧(སྨྱོན་པ་སེང་)传孜敦和松敦，孜敦传聂敦，松敦传格旦赛木等称为父觉。

(2)母觉帕当巴桑结的亲传杰敦·索朗喇嘛(སྐྱོ་སྟོན་བསོད་ནམས་བླ་མ)传玛基劳准(མ་ཅིག་ལབ་ཀྱི་སྒྲོན་མེ)的一派称为母觉。玛基劳准生于藏历铁龙年(公元 1031 年),父曲喇(ཆོས་བླ)、母隆穆崩姜(གྲུང་ས་མོ་འབུམ་ལྕམ),系齐吾氏。小时从一位能见者处受戒出家,五岁时精通藏文的读写,八岁时就能一天朗读一部般若部。此时帕当巴桑结到了藏地,与其相遇,听闻了打开天空般的灌顶,从杰敦处听闻身幻灌顶和心诀,成为雪域觉派的鼻祖。她著有《觉派大论》及注解、分解等许多觉派的理论典籍。玛基劳准的亲子有贡江(ཀོང་ལྕམ)、宁布主巴(སྙིང་པོ་གྲུབ་པ)、主琼(གྲུབ་ཆུང)和央主(ཡང་གྲུབ)。玛基劳准于藏历铁鸡年(公元 1201 年)圆寂。她有众多门徒,如修行者男女二十一人、修行女十八人等,其中最著名的有年巴坚赞(སྙགས་པ་རྒྱལ་མཚན)、阿敦·仁青巴(ཨན་སྟོན་རིན་ཆེན་འབར)、直·觉赛(དྲིས་ཇོ་སྲས)、旭布译师(ཤུད་བུ་ལོ་ཙྪ་བ)、杰瓦主白(རྒྱལ་བ་གྲུབ་པེ)、多旦东布(རྟོགས་ལྡན་རྡོམ་པ)、桑杰年琼(སངས་རྒྱས་གཉན་ཆུང)和努衮钦(མནོ་སྒོམ་ཆེན་པོ)。该派于十五世纪前后逐渐走向衰落。

第十章　萨迦派的源流

第一节　“萨迦”一名的来源

萨迦派是藏族各教派别中独特的一派。曾经对祖国统一的历史进程起过重要作用。

该派名称的来源为萨迦寺所在的文布日山皆显白土故取名为萨迦(白土)派。当年阿底峡大师及随从经过此地时,大师指向白土山,预言道:未来在该地会出现七位文殊转世和一位持金刚转世来渡众生。后来昆·衮确杰布于藏历水牛年(公元1073年)建立了萨迦寺。

第二节　萨迦派的传承

欲知该派的传承,必先弄清昆·衮确杰布(འཁོན་དཀོན་མཆོག་རྒྱལ་པོ་)和萨迦五祖的基本情况。吉祥萨迦派源于昆·衮确杰布。

昆氏一脉来源记载于《萨迦世袭如意大海》中:“昆非四大系、六氏族,而皆源于光明天神系。先天神吉仁,玉仁(གཡུ་རིང་)和域色(གཡུ་སེལ་)下凡,众人请求为众生之主,最后由域色当上众生之王。”域色生有吉列等四子,他们与十八懂氏进行争斗,最后把十八懂氏收为自己的奴隶。玉仁娶穆氏之女穆萨德(དམུ་ས་འཛེམ་)而生有玛桑七兄弟。父玉仁和六个二子逝于仙界,幼子拉托·维坚(ཐོག་ལྷ་འོད་ཅན་)迎娶托江·伟莫(ཐོག་ལྕམ་

ཞུར་མོ)为妻，生有托擦·巴卧达，托擦·巴卧达娶鲁女鲁江·扎玛喀而生鲁擦·达索伟钦，上述者均住于天界。鲁擦·达索伟钦（又称托蔡·巴卧达）娶门萨·措穆（མོན་བཟའ་མཚོ་མོ）而生一子于亚和邦的交接处，故名为亚邦杰（གཡའ་སྤང་སྐྱེས）（生于亚和邦之际的人），此时，有一名为森布·嘉热查美的氏族首领有美若天仙般的妻子名叫亚仲斯玛（གཡའ་སྤུམ་བཞིལ་མ），亚邦杰斩杀了森布夺娶亚仲·斯玛，生一子。此子生于天神与森布的仇恨当中，取名为昆巴吉（生于仇恨之间的人），虽然上述种种神话色彩十分浓厚，但也不难看出昆氏一脉的来源。

第三节　昆·衮确杰布和萨迦五祖

吉祥萨迦派的创始人昆·衮确杰布之父为释迦·罗追，昆·衮确杰布生于藏历木狗年（公元 1034 年），出生地为亚龙达。从小在父亲与兄长昆·若谢热崔成（འཁོན་རོག་ཤེས་རབ་ཚུལ་ཁྲིམས）处听闻旧密法，后来拜新密大师卓弥·释迦益西（འབྲོག་མི་ཡེ་ཤེས）、巴日译师（བ་རི་ལོ་ཙྪ་བ）、芒译师（མང་ལོ་ཙྪ་བ）、布让译师（སྤུ་རངས་ལོ་ཙྪ་བ）和南库巴（གནམ་ཁའུ་པ）等众多译师和班智达学习新旧密宗和量论学。在卓吾修建一座小寺庙而成为萨迦郭布。一天他与随从散步之时，看到文布日山犹如大象盘睡，中间有一片为白土，流水从旁缓缓流淌等诸多吉祥兆，欲在此修建一座寺院。后来到该地的总管觉吾·东那巴（གདོང་ནག་པ）处索取修寺之地，又从一些富豪处得到了许多修寺的钱财。于藏历水牛年（1073 年）修建金刚座吉祥萨迦寺，建立僧伽团体，开创了萨迦派。昆·滚确杰布娶了两位妻子，其中多吉曲穆（རྡོ་རྗེ་ཕྱུག་མོ）有许多子女，小妻祥穆生有衮噶宁布（ཀུན་དགའ་སྙིང་པོ）。昆·滚确杰布于藏历水马年(公元 1102 年)圆寂。按照自己的旨意将法身置于灵塔,称为万身法主。

萨钦·衮噶宁布,吉祥萨迦派的第三代法主,萨迦五祖之首。衮噶宁布生于藏历水猴年(公元 1092 年)喀吾喀郭隆,别人一见他就得到一种欢喜之意而故名衮噶宁布。母祥穆匿生子一事被多吉曲穆得知后,便献给祥穆和衮噶宁布母子许多财物。衮噶宁布从小在父亲处学习藏文、基础知识和内明学。十一岁时父亲圆寂后,在绒吾米的达玛宁布处朗诵一部《俱舍论》而不忘。又到巴日译师的弟子琼·仁青扎(ཁྱུང་རིན་ཆེན་གྲགས)和米朗齐(མེས་ཀླུ་ཁང་ཆེར་)处学习《中观》与《量论》,南喀巴·达玛坚赞处学习《密集》与《大黑天》,吉曲·扎拉巴处修《喜金刚》,贡塘巴·门洛处习《胜乐》与《帐明王》,布让小译师处听闻《胜乐》,藏历铁兔年(公元 1111 年)二十岁时成为萨迦法主。藏历铁鼠年(公元 1120 年)二十九岁时从贡塘到了萨迦,从祥敦处听闻心诀四年,得到了修炼旨意。大修炼者彼热瓦到萨迦,给衮噶宁布讲授了七十二中本续要门和十四种不出寺围的甚深法要之精髓甚深精要甘露。五十岁时练成了十八年的本续要门,授予康巴人阿森(ཁམས་པ་ཨ་སེང་),又笔之于书称为《阿森玛解说文》。衮噶宁布一生拜于诸多贤者高僧门下,学习和钻研密法而成为雪域密宗主,执掌萨迦法座四十八年,大兴我佛,成为密宗大乘金刚的法主。

衮噶宁布娶二妻,普母妻生衮噶巴,玛吉伟珍生三子索朗孜摩(བསོད་ནམས་རྩེ་མོ་)、扎巴坚赞(རྗེ་བཙུན་གྲགས་པ་རྒྱལ་མཚན་)和萨迦班钦(དཔལ་ཆེན་པོ་)。衮噶宁布著有《道果法精要》等文集二部,于藏历土虎年(公元 1158 年)圆寂。

他的弟子中有得道第一法者三人,得忍者七人,得通达见者八人,继承讲说之心传弟子十一人,解释文句的心传弟子七人。

索朗孜摩是萨迦五祖之一,父萨钦·衮噶宁布、母玛吉伟珍,生于藏历水狗年(公元 1142 年)。从小从父衮噶宁布处听闻大乘密宗续部、灌顶等法门。十七岁到了卫的桑普·尼吾托的恰巴·曲吉僧伽(ཆ་པ་ཆོས་ཀྱི་སེང་གེ)处学习《中观》、《波罗蜜多》而成为大德。继承父亲的遗愿成为萨迦派的法座,大兴《道果法》,于藏历水虎年(公元 1182 年)圆寂,享年四十一岁。

至尊扎巴坚赞为吉祥萨迦寺的第四代法座,萨迦五祖之一。父衮噶宁布、母玛吉伟珍,生于藏历火兔年(公元 1147 年)十月十八日。八岁从姜僧·达瓦坚赞(བྱང་སེམས་ཟླ་བ་རྒྱལ་མཚན)处受居士戒,十岁修得二十戒和海生金刚而成为大贤,取名为罗追钦布(བློ་གྲོས་ཆེན་པོ)。在父亲衮噶宁布处听闻许多独门法,十三岁即土兔年(公元 1159 年)从师兄长索朗孜摩。扎巴坚赞修建了吴孜宁玛大殿、供奉昆·衮确杰布灵塔的内殿、供奉衮噶宁布像的内殿吉祥多门殿以及金汁书写的《甘珠尔》。藏历水龙年(公元 1172 年)二十六岁时候为萨迦法台,住持萨迦法台共四十五年之久,于藏历火牛年(公元 1217 年)十二月圆寂,享年七十一岁。

萨迦班智达·衮噶坚赞,萨迦第五代法座,五祖之一。父班昆·班钦伟布(འཁོན་དཔལ་ཆེན་འོད་པོ)、母玛吉噶普玛·尼赤江(མ་གཅིག་གར་ཕུ་མ་ཉི་ཁྲི་ལྕམ),萨班生于藏历水虎年(公元 1182 年)十月二十六日,名为班旦顿珠(དཔལ་ལྡན་དོན་གྲུབ)。从伯父至尊扎巴坚赞处受居士戒,取名为衮噶坚赞。听闻了萨迦教主们的独特教言,从旭敦·多吉觉(ཞུ་སྟོན་རྡོ་རྗེ་སྐྱབས)处学习《弥勒法》

等经传类，玛嘉将尊和促敦勋僧处习《量论》，孜巴·旺久僧伽（ཚོགས་པ་དབང་ཕྱུག་སེང་གེ）处闻《各派源流》，吉沃·拉降曲伟（སྤྱི་བོ་ལྷས་པ་བྱང་ཆུབ་འོད）处学各种不同教授使衮噶坚赞逐渐声名远扬。此时天竺外道中名叫绰吉噶哇（འཕྲོག་བྱེད་དགའ་བོ）（因陀罗）等六大外僧到了藏地，与藏传佛教斗法，正好衮噶坚赞在基隆的帕巴沃底桑布寺，与诸外道斗法而使外道皈依我佛，把绰吉噶哇的头发留在萨迦内殿的传说流传至今。衮噶坚赞二十三岁时候与克什米尔的高僧释迦室利（ཁ་ཆེ་པཎ་ཆེན་ཤཱཀྱ་ཤྲཱི）相遇，在释迦室利的弟子僧伽室利、苏噶达·室利、达纳喜乐等处听闻《工巧学》、《医药学》、《声明学》、《量论学》及《内明学》等大五明，诗学、藻词学、天文历算等小五明，萨迦班智达因精通十明学而享誉全藏。萨班在藏族历代学者中是第一位获得班智达称号的人。藏历土蛇年（公元 1208 年）二十七岁时在释迦室利处受比丘戒，三十五岁当上萨迦法台，修建了萨迦悉托拉章和许多内供佛像，为众生大讲佛法，著有《量理宝藏》、《三律议差别论》、《萨迦格言》、《语词藏》、《声律学》及《智者启蒙》等众多著作。

藏历木龙年（公元 244 年）六十三岁时应蒙古阔端（ཏོར་ཨེ་ཆེན་གོ་དན）之邀从萨迦出发，带着十岁的帕巴（འཕགས་པ）和六岁的恰那多吉两位侄子，历经两年于藏历火马年（公元 1246 年）到了凉州，虽然阔端王当时不在此地，但是得到了该地臣民的热烈欢迎。藏历火羊年（公元 1247 年）与阔端相见，两人对政教等问题进行了交流、探讨。两人交谈之时，由维族的许多译师担任翻译。为了全藏人的未来，萨班劝众生归于元朝而写下著名的《萨班致蕃人书》。藏历铁猪年（公元 1251 年）萨班圆寂于凉州。他的弟子众多，其中有绍承证悟传承者三人、绍承要门者二人、绍承讲说者三人、持律长者十三人、持律幼者七人、大译师四人、潜修瑜伽四人、贤德心传弟子四人，绍承修持之杰瓦·杨衮巴（རྒྱལ་བ་ཡང་དགོན་པ་）以及潜隐的大成就者桑查·索南坚赞（ཟངས་ཚ་བསོད་རྒྱལ་མཚན་）等，他们的再传弟子更是不计其数。

卓衮帕巴·罗追坚赞（འགྲོ་མགོན་འཕགས་པ་བློ་གྲོས་རྒྱལ་མཚན་）（八思巴）为萨迦第六代法座。父桑擦·索朗坚赞、母玛吉·衮噶坚赞，帕巴·罗追坚赞生于藏历木羊年（公元1325年）叶如阿日鲁空地方。从小聪慧超人而取名帕巴（超人），八岁便能讲授《本生经》等显教典籍，其名也逐渐远播。藏历木龙年（公元1244年）十岁时随叔父萨班赴凉州，途径拉萨，在大昭寺，萨班为住持，素布为上师受戒出家，取名罗追坚赞，从觉隆住持谢热桑布处学习许多教言。到了内地从萨班处又听闻许多密宗法，并被萨班认定为自己的继承者。藏历水牛年（公元1253年）十九岁时在康区德格东部的门旭修建了宗萨寺。当年与忽必烈（ཧོར་སེར་ཆེན་རྒྱལ་པོ་ཧུ་པི་ལི་）相遇，给蒙古君臣授予萨迦派独特的喜金刚灌顶，忽必烈把卫藏十三万户献给帕巴·罗追坚赞，并封帝师之职。不久忽必烈登基，授封帕巴·罗追坚赞为“帝至自和林，驻跸燕京近郊，始制祭享太庙祭器、法服，以梵僧八合思八为国师，授予玉印，统释教”。忽必烈把全藏的管理权交给了帕巴·罗追坚赞。帕巴立释迦桑布为萨迦本钦，立衮噶桑布为内本统领全藏事物。帕巴·罗追坚赞对祖国统一立下了汗马功劳。帕巴二十一岁时候从聂塘住持扎巴僧伽、觉旦巴·索朗坚赞（ཇོ་གདན་པ་བསོད་ནམས་རྒྱལ་མཚན་）、雅砻·降曲坚赞（ཡར་ལུང་པ་བྱང་ཆུབ་རྒྱལ་མཚན་）处受比丘戒。二十三岁时到了五台山，第二年回到蒙古王宫与道教辩经而击败道教喇吉等十七人,皇帝甚喜。帕巴一行于藏历木牛年(公元1265年)前往萨迦,修建大殿及众多本尊神像,给萨迦大殿献金顶,拜见克什米尔班钦、纳塘大师钦南卡扎(མཆིམས་ནམ་མཁའ་གྲགས་)、洛沃大译师谢热仁青(ཤེས་རབ་རིན་ཆེན་)等二十多位高僧大德,听闻显密法门,成为独树一帜的高僧。

弟子有祥衮确白(ཞང་དཀོན་མཆོག་དཔལ་)、格隆衮洛(དགེ་སློང་ཀུན་བློ་གཉིས་)、喇钦·桑杰赛(བླ་ཆེན་སངས་རྒྱས་སྲས་)、日普瓦·达玛坚赞(རིང་ཕུག་པ་དར་མ་རྒྱལ་མཚན་)、索隆巴·衮门(སོ་ལུང་པ་ཀུན་སྨོན་)、恰那多吉(ཕྱག་ན་རྡོ་རྗེ་)、杰布晋根(རྒྱལ་བུ་རིན་གེམ་)、益西仁青(ཤར་པ་དུས་འཁོར་པ་ཡེ་ཤེས་རིན་ཆེན་)、桑杰白(ཁང་གསར་སངས་རྒྱས་དཔལ་)及聂·崔成坚赞(གཉན་ཚུལ་ཁྲིམས་རྒྱལ་མཚན་)等。此时,萨迦内部的争斗日益激化,藏历铁蛇年(公元1280年)帕巴·罗追坚赞被人下毒而逝,萨迦内部争斗进一步尖锐,分为四个拉章,萨迦统治也逐渐失利。

第四节 萨迦法门《道果法》的传承

《道果法》在藏地的传播由班智达伽耶多罗开创,卓译师传播,萨迦各法座发扬广大。《土观宗派源流》中载:"卓弥居朗迦布时,闻班智达伽耶多罗论师来藏,遂至贡塘迎候。随论师驾,在途中又广学教授。迎请论师至莫姑隆,五年之中请学完足的亲口教宝的《道果法》教授。供养黄金五百两。论师回天竺,以后又两次来藏,最后圆寂于卡拉。"

一、班智达伽耶多罗创立道果法

班智达伽耶多罗初到藏地时,卓译师正在尼古隆地方讲经修炼,卓译师闻班智达已到阿里贡塘地方而迎接班智达到尼古隆。班智达精通于大乘、金刚乘和吉祥比热瓦巴论而被卓译师顶礼相加，卓译师向大师献上了黄金坛城等许多财物而使大师更加欢喜。大师因要到尼婆逻取经书，但答应两三年之内返回藏地。在卓译师等人的恳请之下，大师在沿路继续讲经说法，尤其是在布让呆了半年，最后由译师勋努谢热（གཞོན་ནུ་ཤེས་རབ་）等人迎请大师到尼婆逻。卓译师等人相送大师到基隆，敬献黄金和袈裟等。

卓译师到了囊塘噶布继续讲经，普渡众生，两年之内收集许多金银财宝，正闻伽耶多罗大师已经到了芒域而倍加欢喜，卓译师和当地长官的随从到基隆迎接大师，敬献金银珠宝。随后众人到了芒喀，大师讲授了《道果法》，卓译师等人修炼三年，之后大师回到天竺。伽耶多罗有三次前往藏地之说：第一次，按照上师法旨到藏地给卓译师传授《道果法》及行者比热巴瓦法；第二次，应桂译师邀请，讲授《喜金刚二品续》、《帐续》等法门；第三次，应吉曲达瓦伟色的邀请大讲佛法，由吉曲弟子迎至卡热。班智达三次到藏，第二次有无讲经一事历来颇有争议。总之，伽耶多罗到藏地给卓译师等人传授《道果法》，开创了此法在藏地的传播。

二、卓译师传播了道果法

卓弥·释迦益西译帅（འབྲོག་མི་ལོ་ཙྰ་བ་ཤཱཀྱ་ཡེ་ཤེས），藏历水蛇年（公元 913 年）生于芒喀。在住持释迦勋努、上师塞·益西尊追（སློབ་དཔོན་ཡེ་ཤེས་བརྩོན་འགྲུས）和桑顿娘·多吉坚赞处受戒出家。此后由拉孜拉尊三人为施主，从三百僧众中选出卓弥·释迦益西、达洛·勋努罗追（སྟག་ལོ་གཞོན་ནུ་བརྩོན་འགྲུས）和楞·益西勋努（ལྡང་ཡེ་ཤེས་གཞོན་ནུ）三位出类拔萃者，派到天竺学习翻译，让他们学习律、《现观庄严论》和密宗。

卓弥等人到了尼婆逻从班智达喜瓦桑布(ཞི་བ་བཟང་པོ་)处听闻《喜金刚》、《胜乐》、《密集》、《不畏金刚》和《摩诃亚玛》,又习《声明》、《量论》及天文历算等大小十明,不到一年便得到了译师的称号,随后到了天竺金刚座。《藏文文选》中载:“喇钦卓弥到了毗噶玛拉喜寺,在东门辛达巴处学六度法十八年,南门谢热窘乃白巴习密宗法,北门那若达巴处闻降三难法,中部戛纳谢热处修能断四种相扰身心法,中部仁青多吉处听定增法,称为卓弥六门法释。”卓弥在天竺云游各地,拜于许多大德贤者门下,学习各种显密典籍成为大班智达。返回藏地时,各大施主到基隆迎接卓译师,众人从卓译师处得到灌顶及教言,子拉孜扎,对许多经书的翻译进行校对和再译,在各大施主的支持下又往天竺。从杂那喀国的巴沃多吉高僧处得到了灌顶,高僧予连续十三次灌顶,又拜班智达和译师听闻比热瓦大法、四续及本续等许多法门要诀。到了藏地后在拉孜给众人授《喜金刚》灌顶,在三大施主的鼎力支持下,藏历水羊年(公元 1043)在木古隆建立讲经坛,弟子有玛尔巴·曲吉罗追(མར་པ་ཆོས་ཀྱི་བློ་གྲོས་)和桂·库巴拉孜(འགོས་ཁུག་པ་ལྷས་བཙས་)等。

此外,卓译师还有昆·衮确杰布、扎敦·衮确杰布(དཟད་སྟོན་དཀོན་མཆོག་རྒྱལ་པོ་)、吉·降吾噶瓦(ཀྱི་ལྗང་དབུ་དཀར་བ་)、香·章孜索那巴(ཤངས་ཀྱི་བྲག་རྩེ་སོ་ནག་པ་)、阿里巴·赛伟宁布、卓堆敦琼(འབྲོམ་དོས་སྟོན་ཆུང་)、拉尊·噶哇里(ལྷ་བཙུན་ཀ་བ་ལི་)、赛顿衮日(སེ་སྟོན་ཀུན་རིག་)、藏迈巴·吉贡赛沃(སྨད་པ་གྱེར་བསྒོམ་སེ་བོ་)、达纳巴·吉贡若布(རྟ་ནག་པ་གྱེར་བསྒོམ་རོག་པོ་)、潘域巴卫巴卓布齐(འཕན་ཡུལ་པ་དབུས་པ་སྒྲོད་པོ་ཆེ་)、潘域·齐母南卡(འཕན་ཡུལ་མཆེད་མོ་ནམ་མཁའ་)、堆母·多吉措(སྙེ་མོ་རྡོ་རྗེ་མཚོ་)、央喀瓦·卓母衮尼(དཟད་མོ་དཀོན་ནེ་)、擦穆绒·觉穆降杰(ཚ་མོ་རོང་པ་ཞབ་པ་རྗེ་མོ་ལྷུམ་རྒྱལ་མཚན་)等弟子。

《土观宗派源流》中载:“卓弥将全部《道果法》传给三弟子,其中二人未将教授宏传,惟色敦衮日得授记说依霞马姊弟可使教授宏扬。果如所记,后来玛基霞马和昆浦巴·却吉杰布(འཁོན་ཕུ་པ་ཆོས་ཀྱི་རྒྱལ་པོ་)姊弟二人依止色敦获传《道果法》要,修之得到成就,广为利人,其详情请阅读其他史书。”赛敦弟子有香敦(ཞང་སྟོན་)二兄弟,赛敦巴《道果法》一字未漏传于香敦、塞吉巴(གཟི་བརྗིད་འབར་བ་)。

三、历代萨迦法座的发展

1、道果十八法《藏文文选》中载:“卓弥所传《道果法》后期亦有众多分派如:卓派、夏玛派、吉贡派、觉囊派、帕竹派及无上萨迦派,细分有十八种之说。略述为卓派分父、子续二派,子续派分嫡传与教传,教传分章派和赛派,赛派分三,一为香派和萨派,萨派分远近二传,远传有先后之分,先为帕竹和吉贡等。”

《道果法》又分详、中、略二言;中言有父续、母续及赛续,父续又有扎嘉瓦派、亲传派、夏玛派,夏玛派又一分为二,共四派。母续有三派,由夏玛弟子娘贡(སྨྱང་བསྒོམས)有门喀瓦(སྨོན་མཁར་བ་)、敦琼巴(སྟོན་ཆུང་)和本布谢村(དཔོན་པོ་ཤེར་ཚུལ་)三人流传之派。

赛续初集母续三派之精华,也与父续及夏派教言糅合,加之将历代《道果法》之说集于一身的白·米觉多吉(དཔལ་མི་བསྐྱོད་རྡོ་རྗེ་)、旺杰(དབང་རྒྱལ་)、卓父子、香二兄弟的十八法。

2、无上萨迦派《道果法》

萨迦派的《道果法》分为远传,进传,嫡传,俄对众人、弟子说以及金色经部说五种。

(1)远传分为要诀部和续部。要诀部为赛敦衮日把《道果法》传授于香敦曲巴和塞吉巴二人。由香敦传于萨钦·衮噶宁布（ས་ཆེན་ཀུན་དགའ་སྙིང་པོ་），衮噶宁布在格曲地方修炼之时，赛敦喇嘛在赛敦是一切法会的住持，二人相见后，赛敦把许多要诀法日夜不停的传授于衮噶宁布，此后赛敦圆寂。衮噶宁布按照赛敦的遗愿到南喀吾大师处，并向大师敬献许多财物，最终衮噶宁布得到了道果法精髓要诀。续部的传承由昆·衮确杰布、赛敦衮日（སེ་སྟོན་ཀུན་རིག་）、阿里巴·赛哇宁布和钦译师·伟吉囊瓦（འབྲིན་ལོ་ཙྪ་བ་འོད་ཀྱི་སྣང་བ་）在玛旁圣湖旁授予卓译师，犹如川流不息的江水把道果续部法传授于一代又一代。

（2）近传萨钦·衮噶宁布藏历铁鸡年（公元 1141 年）四十七岁时患疾病，好转后将所学知识忘于脑后，欲到天竺学经之时，亲睹衮巴玛大师后，所学知识一一浮现于脑中。后来进行闭关修炼，期间给近侍、随从讲授了七十二无上续法等许多法门，由于授予最亲近之人故名为近传。

（3）嫡传萨钦·衮噶宁布圆寂后，至尊·扎巴坚赞于藏历水狗年（公元 1202 年）五十六岁往尼木如藏藏喀寺讲授《道果法》及践行门。扎巴坚赞众多弟子中掌善事续部者为萨班，萨班有洛玛两位得意弟子，即洛巴·衮钦仁青白桑（ལྷོ་པ་ཀུན་མཁྱེན་རིན་ཆེན་དཔལ་བཟང་）和玛曲杰（དམར་ཆོས་རྒྱལ་）。要诀和修炼续部的传播者有三人，即衮噶白桑、大修行者云旦白桑（སྒྲུབ་ཆེན་ཡོན་ཏན་དཔལ་བཟང་）和帕巴·罗追坚赞（འཕགས་པ་བློ་གྲོས་རྒྱལ་མཚན་），三人传承集于大行者扎普巴而成为嫡传法脉。

（4）俄对众人、弟子说此法脉发展成较有系统的传承谱系，由得到持金刚（རྡོ་རྗེ་འཆང་）亲旨的衮噶桑布（ཀུན་དགའ་བཟང་པོ་）或觉旦巴·衮噶囊杰（ཇོ་བསྟན་པ་ཀུན་དགའ་རྣམ་རྒྱལ་）等人逐渐发扬光大。

道果法的心诀精髓由俄钦·衮噶桑布(ངོ་ཆེན་ཀུན་དགའ་བཟང་པོ་)秘授于弟子衮确坚赞,《土观宗派源流》中载:“萨迦派内对于《道果》的讲法,彼此亦各有不同。俄派以前未闻有“对众人‘和’对弟子说的”名字,俄巴·衮噶桑布乃判分为对众说和对弟子说两种,从此以后才有这样的分别”此后,由多吉日巴·衮桑曲吉尼玛(རྡོ་རིང་པ་ཀུན་བཟང་ཆོས་ཀྱི་ཉི་མ་)、擦钦·洛赛嘉措(ཚར་ཆེན་བློ་གསལ་རྒྱ་མཚོ་)和洛主嘉措(རྗེ་བློ་གྲུབ་རྒྱ་མཚོ་)等人逐渐传播。

传承逐渐到了萨迦各法主,各法主讲授了《十一种道果要诀》和《四行相》。

(5)金色经部说是各种典籍中的要法名称。详细见于萨迦派各《道果源流》典籍中。

第五节 正说萨迦派的见修

《土观宗派源流》中载:“文殊怙主萨班(འཇམ་མགོན་ས་པཎ་)和绒敦(རོང་སྟོན་)等诸大德,皆以中观自续见为主,仁达瓦(རྗེ་བཙུན་རེད་མདའ་)尊者又是持中观应成派见。释迦胜初尚中观,中持唯识,后执觉囊派见。其余还有很多人以《大圆满》见为殊胜者,然萨迦不共之见,是《道果》的见,就是修明空无执,或生死涅槃无别之见,关于此见的立论,有显密两种分别。显教又分随龙猛教授与随弥勒派教授二者。”

一、显教见修

显教见修有龙树教授和弥勒教授两种。

(1)随龙树教授者首应破非福,中则破我执,后破一切见,知此为智人。上所说则分为三种次第。初修生死过患,暇满难得,业果、慈悲等法而破除之。中破我执,最后破一切见。

初想轮回之苦,苦思暇满难得,思因果,生慈悲,若不思一切有相为轮回之苦源,则得不到解脱轮回法。三途恶闻而丧胆,遇而不能避之,亦不能贪恋善趣享乐,若贪恋则无解脱之日。正如经部上所言:轮回如针尖,永无安乐之时。因此,难得一次的人生,全心修炼,早日解脱轮回之苦,实为正言。如阿底峡大师所言:生于淤泥之地,必先脱离其地。

中日思暇满难得,若得到暇满,则当有意之事,亦思不为长久之事。从因、性、喻及数方面难得暇满。寻得暇满已成重要之事,十满和八有暇从因、性、喻及数方面得到更是难上加难。若得定能修解脱之法与识一切身,众吾族解脱于轮回之苦而日夜在大贤处听闻真经,并践行,此乃重要一事。阿底峡大师曰:暇满正圆满之时,亦难得,为此修炼最重要。暇满也不会长久,一生有再多的亲朋好友也终归要一一离别,聚再多的财宝也终究赤身前往。亲朋好友对此毫无办法施救,钱财衣物无所作为,只有行善事,积功德,才是唯一解救法。行恶造孽将堕入无边苦海,因果明了,才能坦荡,一切修佛法为正言。如在《别解脱经》中载:不造孽,行善事,降心魔,为正教。首先破攻他四恶,践善恶分明之法,为别解脱戒的一类。

此后,习慈悲法与菩提心,在事谛和论谛方面分类众多。《藏文文选》载:“简述而曰为萨迦大法师言:谋己者,非慈悲心。慈悲为一切不安当作安乐,一切众生当作安乐因者。对受尽痛苦的众生产生慈悲来欲解此苦为大慈悲心。”六道轮回之苦牢记于心,日夜产生大悲心最为关键。阿底峡大师言:心生慈悲,菩提心永存。要生菩提心,慈悲心先行。

对于“补特伽罗”的解释,龙树(ཀླུ་སྒྲུབ)大师曰:蕴非我。补特伽罗有色蕴,亦无色蕴。萨迦历代法主对“无我”有着独特的见解。五蕴皆为无，一时灭亡，并无永存。虽无常补特伽罗，但亦可行善积德来缓一时之灭。总之，萨迦派显见为终恶业，行善积德，遮补特伽罗才能解救众生于轮回。

(2)随弥勒教授者

龙树教授说中的遮一切者最为重要，终止恶业而先晓习智慧与菩萨光明业为涅槃解脱之源。若不然，与二取相混为一谈，把轮回困难之源当作俱生无明矣。二取相混有多种分类。《土观宗派源流》中载："初暖相者，双离能所二取之心，自性光明，明而无有分别，虽属自心本具，然不能见者，乃是由于执外境离心实有，受其蔽障，故应将此蔽障除去。其除去法，即是应先决定此等外境只是心的迷现，离心而外，别无实有可得之义，乃至未得此觉验中间应当励力修习。如此励力以后，则心中生起彼外所现境，唯是自心迷乱所现，外境无有谛实，信任此义之心略生明相，此则名为暖位现相三摩地。"又再进修，则前说心之明相逾为增大，而生起信心和觉验的明相也比前逾增大，此名为顶位增相三摩地。较前再加励力修习，则净治能障自心光明之所取迷现的现行，其本心的明相清澄分与乐况较前殊胜生起，此名为忍位无境分别三摩地等如是云云。

二、密宗见修

在《土观宗派源流》中载："密教之见，即亲证内心实相之见。于此欲求生起觉验，先须认识差别所依之心。初觅得此心，指点此心为明空双运。次于明空双运中直指体认本元俱生智慧之心，乃观其义而为修习。心不为迷乱走失，所现皆成智慧妙用，纵有迷现，然猛力忆念正见，亦可涣然水释，此是使一切迷相悉现为智相之法，它是极密的对徒说派所承许之见。”

萨迦各法主继承密宗见修，首先以又觅心之法，显空了相。《土观宗派源流》中又载：“又觅心之法，摄心内观，则与噶举派觅心之法相似。观心在于何处，作何色何状，如是寻觅，见其了无可得，但仅就在世俗名言中认识此心是唯明、唯觉、唯动，清清楚楚的觉知感受而已。从内略为现起自生之相，此则名为明乃心的性相，是悟证心德三分之一。”若更推求，则可了悟内心离生住灭，自体本空，此则名为空乃心之自性，是悟证心德三分之二。体验如是空性之时，又非全无所有如虚空之断空，而是唯明唯觉，一切无不明了显现。若凝观此体，又全无自性可得，则可决定其为性空如是等等。

看出以心之自性为主，在《土观宗派源流》中载：“其不共同者，则直指本元俱生智。此智非泛指唯认识总相的自心及迷现之心，而是要认识在因位时的明空双运，远离迷乱之心。此于显密经论中，名曰清净心、如来藏、本性光明心、心金刚等，安立多种名言，亦名为因位阿赖耶。”等等，更具体的见修均载于《土观宗派源流》与《藏文文选》等典籍中。

第十一章　觉囊派源流

觉囊派（ཇོ་ནང་པའི་གྲུབ་མཐའ་）的源流从宗派之名、传承法脉和主要见修三方面来详解。

第一节　“觉囊”一名的由来

上部拉孜境内有一个仙境般的地方，异树奇花横生，各类野生动物休憩，鸟语花香。此地为藏族原始十二旦玛之一的纳门杰姆（ནགས་སྨན་རྒྱལ་མོ་），简称“觉囊”。堆布·谢热坚赞（ཀུན་མཁྱེན་དོལ་པོ་བ་ཤེས་རབ་རྒྱལ་མཚན་）等高僧大德先后在此讲经说法，逐渐形成一个独特的藏传佛教派别即“觉囊派”。

第二节　觉囊派的传承

该派的传承谱系在《藏传佛教历代大德传》中可见：“觉囊派传承分显宗见为：由释迦牟尼（རྒྱལ་བ་ཤཱཀྱ་ཐུབ་པ་），弥勒（རྒྱལ་བ་ཤཱཀྱ་ཐུབ་པ་），无著（འཕགས་པ་ཐོགས་མེད་），陈那（སློབ་དཔོན་དབྱིག་གཉེན་），岗噶米扎（གང་ག་མི་ཏྲ་），阿瓦都底·扎巴白（ཨ་ཝ་དྷུ་ཏི་ལ་དགའ་བ་གྲགས་པའི་དཔལ་），窘乃·谢瓦谢（ཁ་ཆེ་བ་འབྱུང་གནས་ཞི་བ་），婆罗门·戛纳（བྲམ་ཟེ་ཛ་ན་），译师噶哇多吉（དགའ་བའི་རྡོ་རྗེ་），赞日阔亲·支脉谢热（བཙན་རིགས་ཁའོ་ཆེ་དྲི་མེད་ཤེས་རབ་），拉堆·达玛尊追（ལ་སྟོད་པ་དར་མ་བརྩོན་འགྲུས་），堆布聂·益西窘乃（དོལ་པ་གཉན་ཡེ་ཤེས་འབྱུང་གནས་），江珍降曲杰（འཇང་སྒོན་བྱང་ཆུབ་སྐྱབས་），切·勋努降曲（མཆེད་གཞོན་ནུ་བྱང་ཆུབ་），觉

顿巴·门朗崔成(སྒོ་སྟོན་པ་སྨོན་ལམ་ཚུལ་ཁྲིམས),窘旦·热巴热轧(བཅོམ་ལྡན་རིག་པའི་རལ་གྲི),吉敦·降央钦穆(བཅོམ་ལྡན་རིག་པའི་རལ་གྲི),衮·钦觉囊巴(ཀུན་མཁྱེན་ཇོ་ནང་པ)。密宗见为:桑杰曲英·诵吉旺久(སངས་རྒྱས་ཆོས་དབྱིངས་གསུང་གི་དབང་ཕྱུག),达桑(ཆོས་རྒྱལ་ཟླ་བ་བཟང་པོ),七大法王(ཆོས་རྒྱལ་ཆེན་པོ་བདུན),热旦降白扎(རིགས་ལྡན་འཇམ་དཔལ་གྲགས་པ),杰噶巴(རྒྱལ་དཀའི་བང),降白多吉(འཇམ་དཔལ་རྡོ་རྗེ),白桑(དཔལ་བཟང་པོ),其子降曲桑布(བྱང་ཆུབ་བཟང་པོ),班钦·达瓦衮布(པཎ་ཆེན་ཟླ་བ་མགོན་པོ),波卓译师·谢热扎(ཤེས་རབ་གྲགས་པ),拉吉衮巴·衮确松(དཀོན་མཆོག་བསྲུང),喇嘛·卓敦朗孜(བླ་མ་སྒྲོ་སྟོན་གནམ་བརྩེགས),主钦米月·弥久多吉(གྲུབ་ཆེན་ཡུ་མོ་མི་བསྐྱོད་རྡོ་རྗེ),其子曲吉旺久(ཆོས་ཀྱི་དབང་ཕྱུག),南卡伟色(ནམ་མཁའ་འོད་ཟེར),觉崩(སྤྱིལ་སྤུ་ཇོ་འབུམ),南卡坚赞(ནམ་མཁའ་རྒྱལ་མཚན),谢热伟色(འཇམ་གསར་བ་ཤེས་རབ་འོད་ཟེར),衮钦曲古伟色(ཀུན་མཁྱེན་ཤེས་རབ་འོད་ཟེར),祥衮邦·突吉尊追(ཞང་ཀུན་སྤངས་ཐུགས་རྗེ་བརྩོན་འགྲུས),降僧·杰瓦益西(བྱང་སེམས་རྒྱལ་བ་ཡེ་ཤེས),克尊·云旦加措(མཁས་བཙུན་ཡོན་ཏན་རྒྱ་མཚོ),衮钦·觉囊巴(ཀུན་མཁྱེན་ཇོ་ནང་བ),觉囊·谢热坚赞(ཤེས་རབ་རྒྱལ་མཚན)。”在玉穆·弥久多吉(ཡུ་མོ་མི་བསྐྱོད་རྡོ་རྗེ)、祥·衮邦突吉尊追(ཞང་ཀུན་སྤངས་ཐུགས་རྗེ་བརྩོན་འགྲུས)、降僧·杰瓦益西(བྱང་སེམས་རྒྱལ་བ་ཡེ་ཤེས)等高僧时期,觉囊派已有了较大的发展。尤其是堆布·谢热坚赞(དོལ་པོ་བ་ཤེས་རབ་རྒྱལ་མཚན)时期,觉囊派如日中天,名声大震。《土观宗派源流》中载:“衮邦·吐吉尊追(ཀུན་སྤངས་ཐུགས་ཆེ་བརྩོན་འགྲུས)(悲精进)在觉摩囊建寺,笃补巴住持该寺,遂大开宗规,自此以后他的继承者则称为觉囊派。”从中看出觉囊派到了堆布·谢热坚赞(དོལ་པོ་བ་ཤེས་རབ་རྒྱལ་མཚན)时期正式形成。

识一切觉囊巴堆布·谢热坚赞(ཀུན་མཁྱེན་པ་ཇོ་ནང་པ་ཆེན་པོ་ཤེས་རབ་རྒྱལ་མཚན)为父谢热旺久(ཤེས་རབ་དབང་ཕྱུག)、母拉姆崔成(ཡུམ་ལྷ

སོ་ཚུལ་ཁྲིམས་རྒྱན)之子,藏历水龙年(公元1294年)生于阿里堆布班仓噶亚热。系旧密传承氏,从小在家乡拜吉丁大师(བླ་མ་སྐྱི་སྟེངས)等诸贤者学习密宗教授、中观等佛学典籍成为大德。十一岁从崔成宁布高僧(ཚུལ་ཁྲིམས་སྙིང་པོ)处受戒出家,取名为谢热坚赞(ཤེས་རབ་རྒྱལ་མཚན)。三十岁到了觉囊执掌觉囊派,后到拉萨楚布寺,与噶玛巴·让窘多吉(ཀརྨ་པ་རང་བྱུང་རྡོ་རྗེ་མཁས་བཙུན་ཆེན་པོ)广泛讨论浩瀚的内明学知识,辗转又回到觉囊,拜于克尊大师门下,得到许多独门灌顶和教言,成为该派传承谱系中最具影响力的人物。

堆布·谢热坚赞(ཐམས་ཅད་མཁྱེན་པ་དོལ་པོ་ཤེས་རབ་རྒྱལ་མཚན)如何执掌觉囊派从《觉囊教派史》的记载可见:“兴建大殿,给众僧讲授《十言法》,他空见的理论用喻表其意,给众人指点他空见,并著《了义海论》等十六法,《时轮十八分义》,《母续注释》,《二十五颂语》,《十四赞语》,《五大法身法》,《金刚链三灌顶》,《诫百颂》,《三誓愿》及《四吉祥》。”堆布·谢热坚赞在萨迦讲授了《四言》、《中观五论》、《入中观法》、《五部慈氏论》,大兴觉囊派。后期经过努曲隆、吴域、南木、堆龙到拉萨呆了十一个月之久,与卫地方与诸多贤者高僧广泛交流,给众徒讲授《金刚瑜伽续》、《心生经》、《真言经》等解救众生于苦海,又到吉迈、雅卓、娘迈在各地讲经说法。

后来与布顿大师对内明学进行广泛交流,众人对堆布大师称赞为觉囊派源于识一切堆布巴。堆布大师对众弟子道:无时日,勤学佛,救众生,思轮回。于藏历铁牛年(公元1361年)圆寂。

他有众多弟子如繁星般众多,主要有;

1、衮邦·曲扎巴(ཀུན་སྤངས་ཆོས་གྲགས་དཔལ)父巴布拉索·瓦

热扎玛底(བལ་པོ་ལྷ་བཟོ་བ་རིན་མ་ཏི་),母赛穆益西(སྲས་མོ་ཡེ་ཤེས),于藏历水羊年(公元1283年)生于热洛地方。五岁学习塑像技艺,八岁到贡塘在根敦嘉措(སྟོན་དགེ་འདུན་རྒྱ་མཚོ)处受戒出家,取名为曲扎·白桑布。二十一岁在卫藏各大寺院学经拜师,到夏鲁寺拜布顿大师门下听闻《百大灌顶法》、《百大弥达热法》、《二论法》,在塔巴译师尼玛坚赞(ལོ་ཙཱ་བ་ཉི་མ་རྒྱལ་མཚན་)处学习《声闻》及兰札文而成为大贤者。二十五岁与堆布大师相遇,得到许多法门,勤于天文历算等学科领域,后期替堆布大师前往汉地,在汉地讲经说法长达七个月之久,回藏后在直贡、达隆和雅砻等地大兴觉囊派法门。藏历水兔年(公元1363年)被江巴斯底(གླང་པ་སོ་རྡེས)暗杀而亡,享年八十一岁。

2、译师曲吉杰布(ཆོས་ཀྱི་རྒྱལ་པོ་)父益西桑布(ཡེ་ཤེས་བཟང་པོ་),母拉姆晋噶,藏历土猪年(公元1299年)生于安多。七岁从旺宗大师处学习藏文基本写读功夫,九岁到达纳从堪钦处受戒出家,取名为罗追·白桑布,到桑普从堪钦崔成桑布处学习《般若经》和《俱舍论》等而成为大德。到萨迦后从敦巴·南卡益西(སྟོན་པ་ནམ་མཁའི་ཡེ་ཤེས་དབང་པོ་བློ་གྲོས་བརྟན་པ་)处听闻《俱舍四分论》等,后云游卫藏各地,拜师修法。二十五岁到扎郭从邦洛·罗追丹巴处习《声明》和兰札文,邦洛译师推荐到觉囊大师(ཀུན་མཁྱེན་ཇོ་ནང་པ་)处,得到了许多觉囊派的独门秘诀,还习《解心三论》、《续言》、《灌顶教言》、《般若》、《俱舍论》、《因明》、《律法》等佛学经典而成为名震内外的贤者。藏历水马年(公元1354年)圆寂,享年五十五岁。

3、玛底·班钦(མ་ཏི་པཎ་ཆེན་)玛底·班钦为父索巴白(བཟོད་པ་དཔལ་)与母白玛尊(དམ་པ་བཙུན་)之子,生于藏历木马年(公元1294年),面目俊生,天子聪慧,心生慈悲,身具天然香味。四岁开始咏诵《慈氏五论》，七岁到大修行者仁巴大师（སྒྲུབ་ཐོབ་རིན་པོ་ཆེ）父母修行地听闻许多法门，十五岁在堪钦扎西僧格（མཁན་ཆེན་བཀྲ་ཤིས་སེང་གེ）处受居士戒，二十五岁在夏鲁寺仁青扎大师处授比丘戒，因仰慕堆布大师的法名而前往觉囊，伴随在堆布大师左右，得到觉囊真传。拜于衮邦·曲扎白（ཀུན་སྤངས་ཆོས་གྲགས་དཔལ），大译师罗追丹巴（བློ་གྲོས་བརྟན་པ）等大贤门下，学习众多佛学典籍和声明学，名震远近各地。先后在纳塘、纳普、夏鲁、热隆、萨迦和桑普等地大转法轮，在强林地方兴建觉囊巨塔，于藏历火龙年（公元 1376 年）圆寂，享年八十三岁。

4、衮钦·确列朗杰（ཀུན་མཁྱེན་ཕྱོགས་ལས་རྣམ་རྒྱལ）父晋巴白（སྦྱིན་པ་དཔལ），母定增卓玛（ཏིང་འཛིན་སྒྲོལ་མ），生于藏历火马年（公元 1306 年）。四岁在仁青多吉（དགེ་སློང་རིན་ཆེན་རྡོ་རྗེ）处学习藏文基础知识，于玛旁圣湖边从热白大师处学习密宗独门不动地法，从班智达乌玛巴迪（ཨུ་མ་པ་ཏི）处学习声明及梵文，从父亲处听闻独门心诀。八岁随降曲白（བྱང་ཆུབ་དཔལ）大师到了后藏，在藏那（མཁས་པ་གཙང་ནག）大师处学习中观释论等显宗经要，由仁青白（རིན་ཆེན་དཔལ）大师为堪布，乌玛巴·降曲白为上师而授居士戒。拜嘉热大师（རྒྱ་རས་པ）习萨迦空行母法门和胜乐传承等。后到桑普、夏鲁、纳塘、白定和绰普寺大讲佛法，他精于辩经而被蔡本格德（ཚལ་དཔོན་དགའ་བདེ）敬称他为确列朗杰（རྣམ་རྒྱལ）（胜一切者）。为了探讨他空之见而到觉囊，拜堆布大师为师，于大译师罗追白（བློ་གྲོས་དཔལ）圆寂后执掌觉囊法主六年，舍昂仁教主和觉囊法主之职而闭关修炼三年，又闻堆布大师圆寂的噩耗而继续执掌觉囊法主。于藏历火虎年（公元 1386 年）圆寂，享年八十一岁。

5、直贡译师玛尼噶协热（འབྲི་གུང་ལོ་ཙཱ་བ་མ་ཎི་ཤྲཱི）父普仁·多

吉罗追(ཕྱུ་རང་རྡོ་རྗེ་བློ་གྲོས),母拉尊,直贡译师玛尼噶协热于藏历土猪年(公元1299年)生于杰普。三岁至七岁之间在父亲身旁学习藏文的基本知识。十一岁到桑普在益西桑布大师处受居士戒,取名为罗布·白益西(ནོར་བུ་དཔལ་ཡེ་ཤེས),到潘域从益西僧伽(ཡེ་ཤེས་སེང་གེ)大师处学习《量理庄严论》,后云游雅砻、扎塘、拉萨和桑耶等地学经拜佛,到了后藏的萨迦,拜降央·曲吉坚赞(འཇམ་དབྱངས་ཆོས་ཀྱི་རྒྱལ་མཚན)等大师,听闻《声明》、《六往生》、《俱舍》等,此时已经成为大贤者。到夏鲁寺拜嘉敦(ཇ་སྟོན)大师继续学习声明及辞藻学,十五岁到了直贡,从班智达噶热拉处习梵文及兰札文,被众人尊称为直贡译师。又在天竺人瓦迪噶热(ཨ་ཙ་ར་ཤནྟི་ཀ་ར)处学习天竺各地的语言而成为译师中的佼佼者,二十一岁与堆布大师相遇,仰慕大师的满腹经纶而拜于门下,得到时轮灌顶续等许多法门,堆布大师圆寂后执掌觉囊法座。藏历水牛年(公元1373年)圆寂,享年七十五岁。

6、香敦·杰沃所南扎(ཞིང་སྟོན་རྒྱ་བོའང་ཞང་སྟོན་རྒྱ་བོ་བསོད་ནམས་གྲགས་པ)父曲杰白,母曲吉卓玛。香敦·杰沃所南扎于藏历水龙年(公元1293年)生在吉旭。六岁到扎塘多坚赞处学经,到噶旦与众僧辩经后脱颖而出。大昭寺从堪钦勋努白(མཁན་ཆེན་གཞོན་ནུ་དཔལ)身旁受比丘戒,取名为所南扎巴·白桑布(བསོད་ནམས་གྲགས་པ་དཔལ་བཟང་པོ),蔡贡塘的扎西僧伽大师处听闻《声明》、《现观庄严论》等许多显密经论。十四岁时拜师于阿杂热纳布(ཨ་ཙ་ར་ནག་པོ)习辞藻、韵律及戏剧等小五明,二十二岁到萨迦后拜师于晋美扎巴(འཇིགས་མེད་གྲགས་པ)大师。到了洛普、拉堆、扎热木、夏鲁、纳塘、堆龙等地学经拜佛,期间得到《时轮大灌顶》、《持金刚大轮》、《大不畏热门灌顶》。三十五岁拜堆布大师，一直跟随堆布大师到六十三岁，后因堪钦拉旺（མཁན་ཆེན་ལྷ་དབང་）的邀请到了白定讲经并修建寺院，在白定执掌法主十五年之久。藏历铁狗年（公元1370年）香敦·杰沃所南扎圆寂，享年七十九岁。

7、曲吉聂翁·滚噶白（ཆོས་རྗེ་ཉ་དབོན་ཀུན་དགའ་དཔལ་）父囊杰，母白玛珍（པད་མ་སྒྲོན་）。曲吉聂翁·滚噶白三岁时就能咏诵经书，四岁时与堆布大师相遇，堆布大师对他倍加关爱并收为弟子。十二岁于堪钦尼玛坚赞（ཉི་མ་རྒྱལ་མཚན་）处受戒，取名为衮噶白桑。后来到达隆、纳塘等许多名山古刹，从仁青桑布和洛桑扎巴两位大师处听闻《俱舍》、《往生法》、《戒律》等显宗典籍。后期在弟子们的帮助下修建了孜钦寺，大兴觉囊派法脉。藏历土羊年（公元1379年）曲吉聂翁·滚噶白圆寂，享年九十五岁。

8、塘布齐·衮噶崩（ཐང་པོ་ཆེ་ཀུན་དགའ་འབུམ་）生于藏历铁羊年（公元1331年）。七岁在桑普扎西桑布（བློ་མ་བཀྲ་ཤིས་བཟང་པོ་）大师处受戒出家，取名为衮噶崩。十二岁在贡塘喇嘛顿珠白（བླ་མ་དོན་གྲུབ་དཔལ་）身旁学习《因明》、《现观庄严论》等经典，后来辗转于萨迦等个各名寺拜师求学，广听《声明》、《现观庄严论》、《俱舍论》、《那若六法》等法门。二十二岁到觉囊拜于堆布大师门下，继续听闻《时轮大灌顶》、《续灌顶》、《萨派喜金刚灌顶》、《热派大不畏灌顶》成为大德。四十八岁到达纳，为众生大讲佛法，聚集众多弟子。五十七岁到了雅砻，讲授《续注》、《金刚串本续》等法。藏历水羊年（公元1402年）塘布齐·衮噶崩圆寂，享年七十二岁。

9、门曲喀哇·罗追坚赞（སྨན་ཆུ་ཁ་བ་བློ་གྲོས་རྒྱལ་མཚན་）父祥衮桑（ཞང་ཀུན་བཟང་），母鲁古尊（ལུ་གུ་འཛོམས་），门曲喀哇·罗追坚赞生于

藏历木虎年（公元1314年）。从小聪慧过人，五岁就能通晓戏剧，工巧明，八岁就能书写藏文，十三岁到桑普，由确杰（ཆོས་རྗེ་རིན་ཚུལ་）为堪布、勋努僧伽为上师而受居士戒，取名为罗追坚赞，其时熟记《释量论》，名声大振。十九岁在堪钦桑布处受比丘戒。到了萨迦拜晋美扎巴大师，听闻《声明》、《辞藻明》、《修辞明》等大小五明。门曲喀哇·罗追坚赞于藏历土蛇年（公元1389年）圆寂，享年七十六岁。

10、曲吉·仁尊父拉桑，母拉尊，曲吉·仁尊生于藏历火鸡年（公元1297年），从小就能书写藏文。八岁到乃宁寺，从乃宁四大师处受戒出家，取名为仁青·崔成白桑（རིན་ཆེན་ཚུལ་ཁྲིམས་དཔལ་བཟང་པོ་）。到夏鲁从索朗仁桑布（བསོད་ནམས་བཟང་པོ་）处听闻《现观庄严论》、《俱舍论》、《般若》及《胜乐五部》等，又到拉萨、桑耶等地求经拜佛而名声远扬。后来经过纳塘、纳普、热龙、尼塘、娘堆、绰普到了萨迦，拜堆布大师，三十八岁受比丘戒。得到《时轮大灌顶》、《吉祥形象灌顶》、《胜乐传续》独门法。五十八岁被堪钦洛桑（ནོར་བཟང་）迎请至堆龙，在堆龙大讲佛法，聚集众多弟子，又到贡塘等地，给众生大转法轮。曲吉·仁尊于藏历土猴年（公元1368年）圆寂，享年七十二岁。

11、拉益坚赞（ལྷའི་རྒྱལ་མཚན་）父益西桑布，母白尊（དཔལ་བཙུན་），拉益坚赞生于藏历土羊年（公元1319年）。五岁于崩塘顿珠白（བླ་མ་དོན་གྲུབ་དཔལ་）大师处受居士戒，取名为拉益坚赞·白桑布（ལྷའི་རྒྱལ་མཚན་དཔལ་བཟང་）。到达纳、堆龙、楚布等地拜多旦扎·僧伽（རྟོགས་ལྡན་གྲགས་སེང་གེ་）听闻《胜乐五部》、《文殊本续》、《后行续》等诸多经典。又在达隆、绰普、德庆、孜钦及努曲隆等地讲经说法，名声逐渐远扬。仰慕堆布大师的法名而拜于门下，得到许多觉囊独门心诀。到拉荣曲德寺执掌住持，为众生大转法轮。拉益坚赞于藏历铁蛇年（公元 1401 年）圆寂，享年八十三岁。

12、曲吉·平措白桑布（ཆོས་རྗེ་ཕུན་ཚོགས་དཔལ་བཟང་པོ་）父敦巴白（སྟོན་པ་དཔལ་），母白珍玛（དཔལ་འཛིན་མ་）。曲吉·平措白桑于藏历木蛇年（公元 1304 年）生于潘域。自小心生菩提心，仰慕密宗与《现观庄严论》等显密典籍。十七岁时从达隆堪钦仁青桑布处受居士戒，取名为平措白桑布。精于书、画、算术。于达隆处听闻《释量论》、《俱舍论》等许多法门。从多旦扎·僧伽处习《那若法》、《胜乐金刚铃》及帝洛巴和那若巴法门。后拜于堆布大师门下，得到《时轮大灌顶》、《密集续释》、《中观六部》、《空行母大海续》等密宗灌顶。后来与布顿（བུ་སྟོན་）大师相遇，在潘域修建寺院及内供佛尊像。于藏历火蛇年（公元 1377 年）圆寂，享年七十四岁。

13、唐本琼瓦·罗追白（ཐང་དཔོན་ཆུང་བ་བློ་གྲོས་དཔལ་）父多吉杰布（རྡོ་རྗེ་རྒྱལ་པོ་ཆོས་བཟང་མའི་སྲས་），母曲桑玛。唐本琼瓦·罗追白生于藏历水牛年（公元 1313 年），六岁从堆龙囊杰衮玛堪布衮噶·崩（ཀུན་དགའ་འབུམ་）处受戒，取名为罗追白（བློ་གྲོས་དཔལ་）。先后拜于许多大德门下，听闻无数显密经要，又在夏鲁、桑普上下林部学习各大教派的典籍而名声传播内外。

后来云游后藏尼塘、绰普、贡塘、热龙、萨迦等地，拜堆布大师，得到了《三论心释》、《时轮灌顶》、《六加行》等法门。在玛底班钦大译师（ལོ་ཙྪ་བ་མ་ཏི་པཎ་ཆེན་）、曲扎译师等处学习许多心诀后成为得道者，在堆龙地方讲授《弥勒续部》等，大兴觉囊派。他于藏历铁羊年（公元 1391 年）圆寂，享年七十九岁。

此外尚有各大亲传或再传弟子大兴觉囊派于安多、阿坝、果洛等众有地方。

第三节 觉囊派的立论

《觉囊教法史》中载:“起初在印度无上正理法的源流为师尊分别传;四谛法轮、无相法轮和广分别法轮,尤其是三次广分别法轮为中观他空见之根本。”觉囊派自己则认为派的立论主要源于显密二说。随显宗说法为弥勒(རྗེ་བཙུན་བྱམས་པ་མགོན་)第三次法轮法旨,继而发扬光大。其中中观他空见由玉穆·弥久多吉(ཡུ་མོ་མི་བསྐྱོད་རྡོ་རྗེ་)传播,有的则认为是堆布·谢热坚赞(དོལ་པོ་བ་ཤེས་རབ་རྒྱལ་མཚན་)大师传播。所持中观他空见立论为一切诸法实相胜义谛是常恒坚固不变的。含藏识有识智二分,此属智分,复是胜义法性的三宝周边一切情器世间,是界觉性无差别的天众,此与如来藏的本具种性、四续部中所说的百部诸尊等,皆同一意趣。在天竺由无著和世亲两位大师传播,藏地则由弥久多吉和堆布大师等贤者继之。随密宗说法为先前天竺密宗之道盛行,在《觉囊教法史》中载:“此时,吉祥婆罗门罗睺罗到此地,亲睹金刚行者,得道了基位相续所有善逝藏真理,王及随从五千人同时得道。”罗睺罗犹如密宗之祖,他把密宗心诀授予龙树,后来有大行者夏瓦热等人广传密宗法脉。尤其是夏瓦热葱茏,乃从大师处得到胜乐灌顶后亲睹菩提智慧宝,修成双运而普渡众生,后传入藏地一事说法纷纭。克什米尔大师达衮(ཁ་ཆེ་པཎ་ཆེན་ཟླ་མགོན་)对藏地的密宗法脉传承居功至伟,三次入藏,讲授许多密宗心要,尤其是对时轮法在藏地的传播作出巨大贡献。卓译师谢热扎拜谒达衮大师(ཤེས་རབ་གྲགས་ཀྱི་ཁ་ཆེ་པཎ་ཆེན་ཟླ་མགོན་)听闻时轮滚顶、续、心诀,成为了得道弟子。其中由拉杰衮巴·衮确松（ལྷ་རྗེ་སྒོམ་པ་དཀོན་མཆོག་སྲུང་）、喇嘛卓敦南孜（བླ་མ་སྒྲོ་སྟོན་གནམ་བརྩེགས་）、玉穆·弥久多吉等许多弟子也听闻并讲授许多密宗法，尤其是传播他空见、渡众生。到了堆布大师时期，无上密宗法中的他空见发展到了如日中天的地步，他也拜众多高僧大德听闻许多显密典籍，对觉囊派的发展作出了毕生的努力。《土观宗派源流》中载："关于论证此见为恶见之理。衮钦·笃补巴固是不可思议有名的贤德，如同婆伽梵对一类化机，有时亦说有补特迦罗我之义，他可能是同此密意，也是为了适应特殊的需要。若依其文词来看，其所立宗见，则完全等同外道。为什么这样说呢？因为诸梵声外道曾作是语：'应知声的自性梵净离东西等方分，不生，不灭。其所有转变，即是色等诸实有法聚。'"该派在解脱之说也与外道数论派大有相似之处。

总之，觉囊派（ཇོ་ནང་པ་）为藏传佛教各派中比较特殊的一派，关于它的历代法主、传承谱系及高僧大德详传等详细情况均载于《觉囊教法史》和《土观宗派源流》等典籍。

第十二章　格鲁派的源流

格鲁派是藏传佛教几大派别之间创建最近的一支，但是在历史发展过程当中已经成为最重要的一派。

第一节　“格鲁”一名的来源

《土观宗派源流》中载：“格鲁派或名格丹派，乃是以驻锡地而命的名。宗喀巴大师建卓日沃齐甘丹尊胜洲，在他的晚年即长驻该寺，因此大师所建宗派遂有呼为法主甘丹人的宗派。若把词字简化应呼为噶鲁派，但不顺口，遂改呼为格鲁派，相沿成习，则成定名。”看出格鲁派一名由驻悉地演变而来。

在公竹·云旦嘉措（ཀོང་སྤྲུལ་ཡོན་ཏན་རྒྱ་མཚོ་）撰写的《知识总汇》等一些史料中则称黄帽派（ཞ་སེར་ཅོད་པན་འཆང་བའི་རིངས་ལུགས），在佛教后宏期时期，鲁梅临行卫藏前贡布绕赛（དགོངས་པ་རབ་གསལ）把一顶黄色帽子赠与他，以示敬仰佛法的再一次复苏和贡布绕赛的功绩。宗喀巴大师每时每刻都在提醒自己佛法的纯正性和整改佛法的颓废现象为己任，因此后世将他的派别称作黄帽派（纯正佛法派）。

第二节　宗喀巴大师的诞生和格鲁派的创立

新噶当派的创始人宗喀巴大师（རྗེ་བླམ་ཙོང་ཁ་པ་ཆེན་པོ་）父达热

卡奇·鲁崩杰(དར་ཁ་ཆེ་ཀླུ་འབུམ་དགེ་),母欣穆萨阿曲(ཤིང་མོ་ཨ་ཆོས་),宗喀巴于藏历火鸡年(公元 1357 年)十月十日在安多宗喀地方。大师从小额形宽广,眉目秀丽,玄丹丰裕,耳肉长垂,枝节充整,堵根明利,肌肤洁白,世人见者无不喜悦。三岁在噶玛巴·若白多吉(ཀརྨ་པ་རོལ་པའི་རྡོ་རྗེ་)处受居士戒,取名为衮噶宁布(ཀུན་དགའ་སྙིང་པོ་)。在云旦嘉措(ཡོན་ཏན་རྒྱ་མཚོ་)处学习藏文的书写功夫,七岁由顿珠仁青大师(ཆོས་རྗེ་དོན་གྲུབ་རིན་ཆེན་)授大不畏,胜乐,喜金刚,持金刚等灌顶及心要法,并取名为顿悦多吉(དོན་ཡོད་རྡོར་རྗེ་)。由顿珠仁青(དོན་གྲུབ་རིན་ཆེན་)为住持,勋努僧伽(ཏ་དབེན་གཞོན་ནུ་སེང་གེ་)为上师受沙弥戒,取名为洛桑扎巴。十五岁就熟诵《经庄严论》,十六岁即藏历水牛年(公元 1373 年)进藏到了直贡替,在直贡京俄大师(སྤྱན་སྔ་)处习《心生》,到蔡贡塘后从衮确杰(དཀོན་ཅོག་སྐྱབས་)处习医药学,并精通《四续》,聂塘德瓦坚的喇嘛强仁巴(བླ་མ་འཇམ་རིན་)处修《弥勒部》,萨迦·索南坚赞(དམ་པ་བསོད་ནམས་རྒྱལ་མཚན་),住持仁青南杰(རིན་ཆེན་རྣམ་རྒྱལ་),班钦玛帝巴(པཎ་ཆེན་མ་ཏིན་པ་)三人处听闻《文殊胜乐部》(འཇམ་དབྱངས་བདེ་མཆོག),萨桑大师处习声明及梵文,布东·确列朗杰(བོ་དོང་ཕྱོགས་ལས་རྣམ་རྒྱལ་)处修《六支加行》,纳塘译师顿桑(ལོ་ཙཱ་བ་དོན་བཟང་)处学《俱舍论》及《因明大释》,聂文·衮噶白(ཉ་དབོན་ཀུན་དགའ་དཔལ་)处闻《现观庄严论》,仁达瓦大师(རེད་མདའ་བ་གཞོན་ནུ་བློ་གྲོས་)处听《俱舍论本释》,《中观》,密宗法门,仁达瓦也成为了宗喀巴大师的上师。

大译师降曲孜摩(ལོ་ཆེན་བྱང་ཆུབ་རྩེ་མོ་)处习《大乘阿毗达磨集论》,觉隆·洛萨堪布(སྐྱོར་ལུང་མཁན་པོ་བློ་གསར་པ་)处修《俱舍论》,兰木卓·拉隆喇嘛索南扎(ལམ་གྲོ་ལུང་བླ་མ་བསོད་གྲགས་)处听闻许多法门,译师南卡桑布(ནམ་མཁའ་བཟང་པོ་)处学《辞藻学》。二十五岁即藏历铁鸡年(公元 1381 年)由雅砻崔仁(མཁན་པོ་བཀའ་བཞི་པ་ཚུལ་རིན་)为住持,夏衮巴(ཤར་མགོན་པ་)为上师,索南多吉(བསོད་ནམས་རྡོ་རྗེ་)为密师,宗喀巴大师正式受比丘戒,拜众多高僧大德,学习佛学典籍,已经名声大震。在《格鲁派教法史》中载:“先后拜谒顿珠仁青,聂文·衮噶白(ཉ་དབོན་ཀུན་དགའ་དཔལ་),仁达瓦·勋努罗追(གཞོན་ནུ་བློ་གྲོས་),麻帝巴班钦(སྨྲས་བཟང་མ་ཏི་པཎ་ཆེན་),大译师南卡桑布(ནམ་མཁའ་བཟང་པོ་),噶玉巴(དགས་ཡུལ་),洛扎大修行师(ལྷོ་བྲག་གྲུབ་ཆེན་),直贡教主(སྤྱན་སྔ་ཆོས་རྒྱལ་),京俄·曲扎(སྤྱན་སྔ་ཆོས་གྲགས་),益西坚赞(བསྟན་པ་ཡེ་ཤེས་རྒྱལ་མཚན་),坎钦·崔仁(ཚུལ་རིན་པ་),衮确杰(དཀོན་ཅོག་སྐྱབས་),其中教主顿仁巴(ཆོས་རྗེ་དོན་རིན་པ་),仁达瓦(རེད་མདའ་བ་གཞོན་ནུ་བློ་གྲོས་),大行者巴沃多吉(གྲུབ་ཆེན་དཔའ་བོ་རྡོ་རྗེ་),列吉多吉(ལས་ཀྱི་རྡོ་རྗེ་)四人为宗喀巴大师的四大上师。”

宗喀巴大师拜谒众多贤者高僧,通晓显密典籍,后世者称赞不已。大师三十六岁即藏历水鸡年(公元 1393 年)到了沃卡曾齐寺对该寺弥勒大佛进行修复和开光仪式。大师三十九岁即藏历火鸡年(公元 1396 年)在聂赛齐崩巴进行大量的供奉和大讲佛法。大师四十四岁即藏历水马年(公元 1402 年)有宗喀巴大师,至尊仁达瓦,译师觉确·白(སྐྱབས་མཆོག་དཔལ་)三人相聚在阿钦布·降曲益西修建的大殿广传佛法,尤其是创立了戒律法的讲授与践行的独特门规。

藏历土鼠年(公元 1408 年)大明永乐皇帝派使臣及圣旨邀请宗喀巴大师到中原,但由于宗喀巴大师准备祈愿大法会的举行,加上当时大师准备祈愿大法会而不能前往中原,而派上首弟子释迦益西替其到中原,大明永乐皇帝也欣慰不已,并封释迦益西为“大慈法王”及明宣宗皇帝的国师。

此时，应王扎巴坚赞的邀请大师到了卓布隆，供奉随从五百人，于扎巴坚赞商榷举行拉萨祈愿大法会一事，柳吾宗本南卡桑布在大师的鼓励之下，修复了拉萨的法事举行之地，向觉悟佛敬献宝冠，广转法轮。大师在卓布隆期间向直贡、热振、沃卡等地头人和僧众要求对祈愿大法会尽一份绵力。藏历土鼠年（公元1408年）十二月大师一行到了拉萨，三十日进行小型法会，并向世尊佛献上镶嵌琉璃、珍珠和天石的黄金宝冠，不动佛及十一面观音佛也敬献宝冠，立四大天王宝幢，八大龙王旗，在八角街点燃无数酥油灯，对近万僧众广施法惠，举行渡众生法会，此乃祈愿大法会也。

同时，于藏历土牛年（公元1409年）建立甘丹寺，据说宗喀巴大师经过此地时，黑怙主转世乌鸦叼其僧帽到甘单大岩石上，宗喀巴大师得知黑怙主的旨意后在此修建该寺。实际上此地先前有一座荒废的本教寺院，宗喀巴大师等人在此基础上修建甘丹寺。

藏历火候年（公元1416年）宗喀巴大师弟子降央·扎西班旦建立哲蚌寺。

藏历土猪年（公元1419年）宗喀巴大师弟子释迦益西建立色拉寺。

藏历火兔年（公元1447年）宗喀巴大师的弟子一世达赖喇嘛根敦主巴在后藏建立扎什伦布寺。上述四大寺院称为格鲁派四大丛林。

总之，宗喀巴大师立甘丹寺，建僧伽团体，标志着格鲁派的正式形成。在帕竹第斯·扎巴坚赞（མི་དབང་གྲགས་པ་རྒྱལ་མཚན་）的鼎立拥护下，格鲁派在三大藏区得到了如日中天般的发展。

宗喀巴大师的丰功伟绩不能一一详述，大师有亲传弟子一百四十七位，其中最著名的其大弟子；持戒律者·扎巴坚赞（འདུལ་བ་འཛིན་པ་གྲགས་པ་རྒྱལ་མཚན་），杰曹·达玛仁青（རྒྱལ་ཚབ་དར་མ་རིན་ཆེན་），克珠·格列白桑（མཁས་གྲུབ་དགེ་ལེགས་དཔལ་བཟང་），杰·谢热僧伽，杰瓦·根敦主巴，降央·扎西班旦（འཇམ་དབྱངས་ཆོས་རྗེ་བཀྲ་ཤིས་དཔལ་ལྡན་），大慈法王·释迦益西。

宗喀巴一生著有《菩提道次第广论》（བྱང་ཆུབ་ལམ་རིམ་ཆེན་མོ་），《密宗道次第广论》（སྔགས་རིམ་ཆེན་མོ་），《宗喀巴自传》（རྗེ་བདག་ཉིད་ཆེན་པོའི་རང་རྣམ་），《那若六法讲义》（ཟབ་ལམ་ན་རོ་ཆོས་དྲུག་），《辩了不了义论》，《菩萨戒品释》等十八部著作，为众生讲授密宗灌顶，续及心要，开创传招大法会，甘丹大修供，大传聂法轮和曾其大修复为宗喀巴大师的四大法功。

大师六十三岁即藏历土猪年（公元1419年）到了堆龙，哲蚌，色拉，密宗院等地广讲密法，回到甘丹寺后在世尊佛像面前进行无上供奉法事，深知自己即将仙逝，后对众弟子以笑面迎之。把僧帽和袈裟赠予杰赛·达玛仁青，让达玛仁青执掌甘丹法座。大师于藏历土猪年（公元1419年）十月二十五日圆寂，众徒举行盛大的后事。从此，为了纪念宗喀巴大师每年藏历十月二十五日藏区点燃上万盏酥油灯，名为燃灯节（དགའ་ལྡན་ལྔ་མཆོད་）。

第三节　格鲁派的发展

无垢格鲁派在历史演变当中的发展从亲传弟子时期的发展和历代高僧时期的发展两方面讲述。

一、亲传弟子时期的发展

1、杰曹·达玛仁青杰曹·达玛仁青于藏历木龙年（公元

1364 年)生在后藏,父达本巴(སློན་པོ་བཟའི་རིགས་རྒྱུད་རྟ་དཔོན་པོ་),母觉穆·谢热玛。杰曹·达玛仁青十岁在乃宁寺的住持仁青坚赞处受居士戒,取名为达玛仁青。岗尖·衮噶白(གངས་ཅན་ཀུན་དགའ་དཔལ་),噶喜巴,仁青多吉,仁达瓦·勋努罗追(རེད་མདའ་བ་གཞོན་ནུ་བློ་གྲོས་)等人处广听显密经典,成为了大德,尤其从仁达瓦处习《现观庄严论》,《因明学》,《俱舍论》和戒律等显宗典籍及《密集》等密宗法门,成为仁达瓦七大弟子之首。后辗转萨迦、桑普、泽当等地,与绒敦·释迦坚赞(རོང་སྟོན་ཤཱཀྱ་རྒྱལ་མཚན་),亚巴大师(མཁན་ཆེན་གཡག་པ་)进行辩经,得到了"噶久巴"(བཀའ་བཅུ་པ་)名号,仁达瓦大师也称赞他为辩论第一达玛仁青。他是藏族历史上的第一位得到噶久巴的称号的人。泽当学经之时,听闻宗喀巴大师的美名而玉与宗喀巴大师进行辩经而前往聂地方,但是宗喀巴大师渊博的知识和宽厚仁慈的心灵打动了达玛仁青,达玛仁青长达十二年在宗喀巴大师身旁形影不离,得到了宗喀巴大师的许多法门、心诀,达玛仁青也成为宗喀巴大师的重要的弟子。又一说在《藏文文选》中载:"达玛仁青与藏族大学者绒敦僧伽(རོང་སྟོན་སྨྲ་བའི་སེང་གེ)进行辩论后,达玛仁青胜,又想与名声和震的宗喀巴大师进行辩论,故往聂堆热仲(གཉལ་སྟོད་ར་སྒོང་)地方,连僧帽都未脱就进宗喀巴讲经之地,宗喀巴大师似乎得知达玛仁青的来意后,故意让出讲坛席,达玛仁青戴帽座在席上,想与宗喀巴大师进行辩经,但是宗喀巴大师所讲之经他从未听闻过,于是慢慢产生顾虑后离开讲席而居于受经之地。在数日的听闻讲经时光内,达玛仁青对宗喀巴大师的渊博知识,无地自容,五体投地,成为了宗喀巴大师的得力弟子。宗喀巴大师临终前也把僧帽与袈裟等物赠给达玛仁青,让他执掌格鲁派的法座之职。"

达玛仁青大师于藏历土猪年（公元 1419 年）五十六岁登上甘丹寺的无畏狮子宝座，成为了第二代甘丹法主，称为“杰曹·达玛仁青”（རྒྱལ་ཚབ་དར་མ་རིན་ཆེན），执掌甘丹法座长达十三年之久，期间广传宗喀巴大师的独特格鲁教法。著述和讲授《定量论疏》、《明照解脱道》、《堪舆论疏》、《疏要庄严论》、《入菩萨行论注疏》、《四百行》、《集量论注疏》、《俱舍大海精要论》等显密典籍，把格鲁派的独特法脉传承的传播达到了一个顶峰，皆奉之与大师无异也。他的弟子有热扎扎西（ར་ཏ་བཀྲ་ཤིས），降巴林巴，仁青白，东噶巴·扎巴白旦（འདུལ་དཀར་བ་གྲགས་པ་དཔལ་ལྡན），罗追衮布（བློ་གྲོས་མགོན་པོ），林迈云旦杰巴钦布·仁降巴（གླིང་སྨད་ཡོན་ཏན་རྒྱས་པ་ཆེན་པོ་རིན་བྱང་བ），堆增·桑培瓦（འདུལ་འཛིན་བསམ་འཕེལ），桑杰桑布，洛旦巴，乃素·噶久巴（གནས་སུ་དཀའ་བཅུ་པ），白旦桑布，扎西瓦·衮噶白桑（བཀྲ་ཤིས་པ་ཀུན་དགའ་དཔལ་བཟང），喇嘛·扎扎巴（ བླ་མ་གྲགས་པ་བཀྲས་པ）等。达玛仁青大师于藏历铁猪年（公元 1431 年）把甘丹法座一职予于克珠·格列白桑，克珠杰也成为了第三代甘丹法主。于藏历水鼠年（公元 1432 年）五月巳日，杰曹·达玛仁青圆寂。

2、克珠·格列白桑布于藏历木牛年（公元 1385 年）克珠·格列白桑布生于后藏堆旭，父扎西白桑（བཀྲ་ཤིས་དཔལ་བཟང），母布真杰姆（བུ་འདྲེན་རྒྱལ་མོ），他是家中兄弟三人中的次子，从小聪慧过人，天资极高。他在昂仁、萨迦等地拜于许多高僧大贤门下，学习了显密典籍。于僧伽坚赞大师处受居士戒后取名为格列白桑。兰札巴·益西白，衮噶坚赞和仁达瓦大师（རྗེ་རེད་མདའ་བ）等处学习《因明七论》，《俱舍上下部论》，《慈氏五部》，《中观六论》和戒律的许多显宗典籍，成为了大德。十七岁藏历铁蛇年（公元 1401 年）游历后藏各大名寺后到了昂仁曲德寺。此时，藏族大德布东·确列朗杰(བོ་དོང་པཎ་ཆེན་ཕྱོགས་ལས་རྣམ་རྒྱལ་)在批驳萨迦·班智达的《因明注疏》，萨迦与布东之间以各自教派的寺院为赌注进行辩经，此时正好到了昂仁寺为赌注进行辩经，众人要求年轻的克珠杰与布东大师进行辩经，虽然克珠杰年纪轻轻，但毫无惧怕，与布东大师大战经论后最终战胜了布东大师，布东大师心服口服称赞克珠杰，克珠杰的名誉响遍全藏。于藏历木鸡年(公元1405年)克珠杰二十一岁，由仁达瓦为住持，曲吉·白觉谢热(ཆོས་རྗེ་དཔལ་འབྱོར་ཤེས་རབ་)为上师，聂瓦·罗追聪梅(གཉའ་བ་བློ་གྲོས་མཚུངས་མེད་)为密师受比丘戒。藏历火猪年(公元1407年)克珠杰二十三岁，在仁达瓦的指引下与宗喀巴大师在色拉曲定相遇，以克珠杰的天资和聪慧得到了宗喀巴大师的赏识，成为了宗喀巴大师的弟子之意，师徒二人在一些佛教典籍的疑难问题经常秉烛夜谈，心有灵犀。同时得到了《金刚无畏十三护法神灌顶》、《七续圆满经》，《圆满三百经注疏》、《生圆次第藏地解说注疏》，《菩提道次第广论》、《俱舍论》、《因名学》等许多显密经论要诀。同时，从仁达瓦、南卡白觉、兰札·益西白桑(ལམ་འབྲས་ཡེ་ཤེས་དཔལ་བཟང་)和降森·衮噶坚赞，杰曹·达玛仁青，堆增·降噶仁青等人处广听法门心诀，不久又到了后藏在娘堆姜热寺的住持而称为克珠·姜热巴(མཁས་གྲུབ་ལྕང་ར་བར་གྲགས་)。与江孜达官热旦衮桑(རབ་བརྟན་ཀུན་བཟང་)建立施主关系，建立了日沃当钦寺和白曲寺。诺布甘丹巴，章木恰巴，列珠巴，悉乃巴和上下赛康寺等格鲁派寺院的奠基工作。一时与施主热旦衮桑失和，克珠杰在当坚山修炼，同时给弟子广讲大法。虽然，施主热旦衮桑主动讲和，但是克珠杰不同意。藏历土鸡年(公元1429年)与杰曹·达玛仁青相遇在乃宁寺，藏历铁猪年(公元1431年)

登上甘丹寺法座。八年的时间里大兴格鲁法门，建立了辩经制度，在宗喀巴大师的银质灵塔上镶嵌鎏金顶层，期间大传宗喀巴大师的真言。于藏历土马年（公元 1438 年）元月二十一日圆寂。

他的弟子有衮钦·帕伟（ཀུན་མཁྱེན་འཕགས་འོད་），库·索南确珠（འཁོད་བསོད་ནམས་མཆོག་གྲུབ་），京俄·罗追坚赞（སྤྱན་སྔ་བློ་གྲོས་རྒྱལ་མཚན་），拉尊·仁青嘉措（ལྷ་བཙུན་རིན་ཆེན་རྒྱ་མཚོ་），夏喀文布（ཤར་ཁ་དཔོན་པོ་），擦廓曲扎（ཚ་ཁོ་ཆོས་གྲགས་），桑旦·曲旦饶觉（གསང་མདའ་ཆོས་ལྡན་རབ་འབྱོར་），绒敦拉桑（རོང་སྟོན་ལྷ་བཟང་），喇琼·噶悉巴（ལ་ཆུང་བཀའ་བཞི་པ་），达布·衮扎巴（དྭགས་ཀོ་ཀུན་བཀྲས་པ་），夏瓦齐（ཤར་བ་མཆེད་），格迥·桑杰坚赞（དགེ་སྐྱོང་སངས་རྒྱས་རྒྱལ་མཚན་），仲·顿珠白瓦（བྲུང་དོན་གྲུབ་དཔལ་བ་），喇嘛桑白（ལྷམ་སངས་དཔལ་），悉杰巴（ཞི་རྒྱས་པ་），达徒巴（དར་ཐུལ་པ་），亚卓曲扎（ཡར་འབྲོག་ཆོས་གྲགས་པ་）等诸多贤者。

他的一生有《释量论智慧大海》、《释量论大疏》，《因明大注疏》，《现观庄严论注疏》，《宗喀巴大师传》，《宗喀巴大师密传》，《中观大纲》，《大集经如意大海》、《密宗道次第广论注疏》和《二观察续概要》等众多显密典籍，后世把克珠杰列为宗喀巴师徒三祖之一。

2、堆孜·扎巴坚赞于藏历木虎年（公元 1374 年）生于卫地章都衮噶地方，从直贡教主身旁受戒出家，仰慕宗喀巴大师后拜于门下，精通显密两种典籍、法门，尤其是能持戒而成为了大贤者。宗喀巴大师也称赞道：尔等精守戒律者在极乐天竺也难寻。在修建甘丹寺时，各大殿及僧舍的布局也以佛经中的戒律来布置，弟子也多达七、八百多人，戒律法得到空前的发展。

一生主要著作有《比丘戒注疏》,《沙弥戒注疏》,《三事仪轨》及胜乐、密集,大不畏,持金刚等仪轨和灌顶方面有着独特的见解。于藏历火龙年(公元 1436 年)五月二十日,扎巴坚赞大师圆寂。

4、降央曲吉·扎西班旦于藏历土羊年(公元 1379 年)生于桑耶,父格聂。在泽当受戒,听闻《金鬘疏》,又在仁桑和旦玛·衮确僧伽(ཞན་མ་དཀོན་མཆོག་སེང་གེ)处学习《因明学》和《声律学》,在觉穆隆住持噶悉巴处听闻《戒律》和《俱舍论》,尤其在宗喀巴大师处习《中观》、《金鬘疏》、《俱舍论》、《菩提道次第广论》、《密宗道次第广论》和《密集大疏》等显密法。大贤者益桑孜瓦对他称赞道是宗喀巴大师弟子之首。由宗喀巴大师为住持,扎巴坚赞为上师,杰曹·达玛仁青为密师受比丘戒。宗喀巴大师把郭巴山掘藏的白螺号赠予其,让他修建寺院,大兴格鲁法门。在柳吾宗本的南卡桑布的资助下,降央·扎西班旦于藏历火猴年(公元 1416 年)修建吉祥哲蚌寺,修建寺院期间他住在扎托岗的小庙内讲经说法、普渡众生。寺院建完后,他建立了扎仓制度,聘任经师和领颂师等制度。在哲蚌寺大殿内他给僧众讲解显密两种法门的注疏,众徒对他顶礼膜拜。

他的弟子有穆赛·罗追仁青僧伽(མུས་སྲས་བློ་གྲོས་རིན་ཆེན་སེང་གེ),念敦巴·释迦坚赞,堪钦·白罗巴,杰·梅朗白巴(རྗེ་སྨོན་ལམ་དཔལ་བ),噶列(སྨོ་ལེབ),达列(སྟག་ལེབ),大译师·谢热仁青,曲吉·南卡罗追,藏巴·衮杰巴(གཙང་པ་ཀུན་རྒྱལ་བ),乃旦·格列白瓦(གནས་བརྟན་དགེ་ལེགས་དཔལ)。扎西班旦大师从三十八岁到七十岁之间在哲蚌寺讲经说法,广渡众生,也著有《宗喀巴大师传》、《般若经注疏》等典籍。于藏历铁蛇年(公元 1449 年)元月十八日圆寂。

降央·扎西班旦在哲蚌寺立了郭芒、洛赛林、德央、夏郭、推桑林、昂杰瓦、戒律林和阿巴等扎仓。他圆寂后由班旦僧伽，仁青降曲，洛桑尼玛（ཆོས་རྗེ་བློ་བཟང་ཉི་མ་），绒敦·洛桑扎巴，年布·释迦仁青（ཉན་པོ་ཤཱཀྱ་རིན་ཆེན་），梅朗白巴，降央列巴（འཇམ་དབྱངས་ལེགས་པ་），曲觉饶降·嘉央噶洛瓦（ཆོས་འབྱོར་རམ་འཇམ་དབྱངས་དགའ་བློ་བ་），云旦嘉措（ཆོས་རྗེ་ཡོན་ཏན་རྒྱ་མཚོ་），根敦嘉措（དགེ་འདུན་རྒྱ་མཚོ་），班钦·索南扎巴（པཎ་ཆེན་བསོད་ནམས་གྲགས་པ་），杰瓦·索南嘉措（རྒྱལ་བ་བསོད་ནམས་རྒྱ་མཚོ་），杰瓦·云旦嘉措（རྒྱལ་བ་ཡོན་ཏན་རྒྱ་མཚོ་），班钦·洛桑曲吉坚赞（པཎ་ཆེན་ཐམས་ཅད་མཁྱེན་པ་བློ་བཟང་ཆོས་ཀྱི་རྒྱལ་མཚན་），五世达赖喇嘛（གོས་ས་ལྔ་པ་ཆེན་པོ་）及历代达赖喇嘛执掌哲蚌法座。

5、降钦曲吉·释迦益西（བྱམས་ཆེན་ཆོས་རྗེ་ཤཱཀྱ་ཡེ་ཤེས་）于藏历木马年（公元 1354 年）四月生于拉萨蔡贡塘地方，有的史书称生于水猪年（公元 1323 年）。从小虔信佛法，天资过人，取名为释迦益西。拜谒众多大德高僧而成为了大贤，后拜于宗喀巴大师门下成为贴身近侍。由宗喀巴大师为住持，扎巴坚赞（གྲགས་པ་རྒྱལ་མཚན་）为上师，杰曹·达玛仁青（རྒྱལ་ཚབ་དར་མ་རིན་ཆེན་）为密师而受居士戒。精通经、律、论等显密典籍和各法门，尤其在宗喀巴大师处听闻许多独门法，而名震全藏。藏历土鼠年（公元 1408 年）应大明皇帝（འཇམ་དབྱངས་གོང་མ་ཆེན་པོ་）的邀请代替宗喀巴大师前往汉地，藏历木马年（公元 1414 年）他们一行从山南经过理塘而到了内地。在皇宫释迦益西依治大明皇帝，而被皇帝赏识。给皇帝讲授了格鲁派的《密集经》、《喜金刚》、《胜乐》、《大明轮》、《四十九大不畏经》和《药师佛修炼法》等显密法。皇帝封释迦益西为“妙觉圆通慧慈普应辅国显教灌顶弘善西天佛子大国师”和“大慈法王”（འཕྲིན་ལས་སྣ་ཚོགས་ལ་མཁས་ཤིང་གསལ་བ་ཆོས་ཉིད་དམ་པ་མཆོག་ཏུ་རྒྱལ་བ་ཤེས་རབ་རྣམ་དག་སྣང་བ་ཆེན་པོ་ཀུན་ཏུ་ཁྱབ་ཅིང་རྒྱལ་ཁམས་སྐྱོབས་པ་བསྟན་པ་རྒྱས་མཛད་རབ་ཏུ་དགེ་བ་བྱམས་ཆེན་ཆོས་ཀྱི་རྒྱལ་པོ་）的称号。在内地的时间里他在五台山讲经说法，还建立华严寺（ཡི་ཐང་བྱམས་ཆེན་ཆོས་འཁོར་）。后来到了蒙古等地大讲格鲁派的法门，建立僧伽团体，予众徒受居士、沙门和比丘戒。于藏历火猴年（公元 1416 年）离开汉地踏上回藏的征途。向甘丹寺的宗喀巴大师敬献了永乐皇帝（ཡུང་ལོས་）赠送的十八罗汉丝秀唐卡、各类珍宝等，还敬献藏文版《甘珠尔》精选插图唐卡，现存于色拉寺。

藏历土猪年（公元 1419 年）宗喀巴大师前往堆龙温泉时，在色拉曲定地方被释迦益西款待大师一行，按照宗喀巴大师的法旨，大慈法王・释迦益西在色拉曲定的基础上，由柳吾宗本南卡桑布（ཕག་གྲུའི་བློན་པོ་སྣེའུ་རྫོང་པ་ནམ་མཁའ་བཟང་པོ་）的资助下，修建了色拉寺。

于藏历土猪年（1419 年）色拉寺竣工，他在色拉寺大讲格鲁派法门。又应大明皇帝的邀请，于藏历木龙年（公元 1421 年）再次前往中原，色拉寺的法座由噶久巴・达杰桑布执掌。虽然永乐皇帝归西，但明成祖（མིང་ཁྲིང་ཙུང་）对他敬奉尤佳，在中原讲经说法长达十二年之久，期间建立许多寺院，大兴格鲁法门，明成祖敬奉他为国师。不久释迦益西让弟子尼塘瓦与索南谢热（ཆོས་རྗེ་བསོད་ནམས་ཤེས་རབ་）两位为大明国师，自己则返回西藏，于藏历木兔年（公元 1435 年）圆寂返藏途中。大慈法王・释迦益西担任大明皇帝的国师，对藏汉团结和文化交流做出巨大贡献，为了纪念大慈法王，每年藏历四月二十四日都举行燃灯法会即“悉曲”（དགའ་ལྡན་བཞི་མཆོད་）。

此后分别有噶久巴·达杰桑布，贡茹·坚赞桑布（ཀུང་རུ་རྒྱལ་མཚན་བཟང་པོ་），夏鲁绕姜·扎西嘉措（ཞ་ལུ་རབ་འབྱམས་པ་བཀྲ་ཤིས་རྒྱ་མཚོ），曲吉穆赛巴（ཆོས་རྗེ་སྨུས་སྲད་པ་），曲吉乃旦巴（ཆོས་རྗེ་གནས་བརྟན་པ་），拉普曲吉（ལྷ་ཕུ་ཆོས་རྗེ་），聂敦·白觉伦朱（གཉལ་སྟོན་དཔལ་འབྱོར་ལྷུན་གྲུབ་），芒推·白旦罗追（མང་ཐོས་དཔལ་ལྡན་བློ་གྲོས）降央罗追（འཇམ་དབྱངས་བློ་གྲོས），降央·顿月白旦（འཇམ་དབྱངས་དོན་ཡོད་དཔལ་ལྡན་），杰瓦·根敦嘉措（རྒྱལ་བ་དགེ་འདུན་རྒྱ་མཚོ），至尊曲吉坚赞（རྗེ་བཙུན་ཆོས་ཀྱི་རྒྱལ་མཚན），班钦·索南扎巴（པཎ་ཆེན་བསོད་ནམས་གྲགས་པ་），曲吉·扎桑巴（ཆོས་རྗེ་གྲགས་བཟང་པ་），杰瓦·索南嘉措（རྒྱལ་བ་བསོད་ནམས་རྒྱ་མཚོ），东阔·云旦嘉措（སྟོང་འཁོར་ཡོན་ཏན་རྒྱ་མཚོ），杰瓦·云旦嘉措，班钦·洛桑曲杰（པཎ་ཆེན་བློ་བཟང་ཆོས་རྒྱལ），五世达赖喇嘛（རྒྱལ་བ་ལྔ་པ་ཆེན་པོ་）等人执掌色拉寺法座。当时有五个扎仓，到了第三代法座贡茹·坚赞桑布时期，完善扎仓制度，设立了领颂师和经师制度。后来五个扎仓调整为杰扎仓和脉扎仓两个，拉藏汗时期新设了阿巴扎仓，现有三个扎仓。

6、识一切者根敦主巴宗喀巴大师的亲传弟子，第一世达赖喇嘛根敦主巴于藏历铁羊年（公元 1391 年）生于后藏茹拉境内的萨迦寺附近，父为衮布多吉（མགོན་པོ་རྡོ་རྗེ་），母为觉穆南卡吉。根敦主巴共有兄妹五人中的三子，小时名为白玛多吉（པད་མ་རྡོ་རྗེ་），五岁时给别人当牧童，但难掩对佛法的虔信，常常做出超出年龄的惊人举动。七岁时父亲过世后根敦主巴到了纳塘，从纳塘第十四代住持主巴谢热处受居士戒，杰敦·杂那达扎（རྒྱ་སྟོན་ཙ་ན），释迦白（ཤཱཀྱ་དཔལ）处学习藏文、梵文的书写功夫。

藏历木鸡年（公元 1405 年）根敦主巴十五岁在纳塘寺的主巴谢热（གྲུབ་པ་ཤེས་རབ་）大师为住持，降巴钦布·洛旦巴（བྱང་པ་

ཆེན་པོ་བློ་ལྡན་པ་)为上师而受沙弥戒，取名为根敦主巴（དགེ་འདུན་གྲུབ་པ་）。在纳塘大师桑噶·谢日（སང་ག་ཤེ་རི་）处听闻《辞藻学》、《声明学》等大小五明学。堪钦主巴谢热（གྲུབ་པ་ཤེས་རབ་）处习《九部喜金刚神》、《黑怙主》、《药师佛》和《十界》等法门。又拜大手印主·索南罗追（ཕྱག་རྒྱ་ཆེན་པོ་བསོད་ནམས་བློ་གྲོས）、文敦·突巴白桑（དབོན་སྟོན་ཐུབ་པ་དཔལ་བཟང་）、敦巴·格瓦白突（སྟོན་པ་དགེ་བ་དཔལ་ཐབས）等众多贤者、高僧广听佛法。藏历铁虎年（公元1410年），根敦主巴二十岁时，由主巴谢热（གྲུབ་པ་ཤེས་རབ་）大师为住持，大师洛旦（བློ་ལྡན་）为上师，钦布·扎巴谢热（ཆེན་པོ་གྲགས་པ་ཤེས་རབ་）为密师而受比丘戒，按照主巴谢热（གྲུབ་པ་ཤེས་རབ་）大师的旨意在纳塘继续学习《释量论注疏》等显密典籍。

藏历木羊年(1415年)，根敦主巴二十五岁时到了雅砻昌珠寺，从曲吉衮桑（ཆོས་རྗེ་ཀུན་བཟང་）、塘布且绒敦·释迦坚赞（རོང་སྟོན་ཤཱཀྱ་རྒྱལ་མཚན་）等人处习《中观》、《现观庄严论》等经典。后来在文扎西多卡寺与宗喀巴大师相遇，与大师形影不离，学习各种典籍、法要。按照宗喀巴大师的法旨，从尼玛坚赞（ཉི་མ་རྒྱལ་མཚན་）和桑普瓦·谢热僧伽（གསང་ཕུ་བ་ཤེས་རབ་སེང་གེ）处听闻《密集》、《大不畏》、《朱怙主》等密宗法门，又在桑普、甘丹寺等名刹拜宗喀巴大师、杰曹·达玛仁青（རྒྱལ་ཚབ་དར་མ་རིན་ཆེན་）等人为上师精习《菩提道次第广论》、《因明》、《现观庄严论》、《俱舍论》、《时轮经》、《慈氏五部》等内名学经典。藏历木羊年（公元1415年）到藏历火马年（公元1426年）之间的十二年时间呆在卫地。藏历火马年（公元1426年）与杰谢热僧伽（རྗེ་ཤེས་རབ་སེང་གེ）一同前往后藏，在纳塘、降钦、日库等地大兴格鲁派法门，著《入中论注疏》，到了乃宁寺时，与克珠杰（རྗེ་མཁས་གྲུབ་ཐམས་ཅད་མཁྱེན་པ་）相遇，并建立师徒关系，同时从杰曹·达玛仁青处听闻许多法门。

藏历铁猪年（公元1431年）与谢热僧伽一同到了拉堆，大讲法门，根敦主巴四十二岁与布东·确列朗杰相遇后学习了《二十一空行母》、《十七空行母经》、《青白空行母》和《妙音空行母》等许多密宗法，与布东大师（བོ་དོང་ཕྱོགས་ལས་རྣམ་རྒྱལ་）大谈经论，布东大师大喜后称赞根敦主巴为“识一切者”（ཐམས་ཅད་མཁྱེན་པ་དགེ་འདུན་གྲུབ་པ་），著有《中观注疏大宝串》、《释量论注疏》。藏历火龙年（公元1436年），根敦主巴建立降钦大乘寺。四十八岁时，又前往卫地，从南卡白处习《时轮经》等密宗法，从素康巴·索南伦朱（ཟུར་ཁང་པ་བསོད་ནམས་ལྷུན་གྲུབ་）、京俄·仁青培（སྐྱོན་སྐྱ་རིན་ཆེན་འཕེལ་）、降央·仁青坚赞（འཇམ་དབྱངས་རིན་ཆེན་རྒྱལ་མཚན་）等人处听闻许多心诀、要门。

根敦主巴五十七岁即藏历火兔年（公元1447年）建立了格鲁派卫藏四大丛林之一的扎什伦布寺，立弥勒大佛等众多本尊佛像，在后藏由他大兴格鲁派独特法门，在扎什伦布寺聚集三千多位僧徒，根敦主巴也执掌法座长达二十七年之久，建立了大法会，班钦·根敦主巴（པཎ་ཆེན་དགེ་འདུན་གྲུབ་པ་）的盛名传播各地。于藏历木马年（公元1471年）十二月八日根敦主巴大师圆寂。

根敦主巴大师一生拜谒众多高僧大德为上师，学习各种显密典籍，成为了大贤者，其中堪恰主巴谢热、杰谢热僧伽和宗喀巴大师三位为根敦主巴大师的根本上师。

根敦主巴大师一生弟子众多，著名的有美朗白（རྗེ་སྨོན་ལམ་དཔལ་），堆噶瓦·降曲僧巴（འདུལ་དཀར་བ་བྱང་ཆུབ་སེམས་དཔའ་），堆纳巴·白旦桑布（འདུལ་ནག་པ་དཔལ་ལྡན་བཟང་པོ་），嘉当·森白钦布（བྱ་བཏང་སེམས་དཔའ་ཆེན་པོ་），班钦桑布扎西（པཎ་ཆེན་བཟང་པོ་བཀྲ་ཤིས་），衮噶

顿珠（རྒྱུད་སྡེ་འཛིན་པ་ཀུན་དགའ་དོན་གྲུབ），班钦龙热嘉措（པཎ་ཆེན་ལུང་རིགས་རྒྱ་མཚོ），乃宁巴·衮噶德勒（གནས་རྙིང་པ་ཀུན་དགའ་བདེ་ལེགས），降巴·罗追衮布（བྱང་པ་བློ་གྲོས་མགོན་པོ），班钦益西孜穆（པཎ་ཆེན་ཡེ་ཤེས་རྩེ་མོ），曲吉达纳巴（ཆོས་རྗེ་རྟ་ནག་པ）等。他的著作有《忆恩师》，《毗奈耶经广因缘集》，《中观注疏大宝串》，《入中论注疏》和《俱舍论释》五部。

7、谢热僧伽的父为当巴玛布（དམ་པ་དམར་པོ），母曲古扎西（ཆོས་སྐུ་བཀྲ་ཤིས），于藏历水猪年（公元 1383 年）生于后藏塞吉谷玛地方。十岁在纳塘寺受居士戒，十四岁从堪钦主巴谢热处受沙弥戒，取名为谢热僧伽。在主巴谢热，萨迦高僧亚楚·桑杰白（དམ་པ་གཡག་ཕྲུག་སངས་རྒྱས་དཔལ），香巴衮钦·谢热白桑（ཤངས་པ་ཀུན་མཁྱེན་ཤེས་རབ་དཔལ་བཟང）和绒敦曲吉（རོང་སྟོན་ཆོས་རྗེ）等人处听闻《慈氏五部》，《中观六论》，《入中论》，《入菩萨行论》等显宗典籍。藏历水马年（公元 1402 年）主巴谢热处受比丘戒，继续在纳塘习各种灌顶法，主修《因明学》。对宗喀巴大师生起敬仰之心，于藏历铁虎年（公元 1410 年）前往甘丹寺拜谒宗喀巴大师。在甘丹寺与宗喀巴大师学习各种佛学典籍，成为了各弟子中的佼佼者。宗喀巴大师喜出望外，一同带其前往文扎西多卡寺，在此学习了《因明》、《中观大论注疏》、《辩了不了义论》和《根本堕罪概要》等法。后来按照宗喀巴大师的法旨，谢热僧伽到了桑普，从根敦主巴等高僧处听闻《吉祥时轮仪轨》、《入本论仪轨》等密宗法。又在甘丹寺从宗喀巴大师（མཉམ་མེད་རྒྱལ་བ་ཙོང་ཁ་པ་ཆེན་པོ）处听闻密集经及注疏，同时学习了玛尔巴译师（རྗེ་མར་པ་ལོ་ཙྪ་བ་ཆོས་ཀྱི་བློ་གྲོས），桂·库巴拉则（འགོས་ཁུག་པ་ལྷས་བཙས）等先贤者翻译的许多佛学典籍。

藏历土猪年（公元 1419 年），在色拉寺的讲经场上，宗喀巴大师询问谁通密集法要？无人应答，后来谢热僧伽向宗喀巴大师顶礼膜拜后，曰；吾已掌握密集密宗法要。宗喀巴大师甚喜，把密集金刚鎏金像、面具、注疏经、密集金刚服和法具赠予谢热僧伽，并道：吾立你为格鲁派密宗主。

谢热僧伽担任桑普林堆通门扎仓经师，大兴格鲁派显宗法。与根敦主巴大师一同前往后藏，拜见戒律大德罗追白巴（བློ་གྲོས་སྦས་པ་），广泛交流密宗法要与因明学的知识。又被释迦白（བདག་མོ་ཤཱཀྱ་དཔལ་）的邀请之下到了伦布孜，该寺的经师帕巴伟（འཕགས་པ་འོད་）与众僧讲授宗喀巴大师无垢密集、胜乐等密宗法要，任帕巴伟（ཀུན་མཁྱེན་འཕགས་པ་འོད་）大师为金刚师，创建扎仓，释迦僧伽心生缘起而宗喀巴大师赠予自己的金刚面具、僧服、法具一并赠予帕巴伟大师。回来在塞吉地方修建了赛甘丹颇章寺，任堆纳巴·白旦桑布（རྗེ་འདུལ་ནག་པ་དཔལ་ལྡན་བཟང་པོ་）为经师而称为后藏赛密院。谢热僧伽大师把宗喀巴上师赠予其的《四家合注》经书等留予堆纳巴，以示师徒法脉相传。谢热僧伽又返回前藏，应柳吾东宗本南卡白觉（ནམ་མཁའ་དཔལ་འབྱོར་）的邀请到了堆龙，为众生广授密宗法门。藏历水牛年（公元1433年）谢热僧伽建立拉萨下密院，又立谢定喀寺。藏历木马年（公元1474年），由谢热僧伽大师的弟子至尊·衮噶顿珠（རྗེ་བཙུན་ཀུན་དགའ་དོན་གྲུབ་）建立拉萨上密院。藏历铁猴年（公元1440年）谢热僧伽大师与根敦主巴大师一道再一次到了后藏，在纳塘，降钦和伦布孜地方广转法轮，普渡众生。藏历木鼠年（公元1444年），密宗主谢热僧伽大师到了前藏，拉萨执掌下密院法座，长达十三年之久，夏冬两季讲授密宗续注，秋季讲授《五次第论》、《六支加行》、《那若六法》、《大不畏圆满次第》和《菩提道次第广论》。扎仓本尊佛像供宗喀巴大师亲传的鎏金密集金刚像，怙主和法王唐卡。无垢密宗主谢热僧伽大师在卫藏大兴密宗法、建立各密院，把无上密宗教及宗喀巴大师显密结合的佛学理论付诸实践。大德曲吉益桑孜摩(ཆོས་རྗེ་ཡིད་བཟང་རྩེ་མོ་)称赞谢热僧伽大师为：宗喀巴大师诸弟子中的佼佼者。谢热僧伽(སྨར་ཐང་པ་ཤེས་རབ་སེང་གེ་)把拉萨下密院的法座传于晋巴白(རྒྱུད་ཆེན་སྦྱིན་པ་དཔལ་)大师后，于藏历木牛年(公元1445年)五月二十五日圆寂。谢热僧伽大师建立下密院后，诸弟子在雪域高原建立无数密院，把宗喀巴大师独特的密集法门发扬光大。

谢热僧伽大师的弟子有杰·根敦主巴，衮钦·帕巴伟，晋巴白，曲吉梅朗白瓦(ཆོས་རྗེ་སྨོན་ལམ་དཔལ་བ་)，降僧·堆噶瓦(བླ་མ་བཀྲས་འཕགས་པ་)，堆纳巴白旦桑布。

后藏密院的法座分别为堆纳巴·白旦桑布，降央·根敦培，绕降巴曲英(རབ་འབྱམས་པ་ཆོས་དབྱིངས་)，喇嘛扎帕巴(བླ་མ་བཀྲས་འཕགས་པ་)，聚巴桑朱嘉措(རྒྱུད་པ་བསམ་གྲུབ་རྒྱ་མཚོ་)，聚钦尊追帕巴(རྒྱུད་ཆེན་བརྩོན་འགྲུས་འཕགས་པ་)，克珠·多吉桑布(མཁས་གྲུབ་རྡོ་རྗེ་བཟང་པོ་)，聚钦桑杰嘉措(རྒྱུད་ཆེན་སངས་རྒྱས་རྒྱ་མཚོ་)，聚钦衮确嘉措(རྒྱུད་ཆེན་དཀོན་མཆོག་རྒྱ་མཚོ་)，聚钦衮确亚培(རྒྱུད་ཆེན་དཀོན་མཆོག་ཡར་འཕེལ་)。拉萨下密院的法座分别由晋巴白(རྒྱུད་ཆེན་སྦྱིན་པ་དཔལ་བ་)，持金刚·谢热桑布(རྡོ་རྗེ་འཛིན་པ་ཤེས་རབ་བཟང་པོ་)，吾日·噶久谢热巴(ཨུ་རི་དཀའ་བཅུ་པ་ཤེས་རབ་དཔལ་བ་)，曲吉崔桑(ཆོས་རྗེ་ཚུལ་བཟང་བ་)，仁青巴，(སློབ་དཔོན་རིན་ཆེན་པ་)曲吉曲炯嘉措(ཆོས་རྗེ་ཆོས་སྐྱོང་རྒྱ་མཚོ་)，坚赞桑布(རྒྱུད་པ་རྒྱལ་མཚན་བཟང་པོ་)等人一一传承。

8、其他弟子的传承

其他弟子由喇嘛乌玛巴(བླ་མ་དབུ་མ་པ་)，堪钦恰多巴(མཁན་ཆེན་ཕྱག་ན་རྡོར་པ་)，仁达瓦(རེད་མདའ་པ་)为互为师弟关系者三人。

杰摩绒擦阔·阿旺扎巴(རྒྱ་མོ་རོང་ཚ་ཁོ་ངག་དབང་གྲགས་པ་),多堆·扎巴罗追(མདོ་སྟོད་གྲགས་པ་བློ་གྲོས་),东敦·戛纳谢热(སྟོང་སྟོན་སྣ་ན་ཤེ་རི་),格西夏敦(དགེ་བཤེས་ཤ་སྟོན་)为五大上座弟子。降噶瓦(འཇམ་དཀར་བ་),乃旦桑炯瓦(གནས་བརྟན་བཟང་སྐྱོང་བ་),乃旦仁青坚赞(གནས་བརྟན་རིན་ཆེན་རྒྱལ་མཚན་),乃旦降僧瓦(གནས་བརྟན་བྱང་སེང་བ་)为前藏四人。多旦·降白嘉措(རྟོགས་ལྡན་འཇམ་དཔལ་རྒྱ་མཚོ་),格西谢热扎(དགེ་བཤེས་ཤེས་རབ་གྲགས་),格西降白扎西(དགེ་བཤེས་འཇམ་དཔལ་བཀྲ་ཤིས་)和格西白炯瓦(དགེ་བཤེས་དཔལ་སྐྱོང་)为安多四人。降噶瓦(འཇམ་དཀར་བ་),赤列南卡(འཕྲིན་ལས་ནམ་མཁའ་),降央·扎西白旦(འཇམ་དབྱངས་བཀྲ་ཤིས་དཔལ་ལྡན་),贡茹坚赞(ཀུང་རུ་རྒྱལ་མཚན་བཟང་པོ་)和至尊·谢热僧噶(རྗེ་བཙུན་ཤེས་རབ་སེང་གེ)为密宗传承者。

卫藏十人为衮确崔成(ཆོས་རྗེ་དཀོན་མཆོག་ཚུལ་ཁྲིམས་),克巴·杰旺卡其(མཁས་པ་རྒྱལ་དབང་ཁ་ཆེ་),聂衮·日桑(གཉལ་ཞོད་རིན་བསམ་),钦热旺久·扎巴桑布(མཆིན་རབ་དབང་ཕྱུག་གྲགས་པ་བཟང་པོ་),聂钦·谢热坚赞(གཉལ་ཆེན་ཤེས་རབ་རྒྱལ་མཚན་),霍顿·南卡白瓦(ཧོར་སྟོན་ནམ་མཁའ་དཔལ་བ་),曲吉罗追曲炯(ཆོས་རྗེ་བློ་གྲོས་ཆོས་སྐྱོང་),巴索·曲吉坚赞(པ་སོ་ཆོས་ཀྱི་རྒྱལ་མཚན་),曲吉白僧瓦(ཆོས་རྗེ་དཔལ་སེང་བ་),纳塘·热确(སྣར་ཐང་རབ་མཆོག་)。

渡众生者六人为降僧热真瓦·释迦索南(བྱང་སེམས་ར་སྒྲེང་བ་ཤཱཀྱ་བསོད་ནམས་),降僧衮桑(བྱང་སེམས་ཀུན་དགའ་བཟང་པོ་),降僧罗追坚赞(བྱང་སེམས་བློ་གྲོས་རྒྱལ་མཚན་),降僧崔成白桑(བྱང་སེམས་ཚུལ་ཁྲིམས་དཔལ་བཟང་),降僧勋努杰确(བྱང་སེམས་གཞོན་ནུ་རྒྱལ་མཆོག་),降僧坚赞扎桑(བྱང་སེམས་རྒྱལ་མཚན་གྲགས་བཟང་)。二位国师者之一的降·达玛索南(བྱང་དར་མ་བསོད་ནམས་),多闻二尊者为玛吉文布·南卡白(མ་གཅིག་དཔོན་པོ་ནམ་མཁའ་དཔལ་),贡嘎亚觉·文布索南(གོང་དཀར་ཡར་རྒྱབ་དཔོན་པོ་བསོད་ནམས་)。二觉智者为夏鲁·扎西嘉措(ཞ་ལུ་བ་བཀྲ་ཤིས་རྒྱ

མཚོ་)，夏鲁·列白嘉措(ཞ་ལུ་བ་ལེགས་པའི་རྒྱ་མཚོ་)。二智慧者穆赛衮钦·罗追仁青僧伽(སྨུས་སྲས་ཀུན་མཁྱེན་བློ་གྲོས་རིན་ཆེན་སེང་གེ་)，象雄·曲旺扎巴(ཞང་ཞུང་བ་ཆོས་དབང་གྲགས་པ་)。弘法六旗主为阿里·赤斯谢桑(སྟོད་མངའ་རིས་ཁྲི་སེ་ཤེར་བཟང་)，昌都降林·谢桑(སྨད་ཆབ་མདོ་བྱམས་གླིང་གིང་ཤེར་བཟང་)，古格·阿旺扎巴(གུ་གེ་ངག་དབང་གྲགས་པ་)，洛巴乃塘·坚赞僧伽(གློ་བོ་གནས་ཐང་བླ་མ་རྒྱལ་མཚན་སེང་གེ་)，白旦谢热(དཔལ་ལྡན་ཤེས་རབ་)，旦玛赛噶云旦白。两位译师为郭译师·勋努白，达隆译师。六大教主为仁布齐·白旦桑布，仁布齐·索南桑布，仁布齐·降曲多吉，仁布齐·索南坚赞，直贡仁布齐·顿珠杰布和达隆仁布齐·扎西白伟。

八大精通典籍者为曲吉曲桑谢炯(ཆོས་རྗེ་ཆོས་བཟང་ཤེར་འབྱུང་བ་)，杰瓦·仁桑巴(རྒྱལ་བ་རིན་ཆེན་བསམ་པ་)，夏隆降林·扎仁巴(ཞ་ལུང་བྱང་གླིང་གྲགས་རིན་པ་)，阿里·索仁巴(མངའ་རིས་བསོད་རིན་པ་)，降央·仁杰瓦(འཇམ་དབྱངས་རིན་རྒྱལ་བ་)，古格·桑杰坚赞，降央·仁青扎巴，杰赛德琼。

多绒四智者为安多巴·伟色(མདོ་སྨད་པ་འོད་ཟེར་)，安多巴·列桑(མདོ་སྨད་པ་ལེགས་བཟང་)，安多巴·索南谢热(མདོ་སྨད་པ་བསོད་ནམས་ཤེས་རབ་)，绒布戛纳(རོང་པོ་ལྷུགས་ནག་)。

得真传者二人为支行仁布齐·降白瓦(སྦྲི་ཞིང་རིན་པོ་ཆེ་བྱང་དཔལ་བ་)，仁青白。二奇人为吉确·梅朗白(སྐྱེས་མཆོག་སྨོན་ལམ་དཔལ་བ་)，索南仁青(རི་ནས་མི་འབབ་པ་བསོད་ནམས་རིན་ཆེན་)。

八大近侍为京俄·衮洛瓦(སྤྱན་སྔ་ཀུན་བློ་བ་)，京俄勋努沃巴(སྤྱན་སྔ་གཞོན་འོད་པ་)，京俄·罗追坚赞(སྤྱན་སྔ་བློ་གྲོས་རྒྱལ་མཚན་)，京俄·白桑巴(སྤྱན་སྔ་དཔལ་བཟང་བ་)，京俄·南杰瓦(སྤྱན་སྔ་ནམ་རྒྱལ་བ་)，京俄·索南伦朱(སྤྱན་སྔ་བསོད་ནམས་ལྷུན་གྲུབ་)，京俄·仁青杰瓦(སྤྱན་སྔ་རིན་ཆེན་རྒྱལ་བ་)，京俄·仁培(སྤྱན་སྔ་རིན་འཕེལ་བ་)。

四大法座为贡塘曲吉泽巴白（གུང་ཐང་ཆོས་རྗེ་མཛེས་པ་དཔལ），喇钦聂夏巴（བླ་ཆེན་ཉན་ཤཱཀ་པ་），达普国师白旦顿珠（སྟག་ཕུ་གོ་ཤྲི་དཔལ་ལྡན་དོན་གྲུབ་），艾都·热巴曲吉益西白（ཨེ་ཏྲིའུ་ར་པ་ཆོས་རྗེ་ཡེ་ཤེས་དཔལ）。

四大堪布为堪钦曲杰白桑（མཁན་ཆེན་ཆོས་རྒྱལ་དཔལ་བཟང་），堪钦曲桑瓦（མཁན་ཆེན་ཆོས་བཟང་བ་），堪钦衮多瓦（མཁན་ཆེན་ཀུན་རྡོར་བ་），堪钦降白瓦（མཁན་ཆེན་བྱང་དཔལ་བ་）。

五大德衮察穆为钦布扎桑（ཆེན་པོ་གྲགས་བཟང་），钦布达布（ཆེན་པོ་དྲགས་པོ་），钦布洛培（ཆེན་པོ་བློ་འཕེལ་），钦布衮杰（ཆེན་པོ་ཀུན་རྒྱལ་），钦布扎西坚赞（ཆེན་པོ་བཀྲ་ཤིས་རྒྱལ་མཚན་）。

两位曲古瓦为直贡曲古降央卡其（བྲུ་འཁོར་འཇམ་དབྱངས་ཁ་ཆེ་），曲古仁青（འབྲི་གུང་ཆོས་སྒོ་བ་རིན་ཆེན་）。

四大持论噶久瓦为噶久达桑（དཀའ་བཅུ་དར་བཟང་），巴赛噶久（འབའ་སེར་དཀའ་བཅུ་），佐噶噶久云旦坚赞（གཙོ་ཚ་དཀའ་བཅུ་ཡོན་ཏན་རྒྱལ་མཚན་），鲁拉噶久（ལྷུ་ལ་དཀའ་བཅུ་པ་）。

十大持教言噶悉为替琼·噶悉敦乐（ཐེལ་ཚུང་དཀའ་བཞི་དོན་ཡོད་），扎衮·噶悉仁青白（བྲག་དགོན་བཀའ་བཞི་རིན་ཆེན་དཔལ་），杰瓦·噶悉仁青曲杰（རྒྱལ་བ་དཀའ་བཞི་རིན་ཆེན་ཆོས་རྒྱལ་），杰日·噶悉桑杰旺久（གྱེ་རེ་དཀའ་བཞི་སངས་རྒྱས་དབང་ཕྱུག་），达普·噶悉桑杰桑布（སྟག་ཕུ་དཀའ་བཞི་སངས་རྒྱས་བཟང་པོ་），雅德·噶悉索南桑布（གཡག་སྡེ་དཀའ་བཞི་བསོད་ནམས་བཟང་པོ་），潘域卓噶悉巴（འཕན་ཡུལ་གྲོས་བཀའ་བཞི་པ་），楚布噶悉（མཚུར་ཕུ་དཀའ་བཞི་），噶悉巴曲僧（དཀའ་བཞི་པ་ཆོས་སེང་），噶悉扎巴坚赞（དཀའ་བཞི་པ་གྲགས་པ་རྒྱལ་མཚན་）。

四大勤息者为觉旦达瓦罗追（རྗོ་གདན་ཟླ་བ་བློ་གྲོས），觉旦索南伦朱（རྗོ་གདན་བསོད་ནམས་ལྷུན་གྲུབ་），觉旦列仁巴（རྗོ་གདན་ལེགས་རིན་པ་），公布·曲那觉旦（ཀོང་པོ་ཆུ་ནག་རྗོ་གདན་）。

六大上座为乃旦曲桑（གནས་བརྟན་ཆོས་བཟང་བ་），乃旦杰定顿珠巴（གནས་བརྟན་རྒྱལ་སྲིངས་དོན་གྲུབ་པ་），乃旦杰玛根敦杰布（གནས་བརྟན་རྒྱ་མ་དགེ་འདུན་རྒྱལ་པོ་），乃旦伟色扎西（གནས་བརྟན་འོད་ཟེར་བཀྲ་ཤིས་），乃旦勋努桑杰（གནས་བརྟན་གཞོན་ནུ་སངས་རྒྱས་），乃旦衮噶崩（གནས་བརྟན་ཀུན་དགའ་འབུམ་）。

六大证士为汨聚多旦桑杰白瓦（ཀུ་ཅོར་རྟོགས་ལྡན་སངས་རྒྱས་དཔལ་བ་），多旦南卡谢热（རྟོགས་ལྡན་ནམ་མཁའ་ཤ་རེ་），多旦热西巴（རྟོགས་ལྡན་རལ་ཞིག་པ་），多旦库列朗杰（རྟོགས་ལྡན་ཁུ་ལེ་རྣམ་རྒྱལ་），东孜多旦崩巴坚（མདུང་རྩེ་རྟོགས་ལྡན་བུམ་པ་ཅན་），郭楚·扎巴炯乃（སྐོད་སྨུག་གྲགས་པ་འབྱུང་གནས་）。

以及，拉斯巴·扎巴坚赞（ལྷ་གཟིགས་གྲགས་པ་རྒྱལ་མཚན་），杰敦·洛桑扎巴（རྒྱ་སྟོན་བློ་བཟང་གྲགས་པ་），仲勋白瓦（དྲུང་གཞོན་དཔལ་བ་），堪布索南坚赞（བསོད་ནམས་རྒྱལ་མཚན་），喇嘛塞突巴（བླ་མ་གསེར་ཐུབ་པ་），央定仁布齐（ཡང་སྟེང་རིན་པོ་ཆེ་），悉洛文布（ཞི་བློ་དཔོན་པོ་），仲·南卡瓦（དྲུང་ནམ་མཁའ་བ་），喇嘛衮布降曲（བླ་མ་མགོན་པོ་བྱང་ཆུབ་），喇嘛索南仁青（བླ་མ་བསོད་ནམས་རིན་ཆེན་），仲曲帕巴（དྲུང་ཆོས་འཕགས་པ་），喇嘛夏噶仁巴（བླ་མ་ཤཱཀ་རིན་པ་），曲阔岗巴·释迦谢年（ཆོས་འཁོར་སྒང་པ་ཤཱཀྱ་བཤེས་གཉེན་），噶热底刚巴·桑杰白桑（ཀིརྟི་སྒང་པ་སངས་རྒྱས་དཔལ་བཟང་），主岗巴·达瓦桑布（འགྲུལ་སྒང་པ་ཟླ་བ་བཟང་པོ་），喇嘛曲坚赞（བླ་མ་ཆོས་རྒྱལ་མཚན་），杰热·桑杰益西（རྒྱ་ར་སངས་རྒྱས་ཡེ་ཤེས་）等出现无数弟子。他们各自在雪域高原修寺立庙，弘扬独特格鲁派法门，详情载于《黄琉璃·甘丹教法史》等史籍。

二、历代大德的弘扬

《土观宗派源流》中载："后来住持格丹教派的大德，多至不可胜计，此中如日月二光无有能与之相伦比的则为佛王父子二人。"为弘扬宗喀巴大师法脉的众多传承人中，最重要的两位乃五世达赖和班钦洛桑曲吉坚赞两位高僧。

班禅·洛桑曲吉坚赞(པཎ་ཆེན་བློ་བཟང་ཆོས་ཀྱི་རྒྱལ་མཚན་)于藏历铁马年(公元1570年)四月十五日生于后藏兰主杰瓦贝吾地方,父为次仁白觉或衮噶伟色,母措杰,小时取名为曲杰·班旦桑布。从小就被克珠·桑杰益西认定为文萨洛桑顿珠之转世灵童。十三岁从文萨寺大德克珠·桑杰益西处受居士戒,取名为洛桑曲吉坚赞。十四岁当文萨法台,十七岁时到了扎什伦布寺,听闻因名学。二十二岁从扎伦十四代法座当曲亚培(དམ་ཆོས་ཡར་འཕེལ་)处受沙弥戒。藏历土鸡年(公元1609年)创立扎伦寺聚巴扎仓,大兴格鲁派传承。从藏历水牛年(公元1613年)开始连续六年主持祈愿大法会。藏历木虎年(公元1614年)在哲蚌寺从达赖喇嘛处受比丘戒。四十六岁建立阿巴扎仓,毗玛拉康等十五座拉康修立了本尊神像。藏历火蛇年(公元1617年)任色拉寺和哲蚌寺两寺的法台,共掌五年之久。期间发生卫藏争斗,藏历土马年(公元1618年)噶玛·旦炯旺波(ཀརྨ་བསྟན་སྐྱོང་དབང་པོ་)率万人攻击前藏,色拉寺的僧众进行英勇抵抗而最终失败,僧徒逃向各地,格鲁派的发展也变得岌岌可危。藏历铁猴年(公元1620年)噶玛·旦炯旺波统率卫藏,把矛头指向格鲁派的各僧众,杀害格鲁派僧徒无数,有的被迫投改派门,也令禁止寻访达赖喇嘛转世灵童,此时,管家索南热旦(བསོད་ནམས་རབ་བརྟན་)和索拉尊·洛桑丹增(སོག་ཟླ་བཙུན་བློ་བཟང་བསྟན་འཛིན་)等人秘密与蒙古部众取得联络,又与德巴吉雪(སྡེ་པ་སྐྱིད་ཤོད་)一同反击后藏部队,击毙后藏部队多达上千人,剩余者逃匿药王山,危机关头,班禅·洛桑曲吉坚赞不顾个人安危,为众生进行相互调停,最终解救无数众生于战火的灾难。

藏历水狗年(公元1622年)班禅大师认定,在琼杰青瓦达孜(འཕྱོངས་རྒྱས་འཕྱིང་བ་སྟག་རྩེ)诞生的灵童为四世达赖喇嘛的转世，迎请哲蚌寺。先后从班禅大师处受居士、沙弥戒，班禅大师任五世达赖喇嘛的经师。藏历木狗年(公元1634年)班禅大师与五世达赖喇嘛一同向固始汗建立亲近关系。班禅大师到了七十二岁任夏鲁寺的法台十二年。藏历水马年(公元1642年)派人到中原，贺顺治皇帝登基仪式，顺治皇帝(འཇམ་དབྱངས་གོང་མ་ཆེན་པོ་ཤུན་ཀྲི)向班禅大师赠送法印。藏历木鸡年(公元1645年)固始汗封班禅大师为“班禅博客多”，(པཎ་ཆེན་བོ་ཁ་ཏོ)从此，班禅世袭正式实行。七十五岁在文萨修建大殿，扎伦寺的所有僧徒给予八斗粮食，从三十一岁到九十二岁期间执掌扎伦法座。班禅大师在六十年的时间内巡游卫藏、阿里、安多、洛门等地，广转法轮，大兴格鲁教法。班禅曲吉坚赞大师的美名享誉全藏。于藏历水虎年(公元1662年)圆寂，灵塔供于扎什伦布寺。

班禅大师圆寂后，历代班禅继续弘扬独特格鲁派法脉。

第四节　五世达赖喇嘛时期格鲁派的兴盛

识一切者五世达赖喇嘛父为萨霍氏琼杰霍堆都绕旦(ཟ་ཧོར་གྱི་རིགས་བརྒྱུད་འཕྱོངས་རྒྱས་པ་ཧོར་བདུད་འདུལ་རབ་བརྟན)，母赤江·衮噶拉则(ཁྲི་ལྕམ་ཀུན་དགའ་ལྷ་མཛེས)。于藏历火蛇年(公元1617年)生于青瓦达孜城。当时是藏巴汗统治后藏事务时期，格鲁派与噶玛噶举派之间时常发生争辩，藏巴汗鼎立支持噶玛噶举派而矛头指向格鲁派的高僧大德及僧众，并令不许寻访达赖喇嘛的转世灵童。班禅洛桑曲杰大师的种种努力下，最终能够寻访到达赖喇嘛转世灵童，班禅大师、哲蚌寺甘丹颇章的代表高僧到浪卡子迎接灵童。藏历水狗年（公元1622年）五世达赖六岁时，有班禅大师的住持下格鲁派众僧把达赖喇嘛迎请至哲蚌寺，并灌授各种佛学典籍知识。藏历水牛年（公元1625年）五世达赖喇嘛从班禅洛桑曲杰大师处受居士戒，取名为阿旺洛桑嘉措晋美郭恰土旦朗措德（ཁོང་ས་ལྷ་པ་ངག་དབང་བློ་བཟང་རྒྱ་མཚོ་འཇིགས་མེད་གོ་ཆ་ཐུབ་བསྟན་ལང་ཚོའི་སྡེ）。藏历火牛年（公元1637年）五世达赖喇嘛二十岁时，从班禅大师处听闻许多密宗戒律法要，从昆敦·白觉伦朱（འཁོར་སྟོན་དཔལ་འབྱོར་ལྷུན་གྲུབ）和素钦·曲英让卓（ཟུར་ཆེན་ཆོས་དབྱིངས་རང་གྲོལ）处听闻密宗灌顶法，三十五代甘丹法座降央·衮确曲培处学习大小五明学，梅卓班智达·次旺顿珠父子处习因明、声明学，伦布·顿珠旺杰处学历算和文殊密法，尤其是学习独特格鲁派的显密典籍。藏历水马年（公元1642年）固始汗击败藏巴汗，推五世达赖喇嘛为全藏统领，正式建立了甘丹颇章政权。此后，五世达赖喇嘛与四世班禅大师派亲信使臣到中原，祝贺清朝中央政府的建立，并希望中央政府继续帮助西藏地方政府，顺治皇帝非常欢喜而向五世达赖喇嘛和四世班禅大师赠送许多珍贵礼品。

藏历木鸡年（公元1645年），五世达赖与第巴索南群培共商后开始在红山顶上修建布达拉宫红宫部分。甘丹颇章政权刚刚建立，噶玛噶举派仇恨在心，在公布地方焚烧格鲁派寺院，杀戮格鲁派僧众，犯下滔天罪行。五世达赖命蒙藏联军剿灭公布地方噶玛噶举派的支持者与噶玛噶举僧众上千人，罪魁祸首噶玛·曲英多吉逃向纳西。五世达赖喇嘛与固始汗依靠强大的军事势力，强行让噶玛噶举派的许多寺院及僧徒皈依格鲁派，五世达赖拯救宗喀巴大师开创的独特格鲁派于为难关头，并继续发扬黄帽派的传承。藏历铁虎年（公元1650

年），清朝中央政府先后派使臣邀请五世达赖喇嘛与四世班禅大师到内地面见圣上，但是，班禅大师年事已高而未遂，五世达赖喇嘛则于藏历水龙年（公元 1652 年）三月十五日从哲蚌寺启程前往内地。五世达赖喇嘛一行经过青海等地到了北京，居住于黄寺，不久便面见顺治皇帝，得到了清朝中央政府的热情款待。顺治皇帝赠予蒙、汉、藏三种文字的玉印封号，五世达赖喇嘛的法号威震各地。回藏后继续弘扬佛法，尤其于藏历铁猪年（公元 1671 年）修复桑耶寺和大昭寺，在山南塘布齐雕刻了金汁《甘珠尔》，于藏历水牛年（公元 1673 年）修复洛松日孜旦玛觉及各扎仓。藏历土羊年（公元 1679 年），五世达赖喇嘛任仲脉巴·桑杰嘉措（གྲོང་སྨད་པ་སངས་རྒྱས་རྒྱ་མཚོ）为第斯，统管政务，自己则潜心修行，普度众生。

总之，五世达赖喇嘛先后拜四世班禅，赤钦·衮确曲培，昆敦·白觉伦朱，确达·噶久巴，乌哉·索确珠，素钦·曲英让卓，仁增·帝达林巴（རིག་འཛིན་གཏེར་བདག་གླིང་པ），梅隆·罗却多吉（སྨིན་ལུང་པ་བློ་མཆོག་རྡོ་རྗེ）等众多高僧大德，听闻各种显密典籍。一生著有《五世达赖喇嘛传》，《文殊阎摩敌五尊坛城仪轨》，《西藏王臣记》，《诗镜解注》，《历算百问》，《俱舍论注疏·珍宝马车》，《教规·东珠宝串》及《菩提道次第广论解说》等三十多部显密经书。还修建了耶巴甘丹密宗寺（བྲག་ཡེར་པར་དགའ་ལྡན་གསང་སྔགས་ཡང་རྩེའི་དགོན་པ），曲水甘丹密宗寺（ཆུ་ཤུར་དགའ་ལྡན་ཆོས་འཁོར་ཡང་རྩེ），堆松热林（དོལ་གསུང་རབ་གླིང），拉孜郭梅林（ལྷ་རྩེ་འགོ་མིན་གིང），洛扎顿聂林（ལྷོ་བྲག་དོན་གཉིས་གླིང），亚堆达杰林寺（ཡར་སྟོད་ཐོས་བསམ་དར་རྒྱས་གླིང），萨嘎培杰林寺（ས་དགའ་འཕེལ་རྒྱས་གླིང），密宗降曲林寺（གསང་སྔགས་བྱང་ཆུབ་གླིང），贡嘎讲修寺（གོང་དཀར་བཤད་སྒྲུབ་གླིང），聂甘丹林寺（ཉུག་དགའ་ལྡན་ཆོས་གླིང），藏普沃日卧齐（གཙང་ཕུང་པོ་རི་བོ

ཆི)寺等许多寺院。在全藏范围内修建寺院、建立沙门大力弘扬格鲁派法门。五世达赖喇嘛在历代达赖喇嘛转世系统中最为杰出的一位宗教领袖，继承和弘扬格鲁派独特法门的传承作出不朽的功绩，伟大的五世达赖喇嘛名声响誉各地。

第五节　格鲁派的立论

一、见殊胜之处

独特格鲁派的见说内容浩瀚无比，在《土观宗派源流》中载："且就见、修、行三方面全无少分错谬过失来说，雪地所有其他派别在这方面亦全无有能与格丹派相匹敌者，由此三种理门证成格鲁派实较一切宗派皆为殊胜。"在外道中最下的远离外道，内分推理派和禅定派两派，禅定派一类则承认有一百世以内的业及因果，然不承认有解脱。推理派则对业果和解脱两者都不承认，认为业果是毕竟无有。所以凡修行解脱之道的一切内外宗派，皆不承认这类断见。在《藏文文选》中载："雪域高原各佛教派别，以不同见说而其名称亦不同，如宁玛派的大圆满法，噶举派的大手印法，萨迦派的道果，香巴噶举的噶乌玛，塔波俱生修，直贡噶举的五具，香波嘎布万应，觉囊派的他空等，有的以是否空性，有的执真谛非所知，有的认真谛为谛实有，又有的认为法与修定地无分别，又有的无观、无分别观和分别观都看做能分辨之见。"从上述看出，雪域大德各自执见说，比如识一切巴布顿大师、通晓十明者萨迦班智达、大译师玛尔巴、至尊·米拉热巴、塔波·拉杰、仲敦·杰瓦窘乃等人虽然虽然随中观，但是能够把龙树大师的无垢中观应用自如者莫过于宗喀巴大师一人。杰曹·达玛仁青也称赞：无垢中观在雪域的传播归功宗喀巴大师。宗喀巴大师自己则说：诸高僧大德、译师、贤者们孜孜不倦的努力，龙树大师中观法脉很早传于藏地，但宗喀巴自己受文殊佛的法慧而能够完全的龙树中观传于雪域，建立独特格鲁黄帽法脉，普渡众生，在见说上比他派殊胜。

二、修

在《土观宗派源流》中载："次就修方面来说，日沃甘丹亦有胜于他派之处。藏地号称为修定者他们有各种说法，一有说：'一切分别，皆其所断，故当灭除。'二有说：'分别是法身庄严，分别愈多，修证愈广'。三有说：'分别乃是大无明，使人能堕生死海。'这颂说分别就是无明。四有说：'分别即法身。'五有说：'心不散动明了安住，即是佛或名涅槃；心少散乱，则是众生，或名生死。'六有说：'住暗室中制约身根，调正看法，心不作意，如是安住时，则现起烟等验相，所现一切恍忽迷离境界，即是法身与自性身，说诸异生亦能现见法身。'七有说：'上面所说，是指现见少分法身，非见一切法身。'八有说：'此虽非法身，却是道相，是不久即将见到法身之前兆。'九有说：'此乃乱心的幻现，依稀仿佛，全无意义。'十有说：'此是有为法。'十一有说：'此是无为法'。"又说宗喀巴大师对修法方面，总破修时只重安住修，而依照大德莲华戒论师所造《修次第论》等中所说："应观察修时观察修，应安住修时安住修，应交替修时交替修。"如是所说的修习方法，与及依照修无过三摩地的教授，在显教方面。如《慈氏诸论》、《瑜伽师地》、《中观修次第论》等中已有详尽的阐述。比如：所依止观资粮、所缘差别、观察修及安住修的差别；具足九种住心方便和八种断行而修，修后所成就的相似止观之量；又由此开始各别成就纯正止观之量;止观之次第;由此而成就具足止观双运纯正三摩地之量,在其初中后三期如何生起觉受之相;在身心中生起验相的差别;认识昏与沉二分及其差别;认识散与掉二分及其差别,以何为它们的对治方法和如何遣除;认识正知和正念二分及其差别,此二应于何时施用;初业行人新修三摩地时惟仅住分尚不为足。需清明势力之理。诸如是等均依诸大轨范论典的意趣,而作如实的毫不颠倒抉择,则能在一切时中不犯错误也。格鲁黄帽派历代高僧大德以基智与胜观相结合,观修与安修相柔合的修行法是殊胜他派之修。

三、行

在《土观宗派源流》中载:"再就行持来说亦有殊胜之处。藏地昔人多作是言:'戒中禁止能使人迷醉之酒和非时之食,是就信解小乘劣机而说的,诸大乘人或已知心本性者,若仍如此禁忌,则反被束缚,故不需要'。"当时雪域高原的佛法,变得颓废萎靡,许多僧人把佛法的修行置之度外,在《宗喀巴大师传》中称:宗喀巴大师诞生之前,雪域高原佛法只存其名,僧人受戒之时,有人不初戒而当他人上师,在经堂之上容许他人乱坐,僧人虽着僧服,却行违背戒律之事,乱饮酒水,过午后而饮食者不计其数。尤其是不着补丁,不用托钵而就餐,做法事忘记颂词等层出不穷。对修行之时也常常歌舞相伴,萎靡不振,挑剔食物、续长发、彼此争吵,与人斗殴,修炼秘法者吞刀吐火,借尸还魂,扬言戒律为小乘所为,公开娶妻生子,淫荡自次。宗喀巴大师通过广学佛教经论和自身践行,详细阐述中观学派缘起自性空思想。提倡修佛法以先显后密次第,止观观修,践行大乘六度。他一身作则完善修持次第,显密相容而形成独特思想体系,创立黄帽格鲁派。宗喀巴大师在关键时刻拯救佛法于堕落之势，创建殊胜之派——格鲁派。该派极为发达，因此要知道此无等日阿格丹派的佛教大宝，是从能仁佛王雪山流出来的全部深广显密河流，总汇成大法海洋。关于格鲁派因果密宗乘，见、修、行的内容博大精深、浩如烟海，难一一详述。

愿吉祥！！！！

穆赤赞普时期修建的三十七处本教道场一览表

(བོན་གྱི་འདུ་གནས་སོ་བདུན་)

姓名	地点	备注
达木雪纳穆(དམ་ཤོད་སྣར་མོ་)	当雄县	卫茹地区的十三座本教寺庙之一
昂兰热松(ངན་ལམ་རལ་གསུམ་)	桑耶和吉旭之间	〃 〃
番耶扎噶(འཕན་ཡུལ་ བྲག་དཀར་)	彭波	〃 〃
墨竹热瓦(མལ་དྲོ་ར་བ་)	墨竹工卡县巴热	〃 〃
扎玛(བྲག་དམར་)	桑耶钦普	〃 〃
亥布日塘(ཧས་པོ་རི་ཐང་)	桑耶海部日	〃 〃
耶巴(ཡེར་པ་)	札叶巴	〃 〃
南木吉日空(གནམ་གྱི་རི་ཁོང་)	曲水贡囊	〃 〃
纳木错昂仁(གནམ་ མཚོ་ ངོ་རིང་)	藏北纳木错	〃 〃
堆仁隆松(སྟོད་རིས་ལུང་གསུམ་)	堆隆德庆境内	〃 〃

姓名	地点	备注
吉雪隆纳(སྐྱི་ཤོད་ལུང་ནག)	日江夏塔	〃 〃
多孔杰姆喀(མདོག་གུང་རྒྱལ་མོ་ཁ)	〃 〃	
日降夏塔(རི་རྒྱང་ཤ་མཐའ་)	〃 〃	
沃卡秀吉(འོལ་ཁ་ཤུག་གཅིག་)	山南沃喀和达布之间	约茹地区七座本教寺庙之一
娘隆辛纳(ཉང་ལུང་ཤིང་ནག་)	扎松	〃 〃
益隆贡巴(གཡི་ལུང་གོང་བར་)	艾和达布之间	〃 〃
贡玉支纳(རྐོང་ཡུལ་བྲེ་སྣ་)	贡布普曲流域	〃 〃
雅砻索卡(ཡར་ལུང་སོག་ཁ)	雅隆拉日	〃 〃
降旭塘玛尔(ཀླུང་ཤོད་ཐང་དམར་)	雅隆藏布江下流	〃 〃又称塘玛
墨竹措旭(མལ་དྲོ་མཚོ་ཤོད)	山南措纳附近	〃 〃
吴域萨那(འུ་ཡུག་ས་ནག་)	后藏沃诱上部	也茹地区八座本教寺庙之一
向吉雄雄(ཤངས་ཀྱི་ཞོང་ཞོང་)	南木林县	〃 〃
主吉卡尔东(སྦུད་ཀྱི་མཁར་གདོང་)	拖布杰喀纳	〃 〃
达那江布(རྟ་ནག་རྒྱང་བུ་)	达纳戒确	〃 〃

姓名	地点	备注
吉吉江卡尔（འཛེད་ཀྱི་རྒྱང་མཁར་）	谢通门县	〃 〃
达普卓列（ཟ་ཕུ་དྲོས་ལྷས）	穆吉普藏北边境	〃 〃
藏吉吉尔普（གཙང་གི་གྱེར་ཕུག）	朵雄	〃 〃
桑桑拉扎（ཟང་ཟང་ལྷ་བྲག）	堆桑桑	〃 〃
娘堆达蔡（ཉང་སྟོད་སྟག་ཚལ་）	聂茹地方	如拉地区九座本教寺庙之一
丘郭扎仁（ཆུ་འགོ་གྲག་རིང་）	日喀则以南曲米地方	〃 〃又称曲果达仁
喀尔钦扎噶（མཁར་ཆེན་བྲག་དཀར་）	札玛	〃 〃
措俄赤琼（མཚོ་ངོ་དྲིལ་ཆུང་）	定杰县	〃 〃
宁孜塘雪（གཉེན་རྩེ་ཐང་སོད་）		〃 〃
章巴喀乌（གྲམ་པ་ཁའུ་）	萨迦县附近	〃 〃
热色塘东（རག་ཟ་ཐང་སྲུམ）	章巴和芒喀之间	〃 〃
芒喀尔朵普（མང་མཁར་མདོ་ཕུག）	芒喀	〃 〃
拉域贡塘（ལྷ་ཡུལ་གུང་ཐང་）	吉荣县芒域贡塘	〃 〃

现存西藏苯教寺庙

名称	创建时间和创始人	备注
巴仓雍中热丹林（སྤ་ཚང་གཡུང་དྲུང་རབ་བརྟན་གླིང་）	1846 年巴顿雍仲南喀	那曲巴青县境内的九座本教寺庙之一
叶塔隆噶寺（ཡེ་ཐ་ལུང་དཀར་དགོན་）	藏历第三绕炯	〃
岗如扎杰寺（སྣང་ཅ་སྒྲ་རྒྱན་དགོན་）	1957 年楚臣坚参大师	〃
阿仲日追（ཨ་གྲོང་རི་ཁྲོད་）		〃
普纳寺雍仲沃擦林（ཕུར་ནག་དགོན་གཡུང་དྲུང་འོ་ཚལ་གླིང་）	1864 年阿吉阿强索南雍仲	〃
鲁普寺雍仲德庆林（ཀླུ་ཕུག་དགོན་གཡུང་དྲུང་བདེ་ཆེན་）	1626 年开始修建	〃
布拉口康寺（སྤུ་ལ་རི་ཁ་དགོན་）	1853 年琼纳西绕坚参	〃
玛荣雍仲拉扎林（མ་རོང་གཡུང་དྲུང་ལྷ་བྲག་གླིང་）	1390 年热琼南喀仁庆	〃
崇仓寺（ཁྲོམ་ཚང་གླིང་）	1845 年崇杰南杰扎巴	〃
昌都寺（ཚབ་མདོ་དགོན་）	1917 年维修	聂荣县境内的九座本教寺庙之一
阿扎囊塞寺（ཨ་གྲགས་སྣང་གསལ་དགོན་）	1906 年琼波阿拉扎巴	〃
扎玛暇日寺（ཛ་དམར་ཤ་རི་དགོན་）	1892 年刚拉索南雍仲	〃

名称	创建时间和创始人	备注
索定沃平寺诺布林(སོག་རྫིང་དུ་བོན་དགོན་ནོར་བུ་གླིང་)	1248 年伦珠旺丹	〃 〃
密宗孜日追(གསང་སྔགས་རྩེ་རི་ཁྲོད་)		〃 〃
杰布协库日追(རྒྱལ་པོ་ཤེར་ཁྱུར་རི་ཁྲོད་)		〃 〃
文布桑丹林(འོན་བུ་བསམ་གཏན་གླིང་)	1890 年索南雍仲	尼玛县境内的四座本教寺庙之一
当日雍本寺(དྲངས་ར་གཡུ་བོན་དགོན་)	1687 年囊达楚臣(维修)	〃 〃
秋措寺(ཕྱུག་ཚོ་དགོན་)	约 1849 年越拉贡钦门朗丹巴	〃 〃
达果色喜寺(ཏ་སྒོ་སེར་ཞིག་དགོན་)	1405 年色喜喇嘛	〃 〃
森擦寺南杰贡扎林(སེན་ཚ་དགོན་རྣམ་རྒྱལ་ཀུན་གྲགས་གླིང་)	约 1440 年珠喇嘛贡嘎旺丹	比如县境内的六座本教寺庙之一
森擦港日寺(སེན་ཚ་དགའ་རི་དགོན་)	1697 年克尊桑丹尼玛	〃 〃
贝丹鲁喀寺(དཔལ་ལྡན་ཀླུ་མཁར་དགོན་)	1460 年旭尊雍仲赤沃	〃 〃
维廓寺雍仲塔杰林(དབྱལ་ཁོད་དགོན་གཡུང་དྲུང་དར་རྒྱས་གླིང་)	1240 年久日沃色坚参	〃 〃
多定寺沃擦塔平措林(རྫོ་རྫིང་དགོན་རྫོ་མཚར་དར་རྒྱས་གླིང་)	1420 年铸贡嘎旺丹	〃 〃

名称	创建时间和创始人	备注
杰旭萨达寺弥尤桑丹林（རྒྱལ་ཞོད་གསལ་མདའ་བོན་དགོན་མི་གཡོ་བསམ་གཏན་གླིང་）	1465 年	〃 〃
协扎普巴寺（ཞེལ་བྲག་ཕུར་པ་དགོན）	约 1761 年喀雅雍仲益西	班戈县境内的本教寺庙
琼噶雍仲丹杰林（ཁྱུང་དཀར་གཡུང་དྲུང་བསྟན་རྒྱལ་གླིང་）	1061 年西绕坚参	丁青县境内的三十三座本教寺庙之一
丁青日追（སྡིང་ཆེན་རི་ཁྲོད）		〃 〃
郭沃寺（ཀོ་བོ་དགོན་）	1408 年郭杰益西坚参	〃 〃
噶勒雍仲林（ཀ་ལེགས་གཡུང་དྲུང་གླིང་）	1454 年雅纳索南坚参	〃 〃
门杰拉章（སྨོན་རྒྱལ་བླ་བྲང་）	1842 年南喀旺	〃 〃
那如桑丹林（ནག་རུ་བསམ་གཏན）	1751 年李喜达仁	〃 〃
协囊雍仲贝日寺（ཞི་སྣང་གཡུང་དྲུང་དཔལ་རི་དགོན་）	1735 年珠西云丹嘉措	〃 〃
日玛寺（རི་དམར་དགོན་）	1573 年协嘉协喜乌嘎	〃 〃
秀仓寺（ཞུ་ཚང་）	1567 年丹增扎	〃 〃
岗如塔杰寺（སྒང་རུ་དར་རྒྱས་དགོན）	1310 年仁青丹增	〃 〃

名称	创建时间和创始人	备注
比果寺(བེ་སྒོ་དགོན་)	1590 年韦巴尔达拉	〃 〃
甲果寺(རྒྱ་སྒོ་དགོན་)	1869 年桑旦楚臣	〃 〃
南登寺(གནམ་སྟེང་དགོན་)	1496 年门朗沃色	〃 〃
穆叶寺(དམུ་གཡད་དགོན་)	1910 年贡嘎坚参	〃 〃
恰斯阳宗寺(བྱ་སེ་གཡང་རྫོང་དགོན་)	1413 年琼波本杰扎	〃 〃
擦尼日追(ཚོ་ཉེ་རི་ཁྲོད་)	1838 年西绕平措	〃 〃
玛宗寺(ཆ་རྫོང་དགོན་)	1774 年雍杰	〃 〃
普勒寺(ཕུབ་ལེབ་དགོན་)	1413 年琼波本钦扎巴	〃 〃
喀蚌寺(ཁ་སྤུངས་དགོན་)	1928 年楚臣旺波	〃 〃
玛库寺(མར་ཁུ་དགོན་)	1691 年伦珠坚参	〃 〃
孜珠寺(རྩེ་དྲུག་དགོན་)	1383 年珠古罗丹宁波	〃 〃
瓦戈寺(འ་དགེ་དགོན་)	〃 〃	〃 〃
央恰钦寺(གཡམ་བྱ་ཆེན་དགོན་)	1885 年雍仲坚参	〃 〃
拉隆寺(ལྷ་ལུང་དགོན་)	1636 年雍仲旺杰	〃 〃
玉措喀(གཡུ་མཚོ་ཁ་)	1494 年嘉荣喇嘛	〃 〃
喀协寺(ག་ཤེལ་དགོན་)	1585 年南喀塔扎	〃 〃

名称	创建时间和创始人	备注
热尼寺(རེ་ནེ་དགོན་)	1704 年囊喜达瓦坚参	〃 〃
昂宗寺(ངང་རྫོང་དགོན་)	1941 年仁青坚参	〃 〃
江普寺(ལྗང་ཕུ་དགོན་)	1446 珠古罗丹宁波	〃 〃
达协寺(སྟག་ཞེ་དགོན་)		〃 〃
扎霍寺(སྲ་ཧོ་དགོན་)		〃 〃
达喜寺(སྟག་ཞེ་དགོན་)	1180 年	江达县境内的六座本教寺庙之一
夏喜寺(ཞ་ཞིང་དགོན་)	1409 年	〃 〃
迪本寺(ཐིག་བོན་དགོན་)	1600 年	〃 〃
蚌寺(སྤོང་དགོན་)	1697 年	〃 〃
拉赤寺(ལྷ་ཁྲི)	1754 年	〃 〃
尕藏寺(དཀར་ཚང་དགོན་)	1696 年	〃 〃
东达寺或朵达尔寺(སྟོང་མདའ་དགོན་ནམ་མདོར་དར་དགོན་)	1497 年	左贡县境内的九座本教寺庙之一
拉乌寺(ལ་དུ་དགོན་)	后藏仁蚌旺杰	〃 〃
萨拉寺(ས་ལྷ་དགོན་)	1497 年	〃 〃
日那寺(རི་སྣ་དགོན་)	当恰寺	〃 〃
当恰寺(མདངས་ཕྱར་དགོན་)	〃 〃	
秀宗寺(ཤུགས་རྫོང་དགོན་)		〃 〃

名称	创建时间和创始人	备注
热巴寺(རབ་པ་དགོན་)		〃 〃
益巴寺(དབྱི་སྤྱ་པ་དགོན་)		〃 〃
达擦寺(ལྷག་ཚབ་དགོན་)		〃 〃
查根尼普修行院(ཁ་ཀན་ཉི་ཕུག་སྒྲུབ་སྡེ་)	1699 年查恰梅扎西坚参	洛隆县境内的四座本教寺庙之一
兰拉寺(ལམ་ལྷ་དགོན་)		〃 〃
贝多寺(བལ་ཐོ་དགོན་)		〃 〃
扎噶日追(བྲག་དཀར་དགོན་)		〃 〃
文责寺(དབེན་ཐོ་དགོན་)	1256 年	巴宿县境内的九座本教寺庙之一
布隆寺(འབུར་ལུང་དགོན་)	1096 年赤仓珠拉	〃 〃
扎西孜寺(བཀྲ་ཤིས་རྩེ་དགོན་)	1589 年	(又称色莫本塘)林芝宗境内的两座本教寺庙之一
本日寺杰寺(བོན་རི་སྲིད་རྒྱལ་དགོན་ཆེན་)	穆赤赞布时期	〃 〃
达孜雍仲寺(སྟག་རྩེ་གཡུང་དྲུང་གླིང་)	约 1620 年东贡丹巴伦珠	〃 〃
贝丹桑日寺(དཔལ་ལྡན་བཟངས་རི་དགོན་)		拉萨市尼木县
门日寺(སྨན་རི་དགོན་)	1393 年无比西绕坚参	日喀则地区南木林县
热拉雍仲林寺(རབས་ཞིགས་གཡུང་དྲུང་གླིང་)	1834 年囊顿达瓦坚参	〃 〃

名称	创建时间和创始人	备注
谢贝丹达丁色果查莫（བཞད་དཔལ་ལྡན་དར་ལྡིང་གསེར་སྒོ་ཁྲ་མོ）	1233年贡钦益西洛追	日喀则地区谢通门县
旭热杏寺（ཞུ་རི་ཞིང་དགོན）	第一绕炯（1070）德斯钦波	日喀则地区白朗县
密宗大乘雍仲林（གསང་སྔགས་ཐེག་ཆེན་གཡུང་དྲུང་གླིང）	觉莫雍吉	日喀则地区亚东县
古如江寺（གུ་རུ་གྱམ་མོ）	1936年琼珠仁波切	阿里地区噶尔县

各教派创始人及传承者一览表

姓名	生卒年	备注
聂·杂纳古玛热(གཉགས་ཛྙཱ་ནམ་ར་)		旧密宗远传经典传承者
努·桑杰益西(སྣུབས་སངས་རྒྱས་ཡེ་ཤེས)		〃
素尔波且释迦迥乃(ཟུར་པོ་ཆེ་ཤཱཀྱ་འབྱུང་གནས)	水虎(1002)年 第一绕炯水虎(1062)年	旧密宗远传经典传承者三素尔之一
素尔琼西绕扎巴(ཟུར་ཆུང་ཤེས་རབ་གྲགས་པ་)	木虎(1014)年 第一绕炯木虎(1074)年	〃
素尔释迦僧格(ཟུར་ཤཱཀྱ་སེང་གེ)	第一绕炯木虎(1074)年 第二绕炯木虎(1134)年	〃
娘·尼玛沃色(ཉང་ཉི་མ་འོད་ཟེར་)	第二绕炯木龙(1124)年 第三绕炯水鼠(1192)年	近传伏藏的掘藏者
古如曲吉旺秋(གུ་རུ་ཆོས་ཀྱི་དབང་ཕྱུག)	第四绕炯水猴(1212)年 第五绕炯木虎(1273)年	〃
伏藏大师热莫西门(གཏེར་སྟོན་ར་མོ་ཤེས་སྨན་)	约第四绕炯	伏藏大师古如曲旺同时期

姓名	生卒年	备注
伏藏大师桑杰林巴（གཏེར་སྟོན་སངས་རྒྱས་གླིང་པ་）	第六绕炯铁龙（1340）年 第七绕炯火鼠（1396）年	近传伏藏的传承者
吴坚德达林巴或名叫白玛嘎旺久美多吉（ཨོ་རྒྱན་གཏེར་བདག་གླིང་པ་）	第一绕炯木虎（1074）年 第二绕炯木虎（1134）年	〃 〃
贝丹阿地峡尊者（ཇོ་བོ་རྗེ་དཔལ་ལྡན་ཨ་ཏི་ཤ）	水马（892）年 木马（1054）年	噶当派祖师
仲敦·杰哇迥乃（འབྲོམ་སྟོན་རྒྱལ་བའི་འབྱུང་གནས་）	木蛇（1005）年 水土（1063）年	噶当派创始人
博朵哇·仁青赛（པོ་ཏོ་བ་རིན་ཆེན་གསལ）	第一绕炯铁羊（1031）年 第二绕炯木鸡（1105）年	噶当派三昆仲之一
普穷巴·宣努坚参（ཕུ་ཆུང་བ་གཞོན་ནུ་རྒྱལ་མཚན་）	第一绕炯铁羊（1031）年 第二绕炯水羊（1103）年	〃 〃
京俄·楚臣坚参（སྤྱན་སྔ་བ་ཚུལ་ཁྲིམས་འབར་）	第一绕炯土虎（1038）年 第二绕炯水羊（1103）年	〃 〃
朗日塘巴多杰桑格（གླང་རི་ཐང་པ་རྡོ་རྗེ་སེང་གེ）	第一绕炯木马（1059）年 第二绕炯水兔（1103）年	博多哇前藏四大栋梁弟子之一

姓名	生卒年	备注
夏巴云丹扎(ཤར་པ་ཡོན་ཏན་གྲགས)	第二绕炯水兔(1123)年 第二绕炯木虎(1141)年	〃
甲域哇宣努沃(བྱ་ཡུལ་བ་གཞོན་ནུ་འོད)	第一绕炯木兔(1075)年 第二绕炯土马(1138)年	噶当派主要传承者
德洛巴大师(སློབ་དཔོན་ཏེ་ལོ་པ)	土鼠(998)年 第一绕炯土鸡(1134)年	噶举派祖师
那若巴大师(སློབ་དཔོན་ནཱ་རོ་པ)	火龙(1016)年 第一绕炯木虎(1100)年	
克珠琼布南交(ཁྱུང་པོ་རྣལ་འབྱོར་པ)	铁虎(990)年 第二绕炯土羊(1139)年	香巴噶举创始人
玛尔巴·确吉洛追(མར་པ་ཆོས་ཀྱི་བློ་གྲོས)	水鼠(1013)年 第二绕炯火牛(1097)年	达波噶举祖师
米拉热巴(རྗེ་བཙུན་མི་ལ་རས་པ)	第一绕炯铁龙(1040)年 第二绕炯水兔(1123)年	噶举派四大栋梁弟子之一
达波拉杰(དྭགས་པོ་ལྷ་རྗེ)	第一绕炯土羊(1079)年 第三绕炯水鸡(1153)年	达波噶举创始人

姓名	生卒年	备注
帕木竹·巴多吉杰布(ཕག་མོ་གྲུ་པ་རྡོ་རྗེ་རྒྱལ་པོ་)	第二绕炯铁虎(1110)年 第三绕炯铁虎(1170)年	帕竹噶举创始人
达玛旺久(དར་མ་དབང་ཕྱུག་)	第二绕炯火羊(1127)年 第三绕炯土羊(1199)年	拔绒噶举创始人
尚·卓卫贡布玉札巴(ཞང་འགྲོ་བའི་མགོན་པོ་གཡུ་བྲག་)	第二绕炯水兔(1123)年 第三绕炯水牛(1193)年	蔡巴噶举创始人
噶玛巴·堆松钦巴(ཀརྨ་དུས་གསུམ་མཁྱེན་པ་)	第二绕炯铁虎(1110)年 第二绕炯水牛(1193)年	噶玛噶举创始人
玛仓喜饶僧格(སྨར་ཚང་ཤེས་རབ་སེང་གེ)	第二绕炯木兔(1135)年 第三绕炯水猪(1204)年	玛尔巴噶举创始人
桑杰叶巴(སངས་རྒྱས་ཡེལ་པ་)	第二绕炯木虎(1134)年 第三绕炯木虎(1234)年	叶巴噶举创始人
杰擦贡嘎喜饶(རྒྱལ་ཚ་ཀུན་དགའ་ཤེས་རབ་)	第二绕炯土狗(1118)年 第三绕炯木兔(1195)年	绰浦噶举创建人
郊巴久典滚布成。(སྐྱོབ་པ་འཇིག་རྟེན་མགོན་པོ་)	第二绕炯水猪(1143)年 第四绕炯火牛(1217)年	止贡噶举创始人

姓名	生卒年	备注
杰贡楚臣僧格(དགྱེར་སྒོམ་ཚུལ་ཁྲིམས་སེང་གེ་)	第二绕炯木鼠(1144)年 第三绕炯木鼠(1217)年	修塞噶举创始人
达隆塘巴钦波(སྟག་ལུང་ཐང་པ་ཆེན་པོ་)	第二绕炯水狗(1142)年 第四绕炯铁马(1210)年	达隆噶举创始人
林热·白玛多吉(གླིང་རས་པདྨ་རྡོ་རྗེ་)	第二绕炯土猴(1128)年 第三绕炯土猴(1188)年	主巴噶举创始人
萨热瓦·格丹益西(ཟ་ར་བ་སྐལ་ལྡན་ཡེ་ཤེས)	约第二绕炯底 第四绕炯火兔(1207)年	雅桑噶举创始人
帕丹巴桑杰(ཕ་དམ་པ་སངས་རྒྱས་)		希解派创始人,一百五十岁圆寂
玛吉拉准玛(མ་ཅིག་ལབ་ཀྱི་སྒྲོན་མ)	第一绕炯木狗(1034)年 第三绕炯铁鸡(1201)年	希解派主要传承人
昆·滚确杰布(འཁོན་དཀོན་མཆོག་རྒྱལ་པོ་)	第一绕炯木狗(1034)年 第三绕炯铁鸡(1201)年	班丹萨迦派创始人
萨钦贡嘎宁波(ས་ཆེན་ཀུན་དགའ་སྙིང་པོ་)	第二绕炯水猴(1092)年 第三绕炯土虎(1158)年	萨迦五祖之一

姓名	生卒年	备注
索南孜摩（སློབ་དཔོན་བསོད་ནམས་རྩེ་མོ་）	第二绕炯水狗(1142)年 第三绕炯土虎(1182)年	〃 〃
杰尊扎巴坚参（རྗེ་བཙུན་གྲགས་པ་རྒྱལ་མཚན་）	第二绕炯火兔(1147)年 第四绕炯火牛(1217)年	〃 〃
萨班贡嘎坚参（ས་པཎ་ཀུན་དགའ་རྒྱལ་མཚན་）	第三绕炯水虎(1182)年 第四绕炯铁猪(1251)年	〃 〃
众生依怙八思巴洛追坚参（འགྲོ་མགོན་འཕགས་པ་བློ་གྲོས་རྒྱལ་མཚན་）	第四绕炯木羊(1235)年 第四绕炯铁龙(1280)年	〃 〃
堆波瓦西绕坚参（དོལ་པོ་བ་ཤེས་རབ་རྒྱལ་མཚན་）	第五绕炯水龙(1292)年 第六绕炯铁牛(1361)年	觉囊派创始人
至尊宗喀巴洛桑扎巴（མཉམ་མེད་རྒྱལ་བ་ཙོང་ཁ་པ་བློ་བཟང་གྲགས་པ་）	第六绕炯火鸡(1357)年 第七绕炯铁鸡(1409)年	格鲁派创始人
贾曹杰塔玛仁钦（རྒྱལ་ཚབ་དར་མ་རིན་ཆེན་）	第六绕炯木龙(1364)年 第七绕炯水鼠(1432)年	宗喀巴大师七位亲传弟子之一
克珠杰格勒贝桑（མཁས་གྲུབ་རྗེ་དགེ་ལེགས་དཔལ་བཟང་）	第六绕炯木牛(1385)年 第七绕炯土马(1438)年	〃 〃

姓名	生卒年	备注
都增扎巴坚参（འདུལ་འཛིན་གྲགས་པ་རྒྱལ་མཚན་）	第六绕炯木虎（1374）年 第七绕炯火龙（1436）年	〃 〃
嘉央曲杰扎西贝丹（འཇམ་དབྱངས་ཆོས་རྗེ་བཀྲ་ཤིས་དཔལ་ལྡན་）	第六绕炯土羊（1379）年 第七绕炯土蛇（1449）年	〃 〃
大慈法王释迦也失（བྱམས་ཆེན་ཆོས་རྗེ་ཤཱཀྱ་ཡེ་ཤེས་）	第六绕炯木马（1354）年 第七绕炯木兔（1435）年	〃 〃
遍知一切根敦珠（ཐམས་ཅད་མཁྱེན་པ་དགེ་འདུན་གྲུབ་པ་）	第七绕炯铁羊（1391）年 第八绕炯木马（1474）年	〃 〃
西绕森格（རྗེ་ཤེས་རབ་སེང་གེ་）	第六绕炯水猪（1383）年 第七绕炯木牛（1445）年	〃 〃
五世达赖阿旺罗桑嘉措（རྒྱལ་མཆོག་ལྔ་པ་ངག་དབང་བློ་བཟང་རྒྱ་མཚོ་）	第十绕炯火蛇（1617）年 第十一绕炯水狗（1682）年	宗喀巴大师教法的主要传承者
班钦罗桑曲吉坚参（པཎ་ཆེན་བློ་བཟང་ཆོས་ཀྱི་རྒྱལ་མཚན་）	第十绕炯铁马（1570）年 第十一绕炯铁鸡（1662）年	〃 〃

噶举派“四大八小”系统
（བཀའ་བརྒྱུད་ཆེ་བཞི་ཆུང་བརྒྱད་）

名称	创始人	生卒年	备注	
噶举四大派	帕竹噶举（ཕག་གྲུབ་བཀའ་བརྒྱུད་）	多吉杰布	铁虎（1110）年 铁虎（1170）年	土虎（1158）年创建殿萨替寺
	拔绒噶举（འབའ་རོམ་བཀའ་བརྒྱུད་）	达玛旺久	火羊（1127）年 土羊（1199）年	建拔绒寺
	蔡巴噶举（ཚལ་པ་བཀའ་བརྒྱུད་）	尚·卓卫贡布玉札巴	水兔（1123）年 水牛（1193）年	木羊（1175）年建蔡巴寺
	噶玛噶举（ཀརྨ་བཀའ་བརྒྱུད་）	噶玛·堆松钦巴	铁虎（1110）年 水牛（1193）年	土鸡（1189）年修建楚布寺

名称	创始人	生卒年	备注	
噶举八小系统	玛尔巴噶举（མར་པ་བཀའ་བརྒྱུད）	玛仓喜饶僧格	木兔（1135）年 水猪（1204）年	修建玛尔巴夏祖寺
	叶巴噶举（ཡེར་པ་བཀའ་བརྒྱུད）	桑杰叶巴	木虎（1134）年 木虎（1234）年	土猴（1188）年修建达纳寺
	绰浦噶举（ཁྲོ་ཕུ་བཀའ་བརྒྱུད）	杰擦贡嘎喜饶	土狗（1118）年 木兔（1195）年	铁兔（1171）修建绰浦寺
	止贡噶举（འབྲི་གུང་བཀའ་བརྒྱུད）	郊巴久典滚布	水猪（1143）年 火牛（1217）年	土猪（1179）年修建止贡寺
	修塞噶举（ཤུག་གསེབ་བཀའ་བརྒྱུད）	杰贡楚臣僧格	木鼠（1144）年 木鼠（1217）年	在聂普地方修建修塞噶举
	达隆噶举（སྟག་ལུང་བཀའ་བརྒྱུད）	达隆塘巴扎西巴	水狗（1142）年 铁马（1210）年	铁鼠（1180）年修建达隆寺
	主巴噶举（འབྲུག་པ་བཀའ་བརྒྱུད）	林热·白玛多吉	土猴（1128）年 土猴（1188）年	在南普地方修建主寺
	雅桑噶举（གཡའ་བཟང་བཀའ་བརྒྱུད）	萨热瓦格丹益西和弟子雅桑曲杰	约第二绕炯底 火兔（1207）年	土猴（1158）修建雅桑寺

萨迦五祖(ས་ཆེན་གོང་མ་རྣམ་ལྔ་)

姓名	生卒年	主要功绩	备注
萨钦贡嘎宁波(ས་ཆེན་ཀུན་དགའ་སྙིང་པོ་)	水猴(1092)年 土虎(1158)年	护持萨迦寺法台四十八年	第三任萨迦寺法台
索南孜摩(བསོད་ནམས་རྩེ་མོ)	水狗(1142)年 土虎(1182)年	著《喜金刚续第二品注疏－太阳光辉》	
杰尊扎巴坚参(རྗེ་བཙུན་གྲགས་པ་རྒྱལ་མཚན་)	火兔(1147)年 火牛(1217)年	修建萨迦乌孜佛殿等	第四任萨迦寺法台
萨班贡嘎坚参(ས་པཎ་ཀུན་དགའ་རྒྱལ་མཚན་)	水虎(1182)年 铁猪(1251)年	为祖国统一大业做出贡献	第五任萨迦寺法台
众生依怙八思巴洛追坚参(འགྲོ་མགོན་འཕགས་པ་བློ་གྲོས་རྒྱལ་མཚན་)	木羊(1235)年 铁龙(1280)年	建萨迦寺屋上金顶，创制蒙古新字	第六任萨迦寺法台

噶玛巴转世传承系统(ཀརྨ་སྐུ་ཕྲེང་རིམ་བྱོན་)

世次	姓名	生卒年	备注
1	噶玛堆松钦巴(ཀརྨ་པ་དུས་གསུམ་མཁྱེན་པ་)	铁虎(1110)年 水牛(1193)年	或名康巴维色
2	噶玛拔希(ཀརྨ་པ་པཀྴི)	火虎(1206)年 水羊(1283)年	他一生在汉、藏、蒙等地广做利生事业
3	噶玛让迥多吉(ཀརྨ་པ་རང་བྱུང་རྡོ་རྗེ་)	木猴(1284)年 土兔(1339)年	元皇赐给“国师”名号
4	噶玛若必多吉(ཀརྨ་པ་རོལ་པའི་རྡོ་རྗེ་)	铁龙(1340)年 水猪(1383)年	元皇帝请至祖国内地
5	噶玛德辛协巴(ཀརྨ་པ་དེ་བཞིན་གཤེགས་པ་)	木鼠(1384)年 木羊(1415)年	明永乐帝请至祖国内地
6	噶玛通瓦顿丹(ཀརྨ་པ་མཐོང་བ་དོན་ལྡན་)	火猴(1416)年 水鸡(1453)年	
7	噶玛却扎嘉措(ཀརྨ་པ་ཆོས་གྲགས་རྒྱ་མཚོ་)	木狗(1454)年 火虎(1506)年	根据他的功绩明朝赐给诏书等
8	噶玛弥居多吉(ཀརྨ་པ་མི་བསྐྱོད་རྡོ་རྗེ་)	火兔(1507)年 木兔(1555)年	明朝时请至祖国内地
9	噶玛旺秋多吉(ཀརྨ་པ་དབང་ཕྱུག་རྡོ་རྗེ་)	火龙(1556)年 水兔(1603)年	为众生广传佛法
10	噶玛曲英多吉(ཀརྨ་པ་ཆོས་དབྱིངས་རྡོ་རྗེ་)	木龙(1604)年 木虎(1674)年	藏巴第悉尊他为法王

世次	姓名	生卒年	备注
11	噶玛益西多吉（ཀརྨ་པ་ཡེ་ཤེས་རྡོ་རྗེ）	火龙（1676）年 水马（1702）年	
12	噶玛强久多吉（ཀརྨ་པ་བྱང་ཆུབ་རྡོ་རྗེ）	水羊（1703）年 水鸡（1732）年	
13	噶玛堆督多吉（ཀརྨ་པ་བདུད་འདུལ་རྡོ་རྗེ）	水牛（1733）年 火蛇（1797）年	
14	噶玛台乔多吉（ཀརྨ་པ་ཐེག་མཆོག་རྡོ་རྗེ）	土羊（1798）年 木蛇（11845）年	
15	噶玛喀恰多吉（ཀརྨ་པ་མཁའ་ཁྱབ་རྡོ་རྗེ）	火马（1846）年 水猪（1923）年	
16	噶玛日毕多吉（ཀརྨ་པ་རིག་པའི་རྡོ་རྗེ）	木鼠（1924）年 铁鸡（1981）年	
17	噶玛吴坚多吉（ཀརྨ་པ་ཨོ་རྒྱན་རྡོ་རྗེ）	木牛（1985）年	

历任甘丹赤巴一览表

	姓名	出生地	生卒年	任期	备注
1	宗喀巴洛桑扎巴（རྗེ་བློ་བཟང་གྲགས་པ་）	宗喀	火鸡（1357）年 土猪（1419）年	土牛（1409）年 土猪（1419）年	享年63岁
2	贾曹杰塔玛仁钦（རྒྱལ་ཚབ་དར་མ་རིན་ཆེན་）	后藏娘堆曲章	木龙（1364）年 水牛（1433）年	土猪（1419）年 水牛（1433）年	享年69岁
3	克珠杰格勒贝桑（མཁས་གྲུབ་རྗེ་དགེ་ལེགས་）	后藏拉堆多雄	木牛（1385）年 土马（1438）年	铁猪（1431）年 土马（1438）年	享年54岁
4	夏鲁瓦勒巴坚参（ཞྭ་ལུ་བ་ལེགས་པ་རྒྱལ་མཚན་）	后藏夏鲁	木兔（1375）年 铁马（1450）年	土马（1438）年 铁马（1450）年	享年76岁
5	雅德瓦洛追坚参（གཡག་སྡེ་བ་བློ་གྲོས་ཆོས་སྐྱོང་）	后藏雅德	土蛇（1389）年 水羊（1463）年	铁马（1450）年 水羊（1463）年	享年75岁
6	巴索曲吉坚参（པ་སོ་ཆོས་ཀྱི་རྒྱལ་མཚན་）	后藏拉堆	水马（1404）年 水蛇（1473）年	水羊（1463）年 水蛇（1473）年	克珠杰亲兄
7	洛追丹巴（བློ་གྲོས་བརྟན་པ་）	后藏香准康	水马（1402）年 土狗（1478）年	水蛇（1473）年 土狗（1478）年	享年77岁
8	门朗贝瓦（སྨོན་ལམ་དཔལ་བ་）	也茹	木马（1414）年 铁猪（1491）年	铁鼠（1480）年 铁狗（1490）年	以上七位称为后藏七赤巴
9	罗桑尼玛（བློ་བཟང་ཉི་མ་）	宗喀	土羊（1439）年 水鼠（1492）年	铁狗（1490）年 水鼠（1492）年	宗喀巴亲属

	姓名	出生地	生卒年	任期	备注
10	益西桑波 （ཡེ་ཤེས་བཟང་པོ་）	丹梅康木	木羊（1415）年 火蛇（1497）年	水鼠（1492）年 火蛇（1497）年	享年84岁
11	洛追扎巴 （བློ་གྲོས་གྲགས་པ་）	后藏拉堆达尔	土鸡（1429）年 水猴（1512）年	土羊（1499）年 铁羊（1511）年	享年84岁
12	强央西绕勒贝洛追 （འཇམ་དབྱངས་ལེ་ཏ་པའི་བློ་གྲོས）	额地方	铁马（1450）年 火牛（1517）年	铁马（1510）年 火鼠（1516）年	享年69岁
13	曲吉辛聂 （ཆོས་ཀྱི་བཤེས་གཉེན་）	堆隆	水鸡（1453）年 铁鼠（1540）年	火鼠（1516）年 水马（1522）年	享年88岁
14	仁青沃色 （རིན་ཆེན་འོད་ཟེར་）	堆隆希松	水鸡（1453）年 铁狗（1540）年	水马（1522）年 土牛（1529）年	享年88岁
15	班钦索朗扎巴 （པཎ་ཆེན་བསོད་ནམས་གྲགས་པ་）	泽当	土狗（1478）年 木虎（1554）年	土牛（1529）年 木羊（1535）年	享年77岁
16	曲迥嘉措 （ཆོས་སྐྱོང་རྒྱ་མཚོ་）	前藏甲如古	水蛇（1473）年 土猪（1539）年	木羊（1535）年 土猪（1539）年	任下密院法台
17	夏巴多吉桑波 （ཤར་པ་རྡོ་རྗེ་བཟང་པོ་） 朵麦瞻对	铁猪（1491）年 木虎（1554）年	土猪（1539）年 火马（1546）年	享年64岁	
18	坚参桑波 （རྒྱལ་མཚན་བཟང་པོ་）	且日达孜达吉仲	火蛇（1497）年 土猴（1548）年	火马（1546）年 土猴（1548）年	享年52岁
19	阿旺曲扎 （ངག་དབང་ཆོས་གྲགས་）	堆隆沃西	铁鸡（1501）年 铁猪（1551）年	土猴（1548）年 铁猪（1551）年	享年51岁

	姓名	出生地	生卒年	任期	备注
20	曲扎桑波(ཆོས་གྲགས་བཟང་པོ་)	达普	水牛(1493)年 土羊(1559)年	水鼠(1552)年 土马(1559)年	享年67岁
21	格勒贝桑(དགེ་ལེགས་དཔལ་བཟང་)	沃噶江囊	木牛(1505)年 火兔(1567)年	土马(1558)年 木牛(1565)年	又称为赤钦德瓦金巴
22	根敦顿丹巴塔杰(དགེ་འདུན་བསྟན་པ་དར་རྒྱས་)	鲁秀乌纳	水牛(1493)年 土蛇(1569)年	火虎(1566)年 土龙(1568)年	享年76岁
23	次旦嘉措(ཚེ་བརྟན་རྒྱ་མཚོ་)	泽当塞吉	铁龙(1520)年 火鼠(1576)年	土龙(1568)年 木猪(1575)年	享年57岁
24	强巴嘉措(བྱམས་པ་རྒྱ་མཚོ་)	秀吉占布	火鼠(1516)年 铁虎(1590)年	木猪(1575)年 铁蛇(1581)年	又称赤钦沃噶瓦
25	杰蚌孜瓦班觉嘉措(རྒྱལ་བང་རྗེ་པ་དཔལ་འབྱོར་རྒྱ་མཚོ་)	堆隆然巴拔热瓦	火狗(1526)年 土猪(1599)年	水马(1583)年 土牛(1589)年	据说他是库敦的转世
26	当曲贝巴尔(དམ་ཆོས་དཔལ་འབར་)	后藏康麦夏尔	水羊(1583)年 土猪(1659)年	土牛(1589)年 火猴(1596)年	享年77岁
27	桑杰仁青(སངས་རྒྱས་རིན་ཆེན་)	墨竹卓迪	铁鼠(1540)年 火龙(1616)年	火猴(1596)年 水虎(1602)年	享年77岁
28	拉萨瓦根敦坚参(ལྷ་ས་བ་དགེ་འདུན་རྒྱལ་མཚན་)	拉萨隆巴夏	水龙(1532)年 火羊(1607)年	水兔(1603)年 火羊(1607)年	享年76岁
29	辛聂扎巴(བཤེས་གཉེན་གྲགས་པ་)	卓尼松潘	火马(1546)年 土马(1618)年	火羊(1607)年 木兔(1615)年	享年73岁
30	洛追嘉措(བློ་གྲོས་རྒྱ་མཚོ་)	堆隆达龙扎	火马(1546)年 土马(1618)年	木兔(1615)年 土马(1618)年	享年73岁

	姓名	出生地	生卒年	任期	备注
31	当曲贝瓦（དམ་ཆོས་དཔལ་བ་）	江夏	火马（1546）年 铁猴（1620）年	火马（1618）年 铁猴（1620）年	享年 75 岁
32	楚臣曲培（ཚུལ་ཁྲིམས་ཆོས་འཕེལ་）	后藏娘仲孜	铁鸡（1561）年 水猪（1623）年	铁猴（1620）年 水猪（1623）年	享年 63 岁
33	扎巴嘉措（གྲགས་པ་རྒྱ་མཚོ་）	前藏格日仲	木兔（1555）年 火兔（1627）年	水猪（1623）年	享年 73 岁
34	阿旺曲吉坚参（ངག་དབང་ཆོས་ཀྱི་རྒྱལ་མཚན་）	彭域塔尔	水鸡（1513）年	水猪（1623）年 火虎（1626）年	在位 3 年
35	贡觉曲培（དཀོན་མཆོག་ཆོས་འཕེལ་）	扎囊玛尔	水鸡（1573）年	火虎（1626）年 水猴（1632）年	担任五世达赖经师
36	丹增勒协（བསྟན་འཛིན་ལེགས་བཤད་）	贡布		水鸡（1632）年 火鼠（1636）年	夏、强之间发生矛盾，因此第巴藏巴规定夏、强 7 年轮流执权
37	根敦仁青（དགེ་འདུན་རིན་ཆེན་）	江夏		火牛（1637）年 水羊（1643）年	
38	丹巴坚参（བསྟན་པ་རྒྱལ་མཚན་）	达域仲达		水羊（1643）年 土鼠（1648）年	

	姓名	出生地	生卒年	任期	备注
39	贡觉曲桑 （དཀོན་མཆོག་ཆོས་བཟང་）	堆隆		土鼠（1648）年 木马（1654）年	享年87岁，在位7年
40	贝丹丹巴坚参 （དཔལ་ལྡན་བསྟན་པ་རྒྱལ་མཚན་）	阿里日必章卡尔		木羊（1655）年 铁牛（1661）年	或称贝丹坚参阿旺多杰
41	罗桑坚参 （བློ་བཟང་རྒྱལ་མཚན་）	约茹泽当		水虎（1662）年 土猴（1668）年	享年73岁，在位7年
42	罗桑顿月 （བློ་བཟང་དོན་ཡོད་）	彭域	水虎（1602）年	土猴（1668）年 木虎（1674）年	享年77岁，或称赤南塔多杰
43	强巴扎西 （བྱམས་པ་བཀྲ་ཤིས་）	甲	土马（1618）年	木兔（1675）年 铁鸡（1681）年	享年67岁，或称赤钦林雅巴
44	甲纳巴洛追嘉措 （རྒྱ་ནག་པ་བློ་གྲོས་རྒྱ་མཚོ་）	木雅嘎定	木猪（1635）年	水狗（1682）年 木牛（1685）年	历任喇钦赴祖国内地始于此，他又称为赤甲纳巴

	姓名	出生地	生卒年	任期	备注
45	强央楚臣塔杰（བྱམས་དབྱངས་ཚུལ་ཁྲིམས་དར་རྒྱས་）	卓尼秀桑	水猴（1632）年	木牛（1685）年 铁羊（1691）年	在位7年，又称为后赤甲纳巴
46	金巴嘉措（སྦྱིན་པ་རྒྱ་མཚོ་）	玛曲朵三落		水猴（1692）年 木狗（1694）年	在3位年，或称阿旺巴桑
47	罗桑曲培（བློ་བཟང་ཆོས་འཕེལ་）	达央定		土兔（1699）年 铁龙（1700）年	在2位年，或称赤阳定巴
48	顿珠嘉措（དོན་གྲུབ་རྒྱ་མཚོ་）	芝霍纳仓		铁龙（1701）年 火猪（1707）年	或称顿月多杰
49	罗桑塔杰（བློ་བཟང་དར་རྒྱས་）	卓尼阿斯塘巴		土鼠（1708）年 铁兔（1711）年	在位4年
50	根敦平措（དགེ་འདུན་ཕུན་ཚོགས་）	安多恰车瓦		水龙（1712）年 土狗（1718）年	在位7年
51	阿旺贝丹（ངག་དབང་དཔལ་ལྡན་）	霍尔仓果平巴		土猪（1719）年 木蛇（1725）年	在位3年，有的史书记载达文巴贝丹扎巴
52	阿旺次培（ངག་དབང་ཚེ་འཕེལ་）	达布杂日雅雪		木蛇（1725）年 铁猪（1731）年	在位3年，有些文献称他为强孜次培

	姓名	出生地	生卒年	任期	备注
53	坚参森格 (རྒྱལ་མཚན་སེང་གེ་)	桑萨		水鼠(1732)年 土马(1738)年	或称达文巴坚参森格
54	阿旺确丹 (ངག་དབང་མཆོག་ལྡན་)	恰琼拉迪		土羊(1739)年 木牛(1735)年	在位7年,担任七世达赖格桑嘉措经师
55	南喀桑波 (ནམ་མཁའ་བཟང་པོ་)	安多朵苏摩日丹塘巴		火虎(1746)年 铁马(1750)年	在位4年,或称南喀洛桑贝丹
56	洛桑赤梅 (བློ་གྲོས་དྲི་མེད་)	康区雪竹		铁马(1750)年 火鼠(1756)年	在位7年
57	桑旦平措 (བསམ་གཏན་ཕུན་ཚོགས་)	前藏略达尔帕木雪		火牛(1757)年 水羊(1763)年	享年55岁,在位7年
58	阿旺曲扎 (ངག་དབང་ཆོས་གྲགས་)	安多恰琼		木猴(1764)年 铁虎(1770)年	在位7年
59	色麦阿旺曲扎 (སེར་སྨད་ངག་དབང་ཆོས་གྲགས་)	多龙曲桑巴		铁兔(1771)年 水龙(1772)年	享年61岁,在位1年
60	罗桑丹巴 (བློ་བཟང་བསྟན་པ་)	擦瓦		水龙(1772)年 火鸡(1777)年	享年48,在位6年

	姓名	出生地	生卒年	任期	备注
61	阿旺楚臣（ངག་དབང་ཚུལ་ཁྲིམས་）	卓尼		狗（1778）年 木龙（1784）年	在位7年，或称赤诺门汗阿旺楚臣
62	罗桑门朗（བློ་བཟང་སྨོན་ལམ་）	嘉绒卓囊		木蛇（1785）年 土狗（1788）年	在位4年
63	罗桑克确（བློ་བཟང་མཁས་མཆོག་）	彭域贝仲瓦		土鸡（1789）年 水牛（1793）年	在位一年半
64	罗桑扎西（བློ་བཟང་བཀྲ་ཤིས་）	芝霍尔扎郭		木虎（1794）年 铁猴（1800）年	在位7年
65	根敦楚臣（དགེ་འདུན་ཚུལ་ཁྲིམས་）	嘉塘瓦央唐		铁鸡（1801）年 火兔（1807）年	在位7年
66	阿旺聂扎（ངག་དབང་སྙན་གྲགས་）	安多恰琼		土龙（1808）年 木狗（1814）年	在位7年
67	强央门朗（འཇམ་དབྱངས་སྨོན་ལམ་）	康区普里		木狗（1814）年 木猪（1815）年	在位约一年半
68	罗桑格勒（བློ་བཟང་དགེ་ལེགས་）	彭域杰		木猪（1815）年 火鼠（1816）年	在位1年
69	强久曲培（བྱང་ཆུབ་ཆོས་འཕེལ་）	恰程		火鼠（1816）年 水马（1822）年	在位7年
70	阿旺曲培（ངག་དབང་ཆོས་འཕེལ་）	藏北当雄		水羊（1823）年 土牛（1829）年	在位6年
71	益西塔堆（ཡེ་ཤེས་ཐར་འདོད་）	贡布珠拉		铁虎（1830）年 水蛇（1833）年	

	姓名	出生地	生卒年	任期	备注
72	江贝楚臣 （འཇམ་དཔལ་ཚུལ་ཁྲིམས）	后藏托布加		木马(1834)年 火猴(1836)年	在位 3 年
73	阿旺江贝楚臣嘉措 （ངག་དབང་འཇམ་དཔལ་ཚུལ་ཁྲིམས་རྒྱ་མཚོ་）	卓尼		火鸡(1837)年 水兔(1843)年	在位 4 年
74	罗桑伦珠 （བློ་བཟང་ལྷུན་གྲུབ་）	嘉绒措果却孜瓦		水兔(1843)年 火马(1846)年	
75	阿旺隆多云丹嘉措 （ངག་དབང་ལུང་རྟོགས་ཡོན་ཏན་རྒྱ་མཚོ་）	林巴		火羊(1847)年 水牛(1853)年	在位 6 年
76	罗桑钦绕旺秋 （བློ་བཟང་མཁྱེན་རབ་དབང་ཕྱུག་）	嘉绒		水牛(1853)年 土羊(1859)年	在位 7 年
77	楚臣塔杰 （ཚུལ་ཁྲིམས་དར་རྒྱས）	绷波		土羊(1859)年 铁猴(1860)年	在位 2 年
78	强央当曲 （འཇམ་དབྱངས་དམ་ཆོས）	嘉绒		铁猴(1860)年 火虎(1800)年	在位 7 年
79	罗桑金巴 （བློ་བཟང་སྦྱིན་པ་）	囊桑		火兔(1867)年 铁马(1870)年	在位 4 年
80	扎巴顿珠 （གྲགས་པ་དོན་གྲུབ་）	安多森罗		铁羊(1871)年 火牛(1877)年	在位 7 年
81	阿旺诺布 （ངག་དབང་ནོར་བུ་）	松潘		土虎(1878)年 水马(1882)年	在位 5 年

	姓名	出生地	生卒年	任期	备注
82	益西曲培（ཡེ་ཤེས་ཆོས་འཕེལ་）	康定		水羊（1883）年 土牛（1889）年	在位 7年
83	强秋南喀（བྱང་ཆུབ་ནམ་མཁའ་）	嘉绒		土牛（1889）年 铁兔（1891）年	在位 3年
84	罗桑楚臣（བློ་བཟང་ཚུལ་ཁྲིམས་）	嘉绒		铁兔（1891）年 水蛇（1893）年	在位 3年
85	罗桑楚臣贝丹（བློ་བཟང་ཚུལ་ཁྲིམས་དཔལ་ལྡན་）	堆隆热果		木马（1894）年 火猴（1896）年	在位 3年
86	罗桑坚参（བློ་བཟང་རྒྱལ་མཚན་）	后藏		火猴（1896）年 土猪（1899）年	在位 4年
87	策林丹贝坚参（ཚེ་གླིང་བསྟན་པའི་རྒྱལ་མཚན་）	安多卓尼		铁鼠（1900）年 火虎（1906）年	在位 7年
88	钦绕云丹嘉措（མཁྱེན་རབ་ཡོན་ཏན་རྒྱ་མཚོ་）	止贡		火羊（1907）年 木虎（1914）年	在位 8年
89	年扎嘉措（སྙན་གྲགས་རྒྱ་མཚོ་）	察雅		木兔（1915）年 铁猴（1920）年	在位 6年
90	强巴曲扎（བྱམས་པ་ཆོས་གྲགས་）	芝霍尔扎郭		铁猴（1920）年 火虎（1926）年	在位 7年
91	罗桑嘉措（བློ་བཟང་རྒྱ་མཚོ་）	康区亚热		火兔（1927）年 水猴（1932）年	在位 5年

	姓名	出生地	生卒年	任期	备注
92	土登尼杰 （ཐུབ་བསྟན་ཉིན་བྱེད་）	后藏		水猴（1932）年	在位一个月多
93	益西旺丹 （ཡེ་ཤེས་དབང་ལྡན་）	木雅		水鸡（1933）年 土兔（1939）年	在位 7 年
94	伦珠尊追 （ལྷུན་གྲུབ་བརྩོན་འགྲུས་）	后藏香巴		铁龙（1940）年 火狗（1946）年	在位 7 年
95	扎西东堆 （བཀྲ་ཤིས་སྟོང་འདུལ་）	木雅		火猪（1947）年 水蛇（1953）年	在位 7 年
96	土登贡嘎 （ཐུབ་བསྟན་ཀུན་དགའ་）	后藏		木马（1954）年 铁鼠（1960）年	在位 7 年
97	土登隆多 （ཐུབ་བསྟན་ལུང་རྟོགས་）	堆隆达雅普		铁鼠（1960）年	

宗喀巴大师七位心传弟子一览表

姓名	生卒年	功绩	备注
遍知一切塔玛仁钦(རྒྱལ་ཚབ་དར་མ་རིན་ཆེན་)	木龙(1364)年 水鼠(1432)年	护持甘丹赤巴十三年	
克珠杰格勒贝桑波(མཁས་གྲུབ་རྗེ་)	木牛(1385)年 土马(1438)年	登上甘丹赤巴，在甘丹寺创建讲经院	
都瓦增巴扎巴坚参(འདུལ་འཛིན་གྲགས་པ་རྒྱལ་མཚན་)	木虎(1374)年 火龙(1436)年	创建尊姆蔡寺	
嘉央曲杰扎西贝丹(འཇམ་དབྱངས་ཆོས་རྗེ་བཀྲ་ཤིས་དཔལ་ལྡན་)	土羊(1379)年 土蛇(1449)年	创建哲蚌寺	
大慈法王释迦也失(བྱམས་ཆེན་ཆོས་རྗེ་ཤཱཀྱ་ཡེ་ཤེས་)	木马(1354)年 木兔(1435)年	创建色拉寺	赴祖国内地觐见明皇帝成祖
遍知一切根敦珠巴(རྗེ་དགེ་འདུན་གྲུབ་པ་)	铁羊(1391)年 木马(1474)年	贝丹扎什伦布寺	第一世达赖喇嘛
杰西绕森格(རྗེ་ཤེས་རབ་སེང་གེ་)	水猪(1383)年 木牛(1445)年	按照宗喀巴大师的指示，广建密院	密宗大师杰西绕森格

西藏主要寺庙的创始年代表

名称	创建时间	备注
雍布拉康(སྐུ་མཁར་ཡུམ་བུ་ལྷ་ཁང་)	公元前126年	聂赤赞布时期,西藏第一座宫殿
青瓦达孜宫(འཕྱིང་བ་སྟག་རྩེ་)	公元一世纪	七位智勇良臣之首位茹勒杰时期建成
布达拉宫(རྩེ་པོ་བྲང་པོ་ཏཱ་ལ་)	始建于公元七世纪	松赞干布时创建,桑吉加措时期扩建
大昭寺(ར་ས་འཕྲུལ་སྣང་གཙུག་ལག་ཁང་)铁牛(641)年奠基	文成公主推算八卦后,赤尊公主主持修建	
小昭寺(ར་མོ་ཆེ་གཙུག་ལག་ཁང་)	铁牛(641)年奠基	文成公主从祖国内地招来很多技术人员修建
昌珠寺(ཁྲ་འབྲུག་དགོན་)	铁牛(641)年	松赞干布和文成公主住了建长时间
帕邦喀宫(ཕ་བོང་ཁ་)	铁鼠(640)年	相传未建之前,松赞干布住了很长时间
察叶巴(བྲག་ཡེར་པ་)	公元七世纪	大昭寺剩余石木修建
鲁普岩(བྲག་ལྷ་ཀླུ་འགྱུགས་)	公元七世纪	大约大昭寺建成之后修建
桑耶寺(བསམ་ཡས་མི་འགྱུར་ལྷུན་གྱིས་གྲུབ་པའི་གཙུག་ལག་ཁང་)	木兔(755)年奠基 火兔(787)年建成	西藏第一座佛教寺庙

名称	创建时间	备注
乌香多寺(འུ་ཤང་རྡོ་ལྷ་ཁང་)	公元九世纪	赤热巴巾时期所建,有九层楼
成巴额若额芒(གྲམ་པ་ང་རོ་ངོ་མང་)	约铁虎(990)年	位于拉堆藏,本教寺庙
曲玛察纽喀(ཆོས་མ་བྲག་སྨྱུག་གྲ་)		珠敦琼杰修建
托定寺(མཐོན་ལྡིང་གཙུག་ལག་ཁང་)	公元十一世纪	约阿地峡尊者来西藏之前修建
颇通额寺(ཕོ་ཐོང་ཨེའི་དགོན་པ་)	藏历第一绕炯土牛(1049)年	
聂唐卓玛拉康(མཉེས་ཐང་སྒྲོལ་མ་ལྷ་ཁང་)	藏历第一绕炯木羊(1055)年	仲敦·杰哇迥乃修建
热振寺(རྭ་སྒྲེང་དགོན་)	藏历第一绕炯火鸡(1057)年	创建时间有很多说法
萨迦寺(ས་སྐྱ་དགོན་)	藏历第一绕炯水牛(1073)年	昆·滚确加布修建
桑普尼托寺(གསང་ཕུ་ནེའུ་ཐོག་)	藏历第一绕炯水牛(1073)年	俄·勒贝喜绕修建
甲玛仁青岗拉康(རྒྱ་མ་རིན་ཆེན་སྒང་ལྷ་ཁང་)	藏历第二绕炯土猪(1119)年	
纳唐寺(སྣར་ཐང་དགོན་)	藏历第三绕炯水鸡(1153)年	东墩洛追札巴修建
丹萨替寺(གདན་ས་ཐེལ་)	藏历第三绕炯土虎(1158)年	怙主帕竹多吉杰布修建
墨竹恰切噶寺(མལ་གྲོ་བྱ་འཚད་ཀའི་དགོན་)	藏历第三绕炯木鸡(1165)年	

名称	创建时间	备注
觉莫隆寺（སྐྱོར་མོ་ལུང་དགོན་）	藏历第三绕炯土牛（1169）年	
蔡巴寺（ཚལ་པ་དགོན་）	藏历第三绕炯木羊（1175）年	尚·卓卫贡布玉札巴修建
止贡替寺（འབྲི་གུང་ཐེལ་དགོན་）	藏历第三绕炯土猪（1179）年	郊巴久典滚布修建
达隆寺（སྟག་ལུང་དགོན་）	藏历第三绕炯铁鼠（1180）年	达隆塘巴扎西巴修建
楚布寺（མཚུར་ཕུ་དགོན་）	藏历第三绕炯土鸡（1189）年	噶玛堆颂钦巴修建
玛寺（སྨྲ་དགོན་）	藏历第三绕炯水鼠（1192）年	玛瓦修建
萨迦拉康钦莫（ས་སྐྱའི་ལྷ་ཁང་ཆེན་མོ་）	公元十三世纪	班钦贡嘎桑波修建
芝聂孜凯玛尔拉康（འབྲིག་གཉན་རྩེ་ལྷ་ཁང་）	约藏历土牛（960）年	本教重要的寺庙
芝仓芒拉孜寺（འབྲིག་མཚམས་མང་ལ་རྩེའི་དགོན་）	藏历第一绕炯铁龙（1040）年	辛鲁嘎修建的本教寺庙
娘堆吉喀尔岩修行洞（ཉང་སྟོད་སྐྱིད་ཁར་བྲག་གི་སྒྲུབ་གནས་）	藏历火龙（1016）年	旺丹旭勒时期修建
吉喀尔日兴杂普拉章（སྐྱིད་མཁར་རི་ཞིང་ཙ་ཕུ་བླ་བྲང་）	约藏历第一绕炯铁虎（1050）年	旭吉斯钦和弟子卓瓦辛嘉修建
旺丹伦珠岗（དབང་ལྡན་ལྷུན་གྲུབ་ལྷ་ཁང་）	藏历第一绕炯铁虎（1050）年	旭吉斯钦和弟子卓瓦辛嘉修建

名称	创建时间	备注
捏囊达吉阳温(སྐྱེ་ནམ་དགས་ཀྱི་ཡང་དབེན་)	水马(922)年	本教重要的寺庙之一
香菇雪寺(ཤངས་གུར་ཞོག་དགོན་)	藏历第一绕炯火猴(1056)年	弥乌敦拉日年波修建
楚布拉康(མཚུར་ཕུའི་ལྷ་ཁང་)	藏历第四绕炯水猪(1263)年	噶玛拔希修建
甘丹寺(དགའ་ལྡན་རྣམ་པར་རྒྱལ་བའི་གླིང་)	藏历第七绕炯土牛(1409)年	宗喀瓦大师修建
哲蚌寺(དཔལ་ལྡན་འབྲས་སྤུངས་)	藏历第七绕炯火猴(1416)年	嘉央曲杰扎西贝丹修建
色拉寺(སེ་ར་ཐེག་ཆེན་གླིང་)	藏历第七绕炯土猪(1419)年	大慈法王释迦也失修建
俄寺(ངོར་དགོན་པ་)	藏历第八绕炯土鸡(1429)	
江孜贝廓尔曲德(རྒྱལ་རྩེ་དཔལ་འཁོར་ཆོས་སྡེ་)	藏历第七绕炯木龙(1424)年	克珠德勒贝桑和曲杰热丹贡桑帕
贝丹下密院(དཔལ་ལྡན་རྒྱུད་སྟོད་)	藏历第七绕炯水牛(1433)年	杰西绕森格修建
昌都强巴林寺(ཆབ་མདོའི་བྱམས་པ་གླིང་)	藏历第七绕炯木鼠(1444)年	降森西绕桑波创建
扎什伦布寺(བཀྲ་ཤིས་ལྷུན་པོ་)	藏历第八绕炯火兔(1447)年	杰根敦珠兴建
贝丹上密院(དཔལ་ལྡན་རྒྱུད་སྨད་)	藏历第八绕炯木马(1474)年	杰尊贡嘎顿珠修建
羊八井寺(ཡངས་པ་ཅན་དགོན་པ་)	藏历第八绕炯铁狗(1490)年	噶玛红帽系寺庙，后改信格鲁派

名称	创建时间	备注
昂仁曲德(ངམ་རིང་ཆོས་སྡེ་)	藏历第六绕炯铁虎(1350)年	觉囊阿里确勒囊嘉修建
塔尔杰寺(དར་རྒྱས་གླིང་དགོན་པ་)	藏历第九绕炯水兔(1543)年	杰仲西绕旺波修建
敏卓林寺(སྨིན་གྲོལ་གླིང་)	藏历第十一绕炯铁猪(1617)年	宁玛派三大寺之一
巴玛日(པ་མ་རི་)	藏历第十三绕炯水鼠(1792)年	驻藏大臣提供资金,由功德林寺管理

主要参考资料

藏文文献资料：

1. 巴卧·祖拉成瓦《贤者喜宴》（ཆོས་འབྱུང་མཁས་པའི་དགའ་སྟོན་）木刻本

2.《赛米经》（伏藏）（མདོ་གཟེར་མིག་）中国藏学出版社

3.《朵堆》（མདོ་བསྡུས་）手抄本

4.《朵赛坚》（མདོ་དྲི་མིག་གཟི་བརྗིད་）本教《丹珠尔》手抄本

5. 巴·旦杰桑布《本教源流弘扬明灯》（བསྟན་པའི་རྣམ་བཤད་དར་རྒྱས་གསལ་སྒྲོན་）中国藏学出版社

6. 夏擦·扎西坚赞《本波论世》（ལེགས་བཤད་རིན་པོ་ཆེའི་གཏེར་མཛོད་）中国藏学出版社　民族出版社

7.《藏文文选》民族出版社

8. 娘·尼玛伟色《娘教法史》西藏古籍出版社

9. 朗·降曲直郭等《朗氏家族史》西藏古籍出版社

10. 巴·益西旺波《巴协》手抄本

11. 白村《雍仲本教源流》西藏人民出版社（གཡུང་དྲུང་བོན་གྱི་བསྟན་འབྱུང་ཕྱོགས་བསྡུས་）

12.《国王遗训详略二本》手抄

13. 云旦嘉措《知识总汇》民族出版社

14. 吾金林巴掘《五部遗教》木刻本

15. 更敦群培《白史》木刻本

16. 萨迦·索南坚赞《西藏王统记》木刻本

17. 蔡巴·衮噶多吉《红史》手抄本

18. 班钦·索扎《新红史》西藏人民出版社

19.《隆敦·阿旺洛桑文集》西藏古籍出版社

20. 孙巴·益西白觉《教史如意藤树》甘肃民族出版社

21. 五世达赖喇嘛《西藏王臣记》民族出版社

22. 法国图书馆收藏《于阗出土吐蕃木牍文》(ལི་ཡུལ་ནས་ཐོན་པའི་བོད་ཀྱི་ཡིག་རྙིང་ཕྱོགས་བསྡུས)法国国家图书馆

23. 仲敦·杰瓦窘乃《噶当祖师道》青海民族出版社

24. 达擦·次旺杰《洛绒教法史》西藏古籍出版社

25. 隆钦饶降《隆钦教法史》西藏古籍出版社

26.《琼波郭仓传》(ཁྱུང་པོ་རྡོད་ཚང་གི་ལོ་རྒྱུས)手抄本

27.《龙本传》(ཀླུ་འབུམ་དཀར་ནག་ཁྲ་གསུམ)木刻本

28. 主巴·白玛嘎布《主巴教史》木刻本

29. 晋美林巴《晋美林巴文集》木刻本

30. 协钦·久美朗杰《协钦教法史》四川民族出版社

31. 格列朗杰《都迥教法史》四川民族出版社

32. 第斯·桑杰嘉措《金穗》(རབ་གསལ་གསེར་གྱི་སྙེ་མ)西藏人民出版社

33. 曲尼益西《聂敦源流》古籍出版社

34.《托杰门日寺志》手抄本

35. 觉囊·多罗那他《印度教史》木刻本

36. 衮布嘉《汉地教史》木刻本

37. 拉尊·崔成桑布《雅砻觉卧教法史》手抄本

38. 土观·曲吉尼玛《土观宗派源流》手抄本

39. 第斯·桑杰嘉措《甘丹教法史》木刻本

40. 衮确·丹巴绕杰《安多教法史》甘肃民族出版社

41. 布顿·确列朗杰《佛教大宝藏论》手抄本

42.《热震寺志》手抄本

43. 大司徒·降曲坚赞《遗训天卷得意》手抄本

44. 扎巴坚赞《萨迦世袭史》民族出版社

45. 洛桑崔成《宗喀巴大师传》木刻本

46. 唐蕃会盟碑等古碑拓文(དཔོན་ཞང་རྡོ་རིང་སོགས་རྡོ་རིང་ཁག་གི་ཡི་གེ་ངོ་བཤུས)

47.《四大丛林志》木刻本

48. 阿旺钦绕《木里教史》四川民族出本社

汉文文献资料:

1. 查尔斯·埃利奥特著,李荣熙译,《印度教与佛教史纲第二卷》佛光出版社

2. 马克思《古代社会概要》民族出版社

3. 恩格斯《家庭、私有制和国家的起源》人民出版社

4. 霍夫曼《西藏的宗教》李友义译中科院民族研究所内部发行

5. 恩・克・辛化等著《印度通史》商务出版社
6.《社会发展史》上海人民出版社
7. 张秉伦、郑土生《达尔文》中国青年出版社
8. 许抗生《老子评传》广西教育出版社
9.《昌都卡若遗址资料汇集》内部发行

译后记

在导师夏玉·平措次仁先生的无私帮助下，我利用一年的时间翻译了导师的力作《西藏宗教发展源流》，完稿之际除了欢喜之外，心中仍有余悸，深恐原著乃老先生毕生的心血，内容严谨、博大精深，我辈年轻学浅，仓促的翻译，只有适得其反。然而，老先生每每谆谆教诲："今生最大的心愿是，自己所写文章，能让更多的人去参考，对整个藏学的研究能够提供微薄的帮助，吾心足矣！"。在实际的翻译过程中也得到了导师的全程帮助。但是，本人有关专业知识非常有限，加之，翻译工作的经验不足，定存错、漏之处，如今译文呈于读者面前，望各位读者不吝指正。最后，感谢对该书完成付出过努力的所有人们，衷心祝愿大家在今后一切顺利。

多吉平措

2011 年初冬于布达拉宫研究室

图书在版编目(CIP)数据

西藏宗教发展源流 / 夏玉·平措次仁著　多吉平措译.
-- 拉萨:西藏藏文古籍出版社，2011.10
ISBN 978-7-80589-173-6

Ⅰ.①西… Ⅱ.①多… Ⅲ.①宗教史-西藏 Ⅳ.
①B929.2

中国版本图书馆 CIP 数据核字(2011)第 179920 号

西藏宗教发展源流

XI ZANG ZONG JIAO FA ZHAN YUAN LIU

作　　者　夏玉·平措次仁
译　　者　多吉平措
终　　审　雄努洛桑
责任编辑　雄努洛桑
出版发行　西藏藏文古籍出版社
印　　刷　西藏山水印务技术有限公司
开　　本　880×1230　1/32
印　　张　9.125
字　　数　220 千
版　　次　2011 年 10 月第 1 版
印　　次　2011 年 10 月第 1 次印刷
印　　数　01-1,000 册
书　　号　ISBN 978-7-80589-173-6
定　　价　32.00 元